삼성직무적성검사

제**01**회

기출변형 모의고사

영역	문항수	시간
수리	20	30분
추리	30	30분

※ 2025년 하반기 기준 출제 문항 수와 시험 응시 시간입니다.

삼성 취업은 렛유인

01　가전 매장에 휴대전화 모델 플랫형 4대, 폴드형 2대, 플립형 3대가 전시되어 있다. 세 명의 고객이 매장에 동시에 방문하여 각기 다른 휴대전화 모델을 한 가지씩 살펴본다고 할 때, 세 명의 고객 중 적어도 한 명 이상이 폴드형 모델을 살펴보는 경우의 수를 구하시오.

① 210 가지　　　　② 294 가지　　　　③ 343 가지
④ 392 가지　　　　⑤ 441 가지

02　A 매장의 2월 세탁기 판매는 1월 대비 45% 증가, 2월 에어컨 판매는 1월 대비 40% 감소하여 2월 판매량 합계는 796대가 되었다. 1월의 판매량 합계가 760대라고 할 때, 2월의 세탁기 판매 수량을 구하시오.

① 560천 대　　　　② 570천 대　　　　③ 580천 대
④ 590천 대　　　　⑤ 600천 대

03　다음은 국내 산업군별 중소기업의 수출 현황을 정리한 자료이다. 이를 해석한 내용으로 옳지 않은 보기를 고르시오.

〈표〉 산업군별 중소기업 수출 현황

(단위: 개, %)

산업군	2015년		2025년	
	기업 수	동일 산업 내 수출비중	기업 수	동일 산업 내 수출비중
전자산업	3,420	42.5	3,880	47.6
기계산업	2,760	35.8	2,540	33.2
화학산업	1,980	28.4	2,210	32.6
바이오산업	860	18.7	1,230	27.1

① 4개 산업 중 2015년 대비 2025년에 기업 수와 수출 비중이 모두 감소한 산업은 기계산업이 유일하다.
② 조사기간 동안 전자산업의 기업 수는 화학산업과 바이오산업 기업 수의 합계보다 많았다.
③ 2015년 대비 2025년 전자산업 기업 수의 증가율은 같은 기간 수출 비중의 증가율보다 높았다.
④ 2015년 대비 2025년 화학산업 기업 수의 증가율은 같은 기간 수출 비중의 증가율보다 낮았다.
⑤ 4개 산업군의 중소기업 수 합계는 2015년 대비 2025년에 10% 이상 증가하였다.

04 다음은 A 기업의 전자산업 매출 비중을 2020년 실적과 2030년 예상치로 정리한 자료이다. 이를 해석한 내용으로 옳은 보기를 고르시오.

〈그래프〉 A 기업의 전자산업 매출 비중 실적 및 전망

(단위: %)

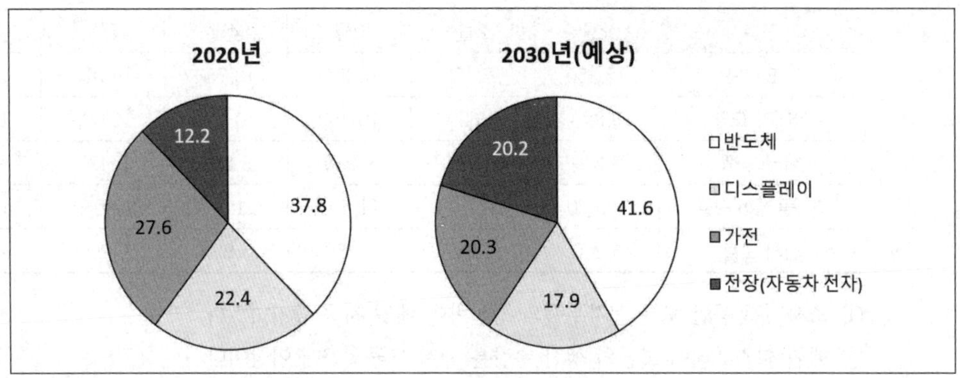

① 2개년 동안 반도체와 디스플레이의 매출 비중 합계는 매년 전체의 60% 이상을 차지한다.

② 2030년 가전과 전장(자동차 전자)의 매출 비중 합계는 10년 전 대비 감소할 것으로 예상된다.

③ 2020년과 2030년 연간 전체 매출이 같다면 2030년 가전 매출은 10년 전 대비 20% 이상 감소할 것으로 예상된다.

④ 2030년 전체 매출이 2020년 대비 30% 증가할 것으로 예상된다면 2030년 가전의 매출 금액은 10년 전 대비 증가할 것이다.

⑤ 2개년 동안 4가지 전자산업의 매출 비중 순위는 변화없이 유지될 것으로 예상된다.

05 다음은 반도체 공장별 생산 수량과 정상품의 수량이 정리된 자료이다. 주어진 자료를 활용하여 불량률이 높은 순서대로 정렬된 보기를 고르시오.

〈표〉 반도체 공장별 생산 현황

(단위: 천 개)

구분	반도체 생산 수량	정상품 수량
P1	56,782	52,769
P2	23,541	22,065
P3	44,368	41,781
P4	86,276	82,629

① P1 > P2 > P3 > P4

② P1 > P3 > P2 > P4

③ P2 > P4 > P1 > P3

④ P3 > P4 > P1 > P2

⑤ P4 > P1 > P3 > P2

06 다음은 어느 기업에서 생산 중인 주요 전자부품들의 월별 생산 현황을 정리한 자료이다. 이를 해석한 내용으로 올바른 보기를 고르시오.

<표> 국내 전자부품 월별 생산 현황

(단위: 천 대)

구분	1월	2월	3월	4월	5월	6월
PCB 기판	12,450	12,120	13,380	13,750	14,020	14,180
카메라 모듈	9,820	9,600	10,450	10,780	11,020	11,150
배터리 팩	8,340	8,120	8,960	9,250	9,480	9,620
디스플레이 모듈	10,560	10,280	11,420	11,760	12,050	12,180
센서 모듈	5,240	5,110	5,680	5,920	6,200	6,250

① 조사기간 동안 모든 전자부품의 생산량이 매월 지속 증가하였다.
② 매월 디스플레이 모듈의 생산 수량은 센서 모듈의 2배 이상이다.
③ 1분기 배터리 팩의 월평균 생산량은 850만 대 이상이다.
④ 4월 대비 5월의 생산량 증가율이 가장 높은 부품은 센서 모듈이다.
⑤ 2분기 카메라 모듈의 월평균 생산량은 1,100만 대 이상이다.

07 다음은 국내 지역별 에너지 사용량을 연도별로 정리한 자료이다. 이를 해석한 내용으로 옳은 보기를 고르시오.

<표> 국내 지역별 연간 에너지 사용량과 전년 대비 증감율

(단위: 백만 TOE)

연도	수도권		충청권		호남권		영남권		강원·제주	
	사용량	전년비	사용량	전년비	사용량	전년비	사용량	전년비	사용량	전년비
'21년	215	+2.4%	123	+2.5%	97	+2.1%	183	+1.7%	46	+2.2%
'22년	220	+2.3%	127	+3.3%	100	+3.1%	187	+2.2%	48	+4.3%
'23년	230	+4.5%	130	+2.4%	102	+2.0%	190	+1.6%	49	+2.1%
'24년	241	+4.8%	133	+2.3%	101	−1.0%	194	+2.1%	50	+2.0%
'25년	258	+7.1%	132	−0.8%	99	−2.0%	198	+2.1%	52	+4.0%

① 모든 지역에서 에너지 사용량은 매년 지속 증가하였다.
② 조사기간 중 수도권의 전년 대비 에너지 증가율이 가장 높았던 해에 강원·제주 역시 가장 높은 증가율을 보였다.
③ 조사기간 동안 호남권의 연평균 에너지 사용량은 100백만 TOE 이상이었다.
④ '22년 호남권의 전년 대비 에너지 사용량 증가율은 같은 시기 수도권의 증가율보다 높았다.
⑤ '23년 영남권의 전년 대비 에너지 사용량 증가율은 같은 시기 충청권의 증가율보다 높았다.

〈그래프〉 분기별 예술 공연 관람객 수

(단위: 만 명)

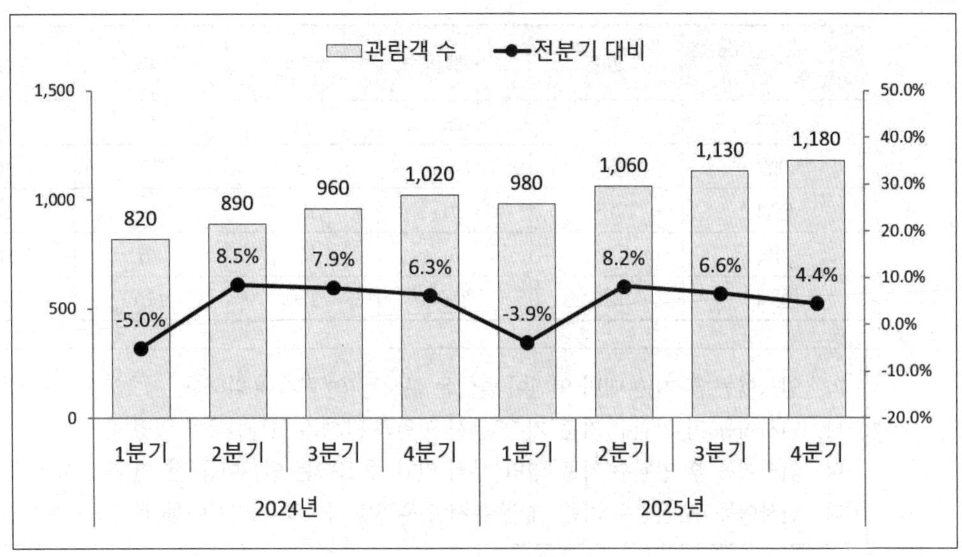

08 주어진 자료를 해석한 내용으로 옳지 않은 보기를 고르시오.

① 같은 해를 기준으로 분기가 지날수록 관람객 수는 지속 증가하는 경향이 반복되었다.

② 조사기간 동안 전분기 대비 관람객 수가 가장 많이 증가했던 분기는 2025년 2분기이다.

③ 2025년 4개 분기 중 전년 동기 대비 관람객 수 증가율이 가장 높았던 분기는 4분기이다.

④ 조사기간 중 분기별 예술 공연 관람객 수가 처음으로 천만 명을 기록했던 분기는 2024년 4분기이다.

⑤ 2025년 분기 평균 예술 공연 관람객 수는 1,050만 명 이상이다.

09 주어진 자료를 활용하여 2023년 4분기의 예술 공연 관람객 수를 구하시오. (소수점 첫째자리에서 반올림한다.)

① 861만 명   ② 863만 명   ③ 865만 명

④ 867만 명   ⑤ 869만 명

10 다음은 어느 기업의 주요부서 간 인사이동 전후 임직원 수의 변화를 정리한 자료이다. 이를 해석한 내용 중 옳지 않은 보기를 모두 고르시오.

〈표〉 부서별 인사이동 전후 변화

(단위: 명)

이동 후 \ 이동 전	연구	개발	영업	기획	합계
연구	170	25	0	5	200
개발	50	330	5	15	400
영업	15	10	120	5	150
기획	5	5	5	85	100
합계	240	370	130	110	850

가. 인사이동 후 기존 대비 인원이 줄어든 부서는 '연구'가 유일하다.

나. 인사이동 전 인원수 기준 '기획' 부서 인원의 85%는 인사변동이 없었다.

다. 인사이동 후 인원수 기준 '영업' 부서 인원 중 10%는 인사이동 전 '연구' 부서였다.

라. 인사이동 후 인원수 기준 '개발' 부서 인원 8명 중 1명은 인사이동 전 '연구' 부서였다.

① 가, 나　　　　② 나, 다　　　　③ 다, 라
④ 가, 나, 다　　⑤ 나, 다, 라

11 다음은 국내에서 진행된 친환경 교통 인프라 지원 사업의 건수를 정리한 자료이다. 이를 해석한 내용으로 옳은 보기를 고르시오.

〈표〉 친환경 교통 인프라 지원 현황

(단위: 건)

구분	2021년	2022년	2023년	2024년	2025년
전기차 충전소	1,480	1,920	2,650	3,420	4,300
수소 충전소	315	350	390	450	520
자전거 도로	910	955	990	1,020	1,005
대중교통 개선	832	880	1,050	1,380	1,820

① 네 종류의 교통 인프라 모두 지원 건수가 매년 지속 증가하였다.

② 2025년의 전년 대비 전기차 충전소 지원 건수 증가율은 2024년의 전년 대비 증가율보다 높았다.

③ 조사기간 5년 동안 수소 충전소의 연평균 지원 건수는 400건 이상이다.

④ 2025년 대중교통 개선 지원 건수는 2021년 대비 200% 이상 증가하였다.

⑤ 2025년 수소 충전소 지원 건수는 전년 대비 20% 이상 증가하였다.

12 다음은 국내 주요 기업을 대상으로 EGS 중 E(환경)와 S(사회)에 대한 평가 결과를 정리한 자료이다.
이를 해석한 내용으로 옳은 보기를 고르시오.

〈그래프〉 기업별 EGS 중 E(환경)과 S(사회) 평가 점수

(단위: 점)

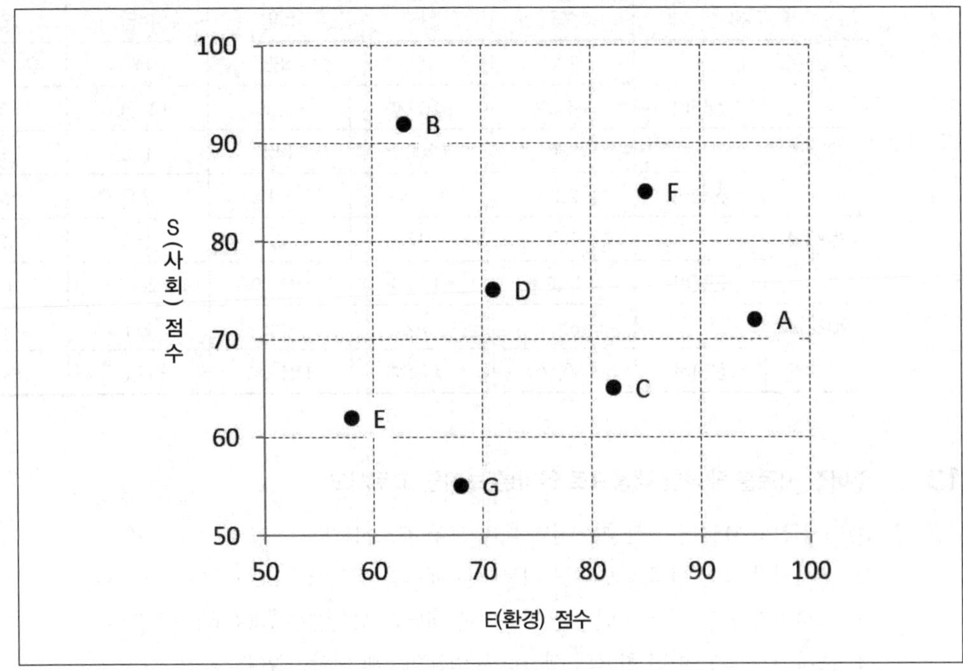

① 7개 기업 중 S(사회) 점수가 80점 이상인 기업은 3개 기업이다.

② 7개 기업 중 S(사회) 점수가 가장 높은 기업은 E(환경) 점수 역시 가장 높았다.

③ S(사회) 점수와 E(환경) 점수의 평균 점수가 80점 이상인 기업은 4개 기업이다.

④ S(사회) 점수와 E(환경) 점수의 차이가 가장 적은 기업은 F 기업이다.

⑤ D 기업의 S(사회) 점수의 순위와 E(환경) 점수 순위는 서로 같다.

 다음은 주요 배터리 제조 국가의 전기차용 리튬이온 배터리 생산 실적을 정리한 자료이다. 이를 활용하여 이어지는 각 문항의 질문에 답하시오.

〈표〉 전기차용 리튬이온 배터리 생산 실적

(단위: GWh)

구분		중국	한국	독일	미국	일본
2025년		780	180	135	170	95
	전년비	+6.8%	−10.0%	−4.9%	+11.1%	+2.2%
2024년		730	200	142	153	93
	전년비	−2.9%	−7.0%	−4.1%	+2.0%	−5.1%
2023년		752	215	148	150	98
	전년비	+18.1%	+12.0%	+21.3%	+28.2%	+6.5%
2022년		637	192	122	117	92
	전년비	+30.0%	+17.8%	+24.5%	+34.5%	+4.5%

13 주어진 자료를 해석한 내용으로 올바른 보기를 고르시오.

① 5개국의 2024년 생산량은 전년 대비 모두 감소하였다.

② 조사기간 동안 한국의 연평균 리튬이온 배터리 생산량은 200GWh 이상이다.

③ 조사기간 동안 미국의 연평균 리튬이온 배터리 생산량은 150GWh 이상이다.

④ 조사기간 동안 매년 한국의 생산량은 일본의 2배 이상이었다.

⑤ 5개 국가 중 조사기간 동안 생산량이 매년 지속 증가했던 국가는 미국이 유일하다.

14 주어진 자료를 활용하여 2022년 대비 2025년 5개 국가의 전기차용 리튬이온 배터리 총 생산 증가율을 구하시오. (소수점 둘째자리에서 반올림한다.)

① 15.2% ② 15.7% ③ 16.2%

④ 16.7% ⑤ 17.2%

15 다음은 A 기업의 제약산업 경영 실적을 연도별로 정리한 자료이다. 이를 해석한 내용으로 옳지 않은 보기를 모두 고르시오.

〈표〉 A 기업의 제약산업 경영 실적

(단위: 개별 표기)

연도	매출액 (조 원)	R&D 투자 (조 원)	임상시험 건수 (건)	영업이익률 (%)	해외매출 비중 (%)
2021년	21.5	3.8	160	13	40
2022년	23.0	4.2	175	14	42
2023년	24.8	4.6	190	15	45
2024년	26.5	5.0	205	14	47
2025년	28.0	5.4	220	17	50

a. A 기업의 매출액은 매년 지속 증가하였다.
b. A 기업의 영업이익률은 매년 지속 증가하였다.
c. 2022년 임상시험 1건당 R&D 투자 금액은 200억 원이다.
d. R&D 투자 금액은 매년 매출액의 20% 이하이다.

① a, b ② a, c ③ a, d
④ b, c ⑤ b, d

16 다음은 A 기업의 전체 임직원을 대상으로 통근 수단을 조사한 결과이다. 주어진 정보를 활용하여 A 기업의 전체 임직원 수를 계산한 결과로 올바른 보기를 고르시오.

〈그래프〉 임직원의 통근 수단 비중

(단위: 명)

버스 36.5
지하철 31.0
승용차 14.0
자전거 9.5
기타 수단 9.0

〈표〉 통근수당 승용차의 이용자 수

(단위: 명)

구분	이용자 수	비중
대형차	165	16.8%
중형차	386	39.4%
소형차	196	20.0%
SUV	147	15.0%
경차	86	8.8%

① 6,900명 ② 7,000명 ③ 7,100명
④ 7,200명 ⑤ 7,300명

17 다음은 국내 A 지방 권역의 의료시설과 진료 현황을 정리한 자료이다. 이를 해석한 내용으로 옳은 보기를 고르시오.

〈표〉 A 지역의 의료시설 현황 및 진료 여건

(단위: 개별 표기)

구분	단위	의원급	병원급	종합병원
의료기관 수	(개소)	120	35	10
의료기관 1개소당 의사 수	(명)	3	12	45
의사 1인당 일평균 진료 환자 수	(명)	38	28	22
의료기관 1개소당 간호사 수	(명)	6	30	120
간호사 1인당 담당 환자 수	(명)	19	14	11

① 하루동안 종합병원에서 의사에게 진료 받는 환자의 전체 수는 9,900명이다.
② 의원급의 전체 의사 수는 병원급의 전체 의사 수보다 많다.
③ 세 종류의 의료시설 중 간호사의 수가 가장 많은 의료시설은 병원급이다.
④ 간호사가 담당하는 환자의 전체 수가 가장 많은 의료시설은 종합병원이다.
⑤ 병원급 의사 1인당 병원급 간호사의 수는 2명이다.

18 어느 휴대전화의 배터리 백분위 충전량 y(%)는 충전 시간 x(분)에 따라 $y = -\dfrac{1}{200}x^2 + \dfrac{A}{100}x + B$의 수식으로 산출된다고 한다. 30분 충전 시 18%가 충전되었으며, 60분 충전 시 30%가 충전되었다고 할 때, 수식에 활용된 상수 A와 B의 값이 올바르게 연결된 보기를 고르시오.

	A	B
①	60	−3
②	85	−3
③	100	−3
④	60	−5
⑤	85	−5

19 다음은 A시의 성인을 대상으로 운전면허 보유 현황을 정리한 자료이다. 이를 활용하여 연도별 A시의 운전면허 보유 비중이 올바르게 표현된 보기를 고르시오.

〈표〉 A시의 운전면허 보유 현황

(단위: 천 명)

구분	2020년	2021년	2022년	2023년	2024년	2025년
면허 보유	3,091	3,183	3,062	3,039	3,368	3,455
면허 미보유	624	605	762	805	720	719

① A시의 운전면허 보유 비중 (%)

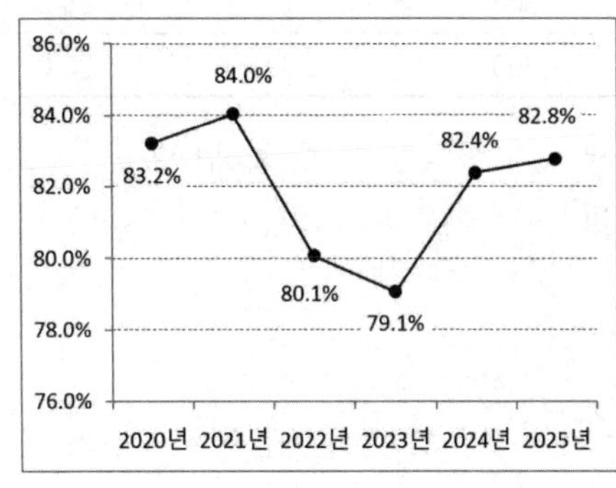

② A시의 운전면허 보유 비중 (%)

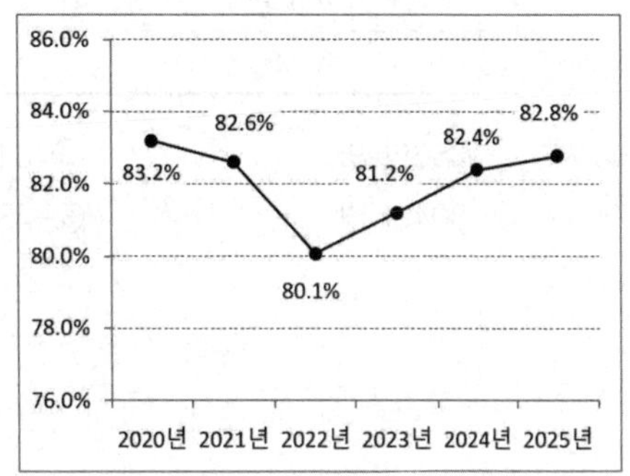

③ A시의 운전면허 보유 비중 (%)

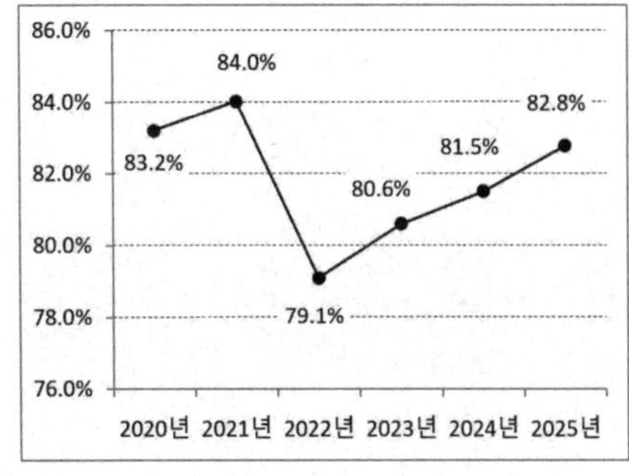

④ A시의 운전면허 보유 비중 (%)

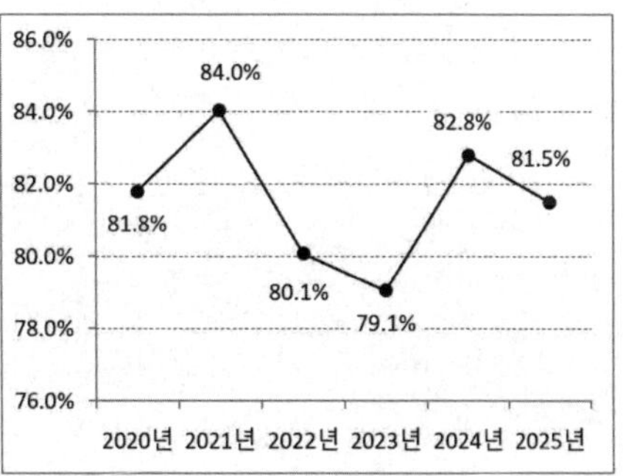

⑤ A시의 운전면허 보유 비중 (%)

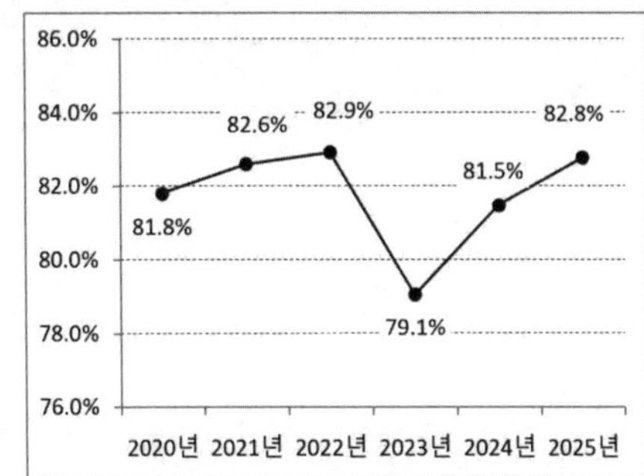

20 다음은 우리나라 A시와 B시의 연간 인구 현황을 예상한 자료이다. 이를 활용하여 2040년 A시와 B시의 인구 합계가 올바르게 예상된 보기를 고르시오.

〈표〉 A시와 B시의 연간 인구 전망

(단위: 만 명)

구분	A시 인구	B시 인구
2030년	320	87.0
2031년	317	86.5
2032년	312	86.0
2033년	305	85.5
2034년	296	85.0

① 356만 명　　② 341만 명　　③ 323만 명

④ 304만 명　　⑤ 282만 명

문항수 30문항 | 제한시간 30분
해설 p.8

01 　다음 중 항상 참인 결론으로 적절한 것을 고르시오.

> [전제1] 기숙사에 사는 모든 직원은 아침 식사를 한다.
> [전제2] 셔틀을 타는 모든 직원은 기숙사에 산다.
> [결　론] (　　　　　　　　　　　　　　　)

① 셔틀을 타는 모든 직원은 아침 식사를 하지 않는다.
② 아침 식사를 하는 어떤 직원은 셔틀을 타지 않는다.
③ 셔틀을 타는 모든 직원은 아침 식사를 한다.
④ 셔틀을 타지 않는 직원은 아침 식사를 한다.
⑤ 아침 식사를 하는 모든 직원은 셔틀을 탄다.

02 　다음 중 항상 참인 결론으로 적절한 것을 고르시오.

> [전제1] 사내 카페를 이용하는 사원은 다회용기를 사용한다.
> [전제2] 봉사활동을 선호하는 어떤 사원은 사내 카페를 이용한다.
> [결　론] (　　　　　　　　　　　　　　　)

① 봉사활동을 선호하는 모든 사원은 다회용기를 사용한다.
② 봉사활동을 선호하지 않는 어떤 사원은 다회용기를 사용한다.
③ 다회용기를 사용하는 모든 사원은 봉사활동을 선호한다.
④ 다회용기를 사용하지 않는 어떤 사원은 봉사활동을 선호하지 않는다.
⑤ 봉사활동을 선호하는 어떤 사원은 다회용기를 사용한다.

03 다음 중 결론을 항상 참으로 만드는 [전제1]을 고르시오.

> [전제1] (   )
> [전제2] 의류가 많은 어떤 사람은 패션에 관심이 있다.
> [결 론] 유행에 민감한 어떤 사람은 의류가 많다.

① 의류가 많은 모든 사람은 패션에 관심이 있다.
② 패션에 관심이 있는 사람은 유행에 민감하다.
③ 패션에 관심이 있는 사람은 의류가 많다.
④ 유행에 민감한 사람은 패션에 관심이 있다.
⑤ 유행에 민감한 어떤 사람은 패션에 관심이 있다.

04 A, B, C, D가 소자, 공정, 설계, AI 중 각각 하나의 직무를 담당한다. 아래 조건을 고려하여 항상 참인 것을 고르시오.

─〈 보 기 〉─

– A는 소자를 담당한다.
– C는 AI를 담당하지 않는다.

① C가 공정을 담당하는 경우는 1가지이다.
② B가 AI를 담당하는 경우는 2가지이다.
③ D가 설계를 담당하는 경우는 2가지이다.
④ B가 공정을 담당하는 경우는 2가지이다.
⑤ D가 AI을 담당하는 경우는 1가지이다.

05 신입사원인 A, B, C, D, E, F 중 3명은 폴더폰을 사용하고 나머지 3명은 플립폰을 사용한다. 다음 조건을 참고하여 항상 거짓인 것을 고르시오.

〈 보 기 〉

- B는 플립폰을 사용한다.
- C와 D는 같은 기종의 핸드폰을 사용한다.
- A와 C는 다른 기종의 핸드폰을 사용한다.

① 플립폰을 사용할 가능성이 있는 신입사원은 4명이다.
② A는 폴더폰을 사용한다.
③ E와 F는 다른 기종의 핸드폰을 사용한다.
④ C와 F는 같은 기종의 핸드폰을 사용한다.
⑤ D는 플립폰을 사용한다.

06 A, B, C, D, E, F가 인생네컷을 찍는다. 총 6회 사진을 촬영하며 1회당 1명씩 사진을 찍는다. 6개의 사진이 인화지 한 장에 담기도록 출력한다고 할 때 〈보기〉 및 사진 위치에 따른 번호를 참고하여 F의 사진이 위치한 번호를 고르시오.

〈 보 기 〉

- A의 사진은 3행 1열에 위치한다.
- C의 사진은 짝수자리에 위치한다.
- B와 D의 사진은 2열에 위치하고, B의 사진이 D의 사진보다 아래에 위치한다.
- E의 사진이 위치한 번호는 C의 사진이 위치한 번호보다 크다.

1	2
3	4
5	6

① 1   ② 2   ③ 3
④ 4   ⑤ 6

07 다음과 같이 스마트 키패드는 1부터 9까지의 숫자가 있으며 3×3 배열이다. 스마트 키패드의 숫자 중 4개를 중복 없이 사용하여 4자리 비밀번호를 만든다고 할 때 〈보기〉의 조건에 따라 만들 수 있는 비밀번호가 모두 몇 가지인지 고르시오.

〈 보 기 〉

- 마지막 열의 숫자는 사용하지 않는다.
- 두 번째 자리 수는 7이다.
- 마지막 자리 수는 1열의 숫자를 사용한다.
- 첫 번째 자리 수와 세 번째 자리 수의 합은 두 번째 자리 수다.

1	2	3
4	5	6
7	8	9

① 1가지　　　　② 2가지　　　　③ 3가지
④ 4가지　　　　⑤ 5가지

08 A, B, C, D, E는 백화점, 카페, OTT 중 한 가지를 선택하여 할인혜택을 받는다. 각 할인혜택을 선택하는 사람이 1명 이상이라고 할 때 〈보기〉의 조건을 토대로 항상 참인 것을 고르시오.

〈 보 기 〉

- A와 C는 서로 다른 할인혜택을 선택한다.
- D와 E는 OTT 할인혜택을 선택하지 않는다.
- B는 백화점 할인혜택을 선택한다.
- 카페 할인혜택은 1명만 선택한다.

① C는 OTT 할인혜택을 선택한다.
② D와 E는 서로 다른 할인혜택을 선택한다.
③ E는 카페 할인혜택을 선택한다.
④ OTT 할인혜택을 2명이 선택한다.
⑤ 백화점 할인혜택을 3명이 선택한다.

09 A, B, C, D, E는 퇴근하면서 실험복을 왼쪽에서 오른쪽 순서대로 건다. 실험복 사이즈는 스몰, 라지로 두 종류이며 같은 사이즈인 실험복끼리 인접하지 않는다고 할 때 〈보기〉를 참고하여 항상 참인 것을 고르시오.

〈 보 기 〉

- D는 2번째로 퇴근하고 라지 사이즈를 입는다.
- B, E는 다른 사이즈의 실험복을 입고 B가 E보다 먼저 퇴근한다.
- A는 D의 실험복과 인접하게 실험복을 걸지 않는다.

① A는 3번째로 퇴근한다.
② B는 1번째로 퇴근한다.
③ B는 4번째로 퇴근한다.
④ C는 1번째로 퇴근한다.
⑤ E는 4번째로 퇴근한다.

10 A, B, C, D는 각각 독서, 영화, 수영, 러닝 중 2가지의 취미를 선택한다. 〈보기〉를 참고하여 다음 중 항상 참인 것을 고르시오.

〈 보 기 〉

- 수영을 선택하는 사람은 3명이고 영화를 선택하는 사람은 1명이다.
- D는 영화를 선택하고 C는 수영을 선택하지 않는다.

① A와 B의 취미는 하나가 겹친다.
② A와 D의 취미는 둘 다 겹친다.
③ B와 D의 취미는 하나가 겹친다.
④ C와 A의 취미는 겹치지 않는다.
⑤ D와 C의 취미는 하나가 겹친다.

11 A, B, C, D, E는 커널형 이어폰과 오픈형 이어폰 중 한 종류를 사용한다. 커널형을 사용하는 사람은 거짓을 말하고 오픈형을 사용하는 사람은 진실을 말한다. 5명 중 1명만 거짓을 말하고 나머지는 진실을 말한다고 할 때 커널형 이어폰을 사용하는 사람을 고르시오.

〈 보 기 〉

A: D는 오픈형 이어폰을 사용한다.
B: A는 커널형 이어폰을 사용하지 않는다.
C: E가 하는 말은 거짓이다.
D: B는 오픈형 이어폰을 사용한다.
E: A 또는 B가 커널형 이어폰을 사용한다.

① A   ② B   ③ C
④ D   ⑤ E

12 4행 2열로 장식을 배치할 수 있는 트리에 루돌프, 산타, 전구, 양말, 눈사람, 썰매를 장식한다. 모든 장식을 1개 이상 배치한다고 할 때 〈보기〉를 참고하여 다음 중 항상 거짓인 것을 고르시오.

〈 보 기 〉

- 3행 1열은 아무 것도 장식하지 않는다.
- 전구와 양말은 인접하게 장식한다.
- 루돌프와 산타는 2행에 장식한다.
- 눈사람은 2개를 장식하며 2개의 눈사람을 같은 열에 장식한다.

① 썰매는 눈사람과 인접하게 장식한다.
② 루돌프는 눈사람과 인접하게 장식한다.
③ 양말은 썰매와 인접하게 장식한다.
④ 전구는 루돌프와 인접하게 장식한다.
⑤ 산타는 양말과 인접하게 장식한다.

13 A, B, C, D, E, F가 설치과, 안전과, 시공과로 워크샵을 간다. 인당 한 곳의 워크샵만 가며 각 워크샵을 가는 사람이 최소 1명, 최대 3명이라고 할때 반드시 거짓인 것을 고르시오.

- A는 혼자 워크샵을 간다.
- C는 F와 다른 곳으로 워크샵을 간다.
- B는 E와 같은 곳으로 워크샵을 간다.
- D는 안전과로 워크샵을 간다.

① D는 B와 같은 곳으로 워크샵을 간다.
② 6명이 워크샵을 가는 경우는 4가지이다.
③ C는 D와 다른 곳으로 워크샵을 간다.
④ 안전과로 워크샵을 갈 수 있는 사람은 3명이다.
⑤ E는 F와 같은 곳으로 워크샵을 간다.

14 A, B, C, D, E가 1주차부터 5주차까지 5주 동안 한 주마다 한 명씩 특식을 준비한다. 짝수 주에 요리하는 사람만 거짓을 말한다고 할 때 다음의 진술을 참고하여 거짓을 말하는 2명을 알맞게 짝지은 것을 고르시오.

A: B가 1주차에 요리한다.
B: A는 1주차에 요리하거나 5주차에 요리한다.
C: D는 2주차에 요리하고 E는 5주차에 요리한다.
D: B는 4주차에 요리한다.
E: C는 진실을 말하지 않는다.

① A, B   ② A, C   ③ B, E
④ C, D   ⑤ D, E

 다음 도형들은 일정한 규칙을 가지고 있다. 물음표에 들어갈 알맞은 도형을 고르시오.

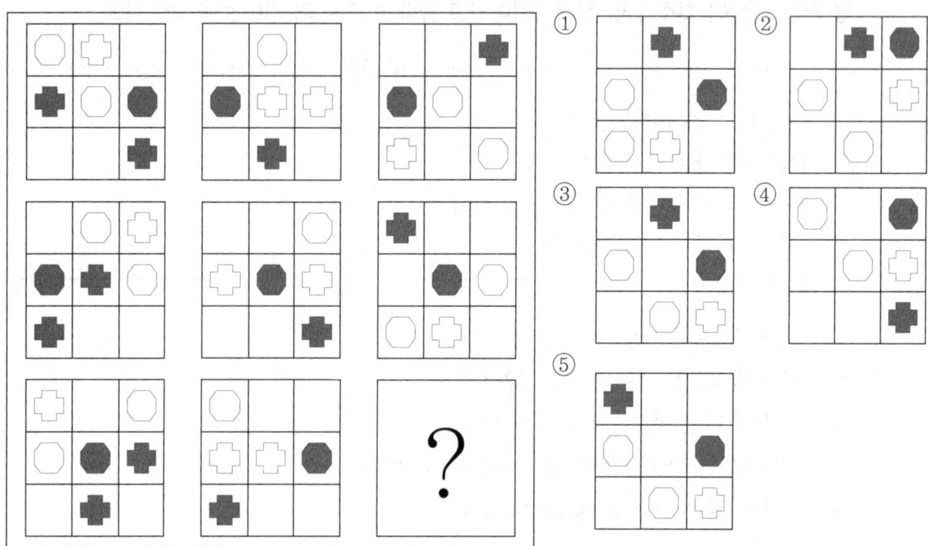

 다음 도형들은 일정한 규칙을 가지고 있다. 물음표에 들어갈 알맞은 도형을 고르시오.

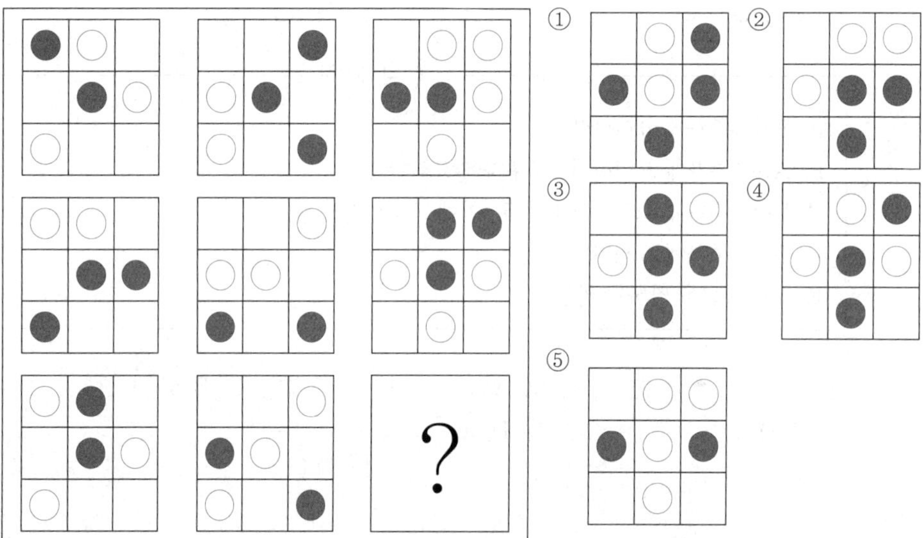

다음 도형들은 일정한 규칙을 가지고 있다. 물음표에 들어갈 알맞은 도형을 고르시오.

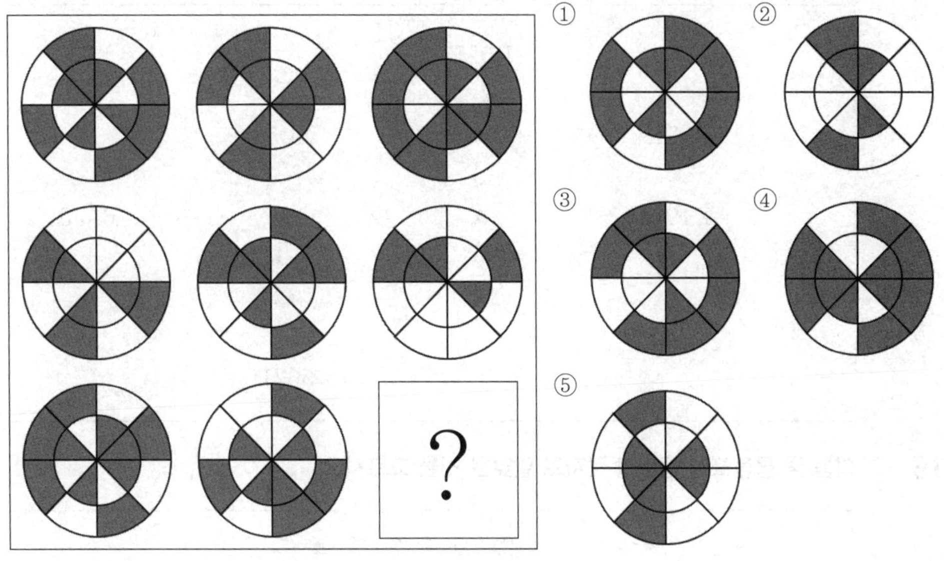

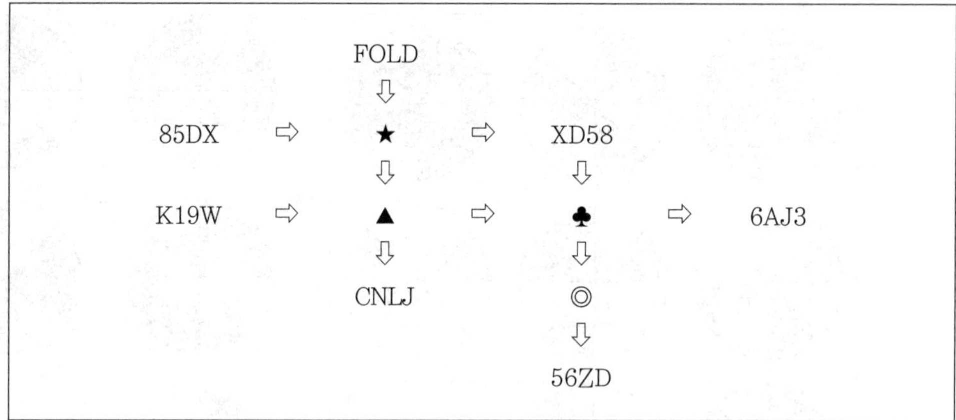

18

다음 중 물음표에 들어갈 문자로 알맞은 것을 고르시오.

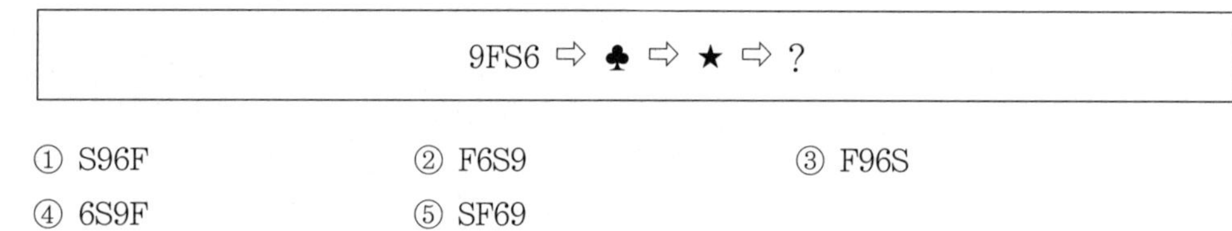

① 6X2H   ② 4X6H   ③ 4T6Z

④ 4A6H   ⑤ 4X2H

19

다음 중 물음표에 들어갈 문자로 알맞은 것을 고르시오.

① S96F   ② F6S9   ③ F96S

④ 6S9F   ⑤ SF69

20

다음 중 물음표에 들어갈 문자로 알맞은 것을 고르시오.

① K0L2   ② K0H2   ③ K2H6

④ K6H2   ⑤ K6L2

21

다음 중 물음표에 들어갈 문자로 알맞은 것을 고르시오.

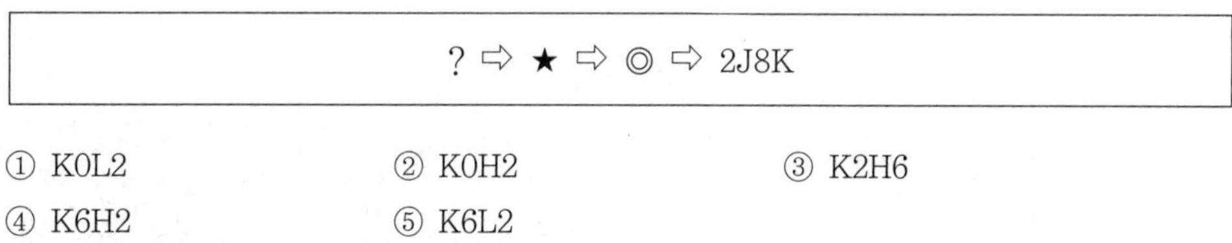

① 3S8X   ② 5S4X   ③ 5SOP

④ 5O4P   ⑤ 3O8P

 다음 글의 내용 흐름상 가장 적절한 문단배열 순서를 고르시오.

> (A) 하지만 이러한 선언적 활동만으로는 실질적인 기업 가치 상승을 기대하기 어렵다는 비판도 존재한다. 특히 일부 기업이 실질적인 개선 없이 친환경 이미지만을 내세우는 '그린워싱(Greenwashing)' 문제가 불거지면서, ESG 경영의 투명성을 검증할 수 있는 객관적인 공시 체계 마련이 시급한 과제로 떠오르고 있다.
>
> (B) ESG 경영은 기업이 단순히 재무적 이익만을 추구하던 과거의 방식에서 벗어나 환경 보호, 사회적 책임, 투명한 지배구조를 동시에 고려하는 지속 가능한 경영 전략을 의미한다. 과거에는 기업의 사회적 책임(CSR)이 선택적인 자선 활동에 가까웠다면, 오늘날의 ESG는 기업의 생존과 투자 유치를 결정짓는 필수적인 평가 지표로 자리 잡았다.
>
> (C) 이에 따라 전 세계적으로 ESG 공시 의무화가 가속화되는 추세다. 국제지속가능성기준위원회(ISSB)의 표준 제정과 더불어 국내외 규제 당국은 기업들이 환경 영향이나 공급망 내 인권 실태 등을 구체적인 수치로 증명하도록 요구하고 있다. 이는 기업 경영의 난도를 높이는 동시에, 준비된 기업에는 새로운 경쟁 우위를 점할 기회가 되고 있다.
>
> (D) 이러한 흐름에 발맞추어 많은 글로벌 기업들은 탄소 중립 선언이나 재생 에너지 100%(RE100) 가입 등을 통해 자신들의 ESG 실행 의지를 적극적으로 표명하고 있다. 자본 시장의 투자자들 또한 비재무적 성과를 바탕으로 투자를 결정하는 비중을 높이면서 ESG는 경영 현장의 핵심 화두가 되었다.

① (A) – (B) – (D) – (C)
② (B) – (A) – (C) – (D)
③ (B) – (D) – (A) – (C)
④ (C) – (A) – (B) – (D)
⑤ (D) – (C) – (B) – (A)

23 다음 글의 내용 흐름상 가장 적절한 문단배열 순서를 고르시오.

(A) 하지만 이러한 인프라 중심의 지원만으로는 한계가 명확하다. 단순히 기기를 보급하거나 공공 와이파이를 확충하는 것보다 중요한 것은 노년층이 디지털 환경에서 느끼는 심리적 장벽을 허무는 일이기 때문이다. 특히 복잡한 인터페이스와 영문 위주의 용어는 학습 의욕을 저하시키는 주요 원인으로 지적된다.

(B) 이에 따라 최근에는 노년층의 눈높이에 맞춘 '디지털 문해력(Digital Literacy)' 교육 프로그램이 활발히 추진되고 있다. 단순히 기능적인 조작법을 가르치는 것을 넘어, 실생활에서 키오스크로 음식을 주문하거나 모바일 뱅킹을 안전하게 이용하는 법을 체험형으로 교육하는 방식이다. 이러한 맞춤형 교육은 노년층의 사회적 고립감을 해소하는 실질적인 대안이 되고 있다.

(C) 디지털 기술의 급격한 발전은 일상의 편리함을 가져다주었지만, 한편으로는 정보 접근 격차로 인한 '디지털 소외' 문제를 심화시키고 있다. 특히 스마트 기기 활용에 서툰 노년층은 정보의 비대칭성으로 인해 일상적인 행정 서비스나 소비 활동에서 소외되는 현상이 가속화되는 추세다.

(D) 이러한 격차를 줄이기 위해 초기에는 고령층을 대상으로 스마트폰 보급을 확대하거나 공공장소에 와이파이를 보급하는 등의 하드웨어적인 접근이 주로 이루어졌다. 디지털 접근성을 높여 정보 소외 계층이 겪는 불편함을 직접적으로 해결하겠다는 취지였다.

① (A) – (B) – (D) – (C)
② (B) – (C) – (D) – (A)
③ (C) – (A) – (B) – (D)
④ (C) – (D) – (A) – (B)
⑤ (D) – (C) – (B) – (A)

24 다음 글을 읽고 반드시 옳지 않은 것을 고르시오.

> 　기존의 컴퓨터는 데이터를 0과 1의 이진수 상태로 처리하는 '비트(Bit)' 단위를 사용한다. 이는 전기 신호가 있거나 없는 상태를 명확히 구분하여 정보를 저장하고 계산하는 방식이다. 반면, 양자 컴퓨터는 양자역학의 원리인 중첩과 얽힘을 이용하는 '큐비트(Qubit)'를 기본 단위로 사용한다. 큐비트는 0과 1의 상태를 동시에 가질 수 있어, 기존 컴퓨터가 하나씩 순차적으로 처리해야 하는 방대한 계산을 병렬적으로 동시에 처리할 수 있다는 혁신적인 장점을 가진다.
>
> 　양자 컴퓨터의 성능은 큐비트의 수가 증가할수록 기하급수적으로 향상된다. 예를 들어, 2개의 비트는 네 가지 상태(00, 01, 10, 11) 중 한 번에 하나만 표현할 수 있지만, 2개의 큐비트는 이 네 가지 상태를 동시에 가질 수 있다. 그러나 양자 상태는 주변 환경의 미세한 간섭에도 쉽게 파괴되는 '결어긋남(Decoherence)' 현상에 취약하다. 이 때문에 극저온 상태를 유지하거나 외부 소음을 완벽히 차단하는 등 안정적인 하드웨어를 구현하는 것이 양자 컴퓨터 상용화의 핵심 과제로 남아 있다.

① 기존 컴퓨터는 0 또는 1 중 하나의 상태만을 가지는 비트 단위로 데이터를 처리한다.
② 큐비트는 양자 중첩 원리를 통해 0과 1의 상태를 동시에 유지하는 것이 가능하다.
③ 양자 컴퓨터는 데이터 처리 시 기존 컴퓨터보다 병렬 처리 능력이 뛰어나다.
④ 큐비트의 개수가 늘어날수록 양자 컴퓨터의 연산 성능은 산술적인 합의 형태로 증가한다.
⑤ 양자 컴퓨터의 상용화를 위해서는 외부 간섭에 의한 양자 상태 파괴 문제를 해결해야 한다.

최근 소비 결정의 기준이 가격에서 시간으로 이동하며 '시성비(Time-Efficiency)'가 핵심 키워드로 부상하고 있다. 시성비란 단순히 시간을 단축하는 것을 넘어, 투입한 시간 대비 얻는 경험의 밀도를 극대화하려는 경향을 의미한다. 이러한 흐름에 따라 유통업계는 요약된 콘텐츠를 제공하거나 결제 단계를 최소화하는 등 소비자의 '시간 가성비'를 높이는 전략에 집중하고 있다.

그러나 시성비 추구가 반드시 모든 소비자의 만족도로 이어지는 것은 아니다. 연구에 따르면, 정보 탐색 과정을 즐거움으로 인식하는 '유희적 소비군'의 경우, 지나치게 효율성만 강조된 서비스 구조는 오히려 쇼핑의 본질적인 재미를 반감시켜 브랜드 충성도를 저해하는 결과를 초래한다. 또한, 고가의 사치재나 정교한 기술력이 요구되는 '신뢰 기반 제품군'에서는 시성비 중심의 빠른 서비스가 오히려 제품의 전문성이나 검증 과정을 생략했다는 불신을 심어줄 수 있어 주의가 요구된다.

시성비 전략은 기업의 운영 방식에도 변화를 가져왔다. 기업들은 고객의 대기 시간을 줄이기 위해 인공지능 기반의 수요 예측 시스템을 도입하고 있으며, 이를 통해 서비스 지연율을 낮추고 있다. 하지만 이 과정에서 모든 고객 응대를 자동화할 경우, 예외적인 문제 해결을 원하는 고객의 '심리적 대기 시간'은 오히려 물리적 시간보다 길게 체감되는 역설적 현상이 발생한다. 따라서 성공적인 판매채널 구축을 위해서는 물리적 시간의 단축과 정서적 만족감 사이의 정교한 설계가 필수적이다.

① 시성비는 소비자가 투입한 시간 대비 얻게 되는 경험의 질적 수준을 높이려는 태도를 포함한다.
② 유희적 소비 성향을 가진 집단에게는 효율성 위주의 서비스가 브랜드에 대한 애착을 낮추는 원인이 될 수 있다.
③ 인공지능을 활용한 수요 예측은 서비스 현장에서 발생하는 지연을 방지하기 위한 방안으로 활용된다.
④ 전문성이 중시되는 신뢰 기반 제품군에서는 시성비 전략을 강화할수록 브랜드에 대한 고객의 신뢰도가 정비례하여 상승한다.
⑤ 응대 프로세스의 전면 자동화는 특정 상황에서 고객이 느끼는 주관적인 대기 시간을 늘릴 위험이 있다.

최근 반도체 산업은 인공지능, 고성능 컴퓨팅, 데이터센터 확산으로 인해 초고속 데이터 처리와 저전력 설계가 필수 요구 조건으로 떠오르고 있다. 이에 따라 기존 미세 공정 성능 향상만으로는 한계가 나타나고 있으며, 패키징 단계에서의 성능 최적화가 차세대 반도체 경쟁력을 좌우하는 핵심 요소로 부상하고 있다.

그중 하이브리드 본딩(Hybrid Bonding)은 칩과 칩을 범프(Bump) 없이 직접 접합해 전기적 연결을 형성하는 기술로, 신호 전달 거리를 획기적으로 줄일 수 있다. 이를 통해 데이터 처리 속도 향상과 전력 효율 개선이 가능하지만, 접합 정밀도가 매우 높아야 하며 미세한 정렬 오차나 접합 불량이 발생할 경우 신뢰성 저하로 이어질 수 있다. 특히 고집적 구조에서는 열이 한곳에 집중되기 쉬워 열 관리 기술이 충분히 뒷받침되지 않으면 장기 구동 안정성 확보가 어렵다.

한편 열필름(Thermal Film)은 반도체 칩에서 발생하는 열을 외부 방열 구조로 전달하는 역할을 수행한다. 그러나 최근의 고집적·다층 패키지 환경에서는 열 발생량이 급격히 증가하면서 열필름 단독 적용만으로는 모든 발열 문제를 해결하기 어렵다는 지적이 나오고 있다. 이에 따라 업계에서는 접합 기술과 열 관리 기술을 동시에 고려한 통합적 패키징 설계가 필요하다는 인식이 확산되고 있다.

결국 차세대 반도체 경쟁력 확보를 위해서는 하이브리드 본딩 도입 여부뿐 아니라, 해당 구조에서 열필름이 효과적으로 작동할 수 있는 설계 가능성까지 함께 검토하는 전략적 판단이 요구된다.

① 하이브리드 본딩은 접합 정밀도가 확보되지 않으면 열 집중으로 장기 구동 안정성이 저하될 수 있다.
② 열필름은 고집적 패키지의 발열 문제를 단독으로 완전히 해결할 수 있다.
③ 하이브리드 본딩은 범프 기반 접합보다 신호 전달 거리가 길어지는 구조이다.
④ 고집적 반도체 설계에서는 열 관리 기술보다 접합 기술이 우선적으로 고려된다.
⑤ 차세대 반도체 설계 시 열필름의 적용 가능성은 하이브리드 본딩 도입 여부와 별개로 판단된다.

 다음 글을 읽고 반드시 옳지 않은 것을 고르시오.

> 인공지능 언어 모델의 활용이 확대되면서 '할루시네이션(hallucination)' 현상이 주요 한계로 논의되고 있다. 할루시네이션은 인공지능이 실제 근거가 부족하거나 사실과 일치하지 않는 내용을 그럴듯하게 생성하는 현상을 가리킨다. 이는 언어 모델이 정보의 진위를 판단하기보다는, 학습 과정에서 형성된 언어적 패턴을 토대로 응답을 구성하는 구조적 특성과 관련되어 있다.
>
> 이러한 현상은 특히 의료, 법률, 학술 분야처럼 정보의 정확성이 중요한 영역에서 문제가 될 가능성이 크다. 사용자가 인공지능의 응답을 신뢰할 경우, 잘못된 정보가 의사결정에 영향을 미칠 수 있기 때문이다. 이에 따라 최근에는 응답의 신뢰도를 높이기 위한 기술적·제도적 방안에 대한 논의가 이어지고 있다.
>
> 할루시네이션을 줄이기 위한 접근으로는 외부 지식 자원과의 연동, 답변의 불확실성 표시, 사용자 질문의 구체화 등이 제시되고 있다. 이러한 방법들은 발생 가능성을 낮추는 데 기여할 수 있으나, 한계 또한 존재한다. 따라서 인공지능의 응답을 활용할 때에는 인간의 검토가 병행될 필요가 있다는 인식이 확산되고 있다.

① 할루시네이션은 언어 모델이 정보의 사실성보다 언어적 구조에 기반해 응답을 생성하는 특성과 연관되어 있다.

② 정보의 정확성이 중요한 분야일수록 할루시네이션으로 인한 영향이 상대적으로 커질 수 있다.

③ 외부 지식 자원과의 연동은 할루시네이션이 발생하는 구조적 원인을 근본적으로 해결하는 방식으로 언급되었다.

④ 사용자 질문을 구체화하는 방식은 할루시네이션 발생 가능성을 낮추는 접근 중 하나로 제시되었다.

⑤ 인공지능 응답의 활용에는 인간의 판단과 검토가 함께 이루어질 필요가 있다는 관점이 나타난다.

  다음 글의 주장을 비판하는 것으로 가장 적절한 것을 고르시오.

> 최근 친환경 산업 육성을 위해 정부와 지방자치단체는 전기차 구매 보조금을 확대하고 있다. 전기차는 내연기관차에 비해 초기 구매 비용이 상대적으로 높아, 가격 부담이 전기차 보급의 주요 제약 요인으로 지적되어 왔다. 이에 따라 보조금 지원을 통해 초기 비용 장벽을 완화하면 전기차 보급 속도를 높일 수 있다는 정책적 판단이 제시되고 있다. 실제로 일부 지역에서는 보조금 지급 이후 전기차 판매량이 단기간에 증가한 사례도 보고되었다.
>
> 정책 담당자들은 전기차 시장 확대의 핵심 제약 요인을 초기 구매 비용으로 보고, 보조금 확대를 통해 소비자의 구매 시점을 앞당길 수 있다고 판단한다. 또한 보조금 정책은 제도 개편 없이 예산 조정만으로 시행 가능하다는 점에서 행정적 실행 용이성도 갖는다. 이러한 점에서 전기차 보조금 확대는 친환경 교통 체계 전환을 위한 주요 정책 수단으로 활용되고 있다.

① 보조금 확대는 전기차의 가격 경쟁력을 단기간에 높이는 수단이 될 수 있다.
② 전기차 구매 결정에는 충전 인프라, 배터리 내구성, 중고 가치 등 비가격 요인도 크게 작용한다.
③ 특정 지역의 판매 증가 사례는 보조금 정책이 시장 반응을 유도할 가능성을 보여준다.
④ 보조금 확대는 전기차 산업 외에도 관련 부품 산업의 성장에 간접적인 영향을 미칠 수 있다.
⑤ 전기차 보급 정책은 성과를 계량화하기 쉬운 장점을 가진다.

최근 AI 연산의 급증으로 데이터 처리 속도를 높이기 위한 메모리 반도체 기술 경쟁이 치열하다. 대표적인 고성능 메모리인 HBM(고대역폭 메모리)은 D램을 수직으로 쌓아 데이터 전송 통로를 획기적으로 늘린 구조다. HBM은 프로세서(GPU 등)와 물리적으로 가깝게 배치되어 고속 연산을 지원하지만, D램의 물리적 한계로 인해 용량을 무한정 늘리기 어렵고 전력 소모가 크다는 단점이 있다.

반면, 낸드 플래시(NAND Flash)는 전원이 꺼져도 데이터가 저장되는 비휘발성 메모리로, 대용량 구현이 쉽고 가격이 저렴하지만 읽기 · 쓰기 속도가 D램에 비해 느리다는 한계가 있다. 이러한 두 기술의 간극을 메우기 위해 등장한 것이 비휘발성 저장 소자인 낸드 플래시를 기반으로 한 HBF(High Bandwidth Flash) 기술이다. HBF는 낸드 플래시 소자를 활용하면서도 HBM의 적층 구조와 인터페이스 방식을 차용하여, 대용량 저장과 고대역폭 전송을 동시에 확보하는 것을 목표로 한다. 특히 HBF는 초거대 AI 모델에서 자주 활용되지 않는 '콜드 데이터'를 저전력으로 보관하면서 필요 시 빠르게 전달함으로써 시스템의 에너지 효율성을 높이는 역할을 수행한다.

〈 보 기 〉

AI 서버의 메모리 계층 설계에서는 단순한 처리 속도뿐 아니라 비용 효율성, 대기 전력, 데이터 보존 방식이 중요한 판단 기준이 된다.

고속 연산용 메모리는 응답 속도가 빠를수록 유리하지만, 상시 전력 공급과 높은 단가가 부담이 될 수 있다. 반대로 비휘발성 저장 기반 메모리는 대기 전력을 줄이고 대용량 데이터를 저비용으로 유지할 수 있지만, 응답 속도 측면에서는 한계가 존재한다.

따라서 시스템 설계자는 연산 성능, 에너지 효율, 구축 비용 사이의 균형을 고려해 메모리 계층을 구성해야 한다.

① HBM은 D램 기반 적층 구조를 통해 고속 연산을 지원하는 메모리이다.
② HBF는 비휘발성 특성을 활용해 대기 전력 절감에 유리한 메모리로 설계될 수 있다.
③ 비휘발성 저장 기반 메모리는 응답 속도가 가장 빠르므로 연산 메모리로 최적화되어 있다.
④ HBM은 상시 전력 공급이 요구되며 단위 용량당 비용 부담이 존재한다.
⑤ AI 서버의 메모리 설계에는 성능, 전력, 비용 간 균형이 필요하다.

30 다음 글을 바탕으로 〈보기〉의 내용을 이해한 것으로 옳지 않은 것을 고르시오.

전통적인 단백질 치료제는 체내에 투여되었을 때 반감기가 짧아 약효가 금방 사라지거나, 표적 세포에만 정확히 전달되지 않는 한계가 있다. 이를 극복하기 위해 등장한 융합 단백질 기술은 서로 다른 기능을 가진 두 개 이상의 단백질을 유전자 조작을 통해 하나의 분자로 결합하는 방식이다. 대표적으로 특정 항원에만 결합하는 '항체'의 일부와 치료 효과를 내는 '약물 단백질'을 결합하면, 치료 성분이 표적 부위에만 집중적으로 작용하도록 유도할 수 있다.

이때 핵심은 유전자 조작 과정에서 두 단백질 사이에 삽입되는 '링커(Linker)'의 설계이다. 링커는 융합된 각 단백질이 고유의 입체 구조를 유지하도록 물리적 거리를 확보해 줄 뿐만 아니라, 특정 효소에 의해 끊어지도록 설계하여 표적 부위에서만 치료제가 방출되게 조절할 수도 있다. 만약 링커가 제 기능을 못 해 단백질 간에 간섭이 발생하면 치료제의 활성이 급격히 저하되거나 체내 면역 반응에 의해 거부될 위험이 있다.

〈 보 기 〉

바이오 기업 A는 차세대 항암 치료제 개발을 위해 융합 단백질 기술을 도입했다. 이들은 암세포 표면의 수용체를 인식하는 '결합 도메인'과 암세포를 사멸시키는 '독소 단백질'을 융합했다. 연구 결과, 유전자 조작을 통해 설계된 이 치료제는 단독 독소 단백질 투여 시보다 체내 잔류 시간이 5배 이상 길어졌으며, 암 조직에 도달한 후 암세포 내부의 특정 환경에서만 링커가 절단되어 독소가 분리·활성화되도록 제작되었다. 하지만 초기 실험에서는 링커의 길이가 너무 짧아 두 단백질이 서로 엉키면서 암세포 수용체와의 결합력이 떨어지는 문제가 발생하기도 했다.

① 융합 단백질 치료제는 유전자 조작을 통해 두 가지 이상의 기능을 단일 분자에 통합한 형태이다.
② 〈보기〉의 치료제에서 링커의 길이가 충분하지 못하면 암세포 수용체와의 결합 과정에 차질이 생길 수 있다.
③ 융합된 두 단백질이 서로의 입체 구조를 방해할 경우, 치료제로서의 생물학적 활성이 저하될 수 있다.
④ 융합 단백질 기술을 활용하면 단독 단백질 치료제를 사용할 때보다 약물의 체내 유지 시간을 늘리는 데 유리하다.
⑤ 〈보기〉에서 링커가 절단되도록 설계한 이유는 암세포에 도달하기 전 미리 독소를 방출하여 약효를 극대화하기 위함이다.

2026
상반기

삼성직무적성검사

제02회

기출변형 모의고사

영역	문항수	시간
수리	20	30분
추리	30	30분

※ 2025년 하반기 기준 출제 문항 수와 시험 응시 시간입니다.

삼성 취업은 렛유인

문항수 20문항 | 제한시간 30분

해설 p.17

01 지난달 매장에서 판매된 냉장고와 세탁기의 합계는 1,700대였다. 이번달 냉장고 판매 수량은 지난달 대비 30% 증가, 세탁기는 10% 증가하여 총 판매량이 1,970대가 되었다고 할 때, 이번달 냉장고와 세탁기의 판매 수량 차이를 구하시오.

① 600대　　　　　　② 620대　　　　　　③ 650대
④ 670대　　　　　　⑤ 700대

02 R&D 1팀은 연구 1파트 3명, 개발 1파트 4명, 개발 2파트 4명으로 구성되어 있다. A는 연구 1파트, B는 개발 1파트, C는 개발 2파트 소속이며, 각 파트에서 1명씩 선발하여 3명으로 이루어진 태스크팀을 구성한다고 할 때, 태스크팀의 구성원이 A, B, C 3명으로 이루어질 확률을 구하시오.

① $\dfrac{1}{48}$　　　　　　② $\dfrac{1}{24}$　　　　　　③ $\dfrac{1}{16}$

④ $\dfrac{1}{12}$　　　　　　⑤ $\dfrac{5}{48}$

03 다음은 국내 A 권역의 대중교통 운영 및 승객 이용 현황을 정리한 자료이다. 이를 해석한 내용으로 옳은 보기를 고르시오.

〈표〉 대중교통 종류별 운영 및 이용 현황

(단위: 개별 표기)

구분	단위	시내버스	지하철	광역버스
노선 수	개	70	12	30
노선 1개당 차량 수	대	8	20	10
차량 1대당 일평균 운행 횟수	회	16	40	12
운전자 1인당 담당 차량 수	대	2.0	1.5	2.5
운전자 1인당 일평균 근무시간	시간	8	9	10
차량 1대당 일평균 운행 거리	km	80	250	360

① 시내버스 전체 차량 수는 광역버스의 2배 이상이다.
② 운전자 수가 가장 많은 대중교통은 지하철이다.
③ 광역버스 차량의 1회 운행 시 평균 운행 거리는 시내버스의 6배이다.
④ 지하철 운전자들의 1일 근무시간 총 합계는 1,500시간 이상이다.
⑤ 시내버스 운전자들의 1일 근무시간 총 합계는 광역버스 운전자들의 2배 이상이다.

04 다음은 어느 전자제품 회사가 각 공장별로 생산했던 연간 제품 수량을 정리한 자료이다. 이를 해석한 내용 중 옳지 않은 것을 모두 고르시오.

〈표〉 각 공장별 제품 생산 수량

(단위: 천 대)

구분	TV	모니터	노트북	스마트폰	공장별 합계
공장 A	303	349	98	202	952
공장 B	251	280	83	150	764
공장 C	82	92	202	300	676
공장 D	52	62	150	249	513
제품별 합계	688	783	533	901	2,905

가. TV의 전체 생산 수량 중 가장 높은 비중을 차지하는 곳은 공장 B이다.
나. 모니터 총 생산량의 절반 이상이 공장 A에서 생산된다.
다. 스마트폰 총 생산량의 60% 이상은 공장 C와 D에서 생산된다.
라. 네 군데 공장 중 노트북 생산 수량이 가장 많은 공장과 스마트폰 생산 수량이 가장 많은 공장은 같다.

① 가, 나   ② 나, 다   ③ 다, 라
④ 가, 나, 다   ⑤ 나, 다, 라

 다음은 국내 성인을 대상으로 전자제품 구매 시 중요하게 생각하는 구매 요인을 단일 응답으로 설문한 결과이다. 이를 해석한 내용으로 옳지 않은 보기를 고르시오.

〈그래프〉 연령대별 전자제품 구매 시 중요 요인 설문 결과

(단위: %)

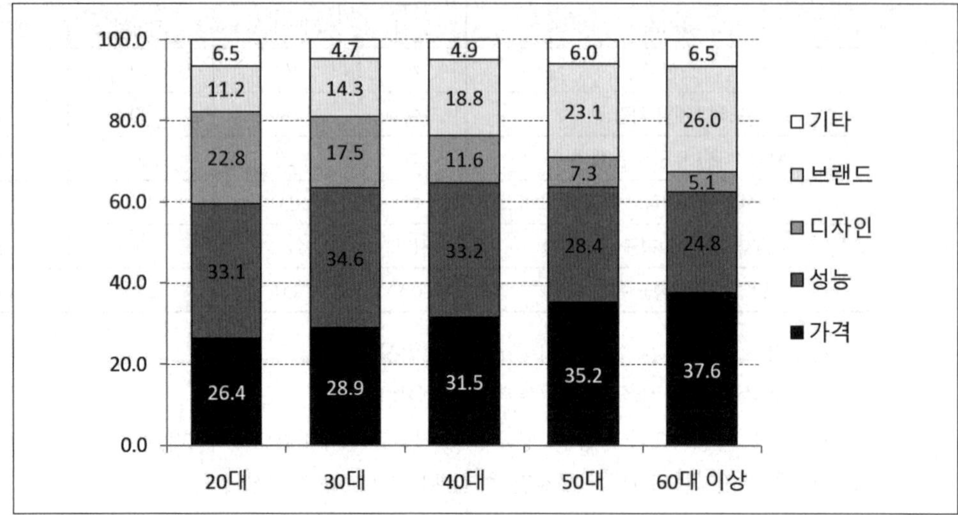

① 연령대가 증가할수록 전자제품 구매 시 브랜드의 중요도가 증가한다.
② 전자제품 구매 시 디자인을 가장 중요하게 생각하는 연령대는 20대이다.
③ 전자제품 구매 시 성능을 가장 중요하게 생각하는 연령대는 30대이다.
④ 40대가 전자제품 구매 시 가장 중요하게 생각하는 요인은 가격이다.
⑤ 연령대가 증가할수록 전자제품 구매 시 가격의 중요도가 증가한다.

06 다음은 각 장비별 생산 수량과 불량품의 개수를 정리한 자료이다. 이를 활용하여 수율이 가장 높은 장비와 가장 낮은 장비의 수율 차이를 구하시오.

〈표〉 장비별 제품 생산 현황

(단위: 개)

구분	장비 A	장비 B	장비 C	장비 D
생산 수량	123,400	127,500	134,600	160,000
불량품 수량	18,510	22,950	13,460	20,000

① 7.5%p
② 8.0%p
③ 8.5%p
④ 9.0%p
⑤ 9.5%p

07 다음은 2024년 1분기에 투자를 시작했던 어느 회사원의 각 투자 상품별 분기 말일 기준 평가금액을 정리한 자료이다. 이를 해석한 내용으로 옳은 보기를 고르시오.

〈표〉 분기별 투자 상품 평가금액 추이

(단위: 만 원)

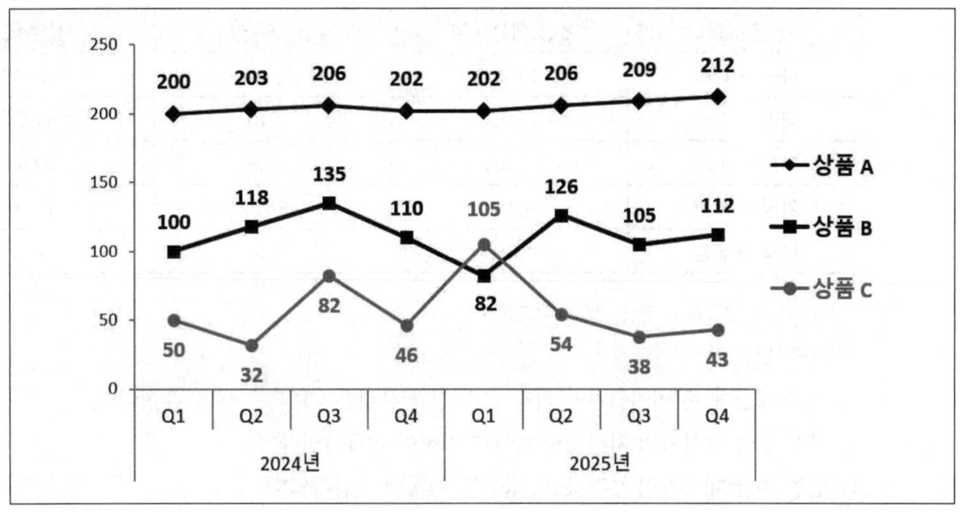

① 상품 A는 보유기간 동안 평가금액이 매 분기 지속 증가하였다.
② 상품 B의 분기 말일 기준 평가금액은 항상 상품 C를 상회하였다.
③ 2024년 Q1 시점 대비 2025년 Q4 시점의 투자 수익률이 가장 높았던 상품은 상품 B이다.
④ 상품 B와 C의 전분기 대비 평가금액 증감 경향은 매 분기 동일하였다.
⑤ 2025년 Q4의 전체 평가금액은 2024년 Q1 대비 5% 이상 증가하였다.

08 다음은 어느 매장에서 판매 중인 세 종류 제품의 연간 판매 수량에 대한 변화 이력을 정리한 자료이다. 이를 활용하여 2022년 판매 수량이 많은 제품부터 순서대로 나열된 보기를 고르시오.

〈표〉 제품별 판매 수량 변화 이력

(단위: 개별 표기)

구분	2023년	2024년	2025년	
	전년 대비 변화율(%)	전년 대비 변화량(천 개)	판매 수량 (천 개)	전년 대비 변화율(%)
제품 A	+10%	−800	5,600	+25%
제품 B	−10%	+100	6,600	+20%
제품 C	+20%	+200	4,500	−10%

① A > B > C   ② B > A > C   ③ B > C > A
④ C > A > B   ⑤ C > B > A

09 다음은 어느 기업의 연초 직급별 진급 대상자와 진급자를 정리한 자료이다. 이를 해석한 내용으로 옳은 보기를 고르시오.

〈표〉 직급별 진급 현황

(단위: 명, %)

진급 유형	진급 대상자(명)	진급자(명)	진급률(%)
사원 → 대리	19,220	13,180	68.6
대리 → 과장	12,480	5,210	41.7
과장 → 차장	8,260	2,430	29.4
차장 → 부장	4,120	820	19.9
부장 → 임원	1,580	102	6.5

* 진급률(%) = 진급자 ÷ 진급 대상자 × 100
* 미진급률(%) = 100 − 진급률(%)

① 진급 대상자 중 미진급자가 가장 많은 진급 유형은 '사원 → 대리' 유형이다.
② 부장 진급 대상자인 차장 5명 중 1명 이상이 진급하였다.
③ 임원 진급 대상자인 부장 16명 중 1명 이상이 진급하였다.
④ 차장 진급 대상자인 과장 3명 중 1명 이상이 진급하였다.
⑤ 진급 유형 중 미진급률이 70% 이상인 유형은 총 두 가지 유형이다.

10~11 다음은 미국, 중국, 독일, 프랑스, 일본 5개 국가를 대상으로 발전 방식의 비중과 재생에너지의 발전량 구성을 나타낸 자료이다. 이를 활용하여 이어지는 각 문항의 물음에 답하시오.

〈그래프〉 5개국의 발전 방식 비중

(단위: %)

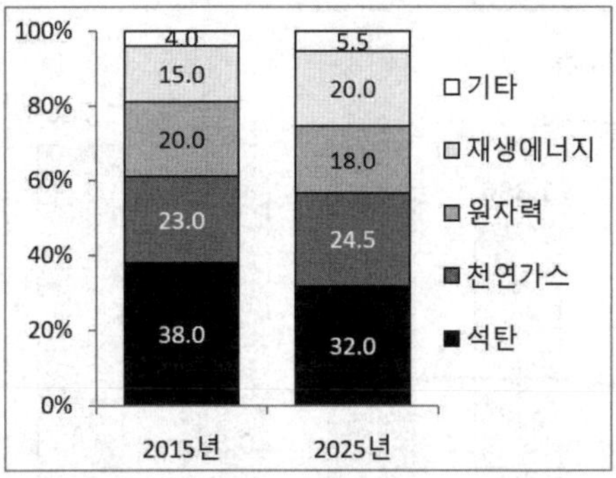

〈표〉 재생에너지 발전량 구성

(단위: TWh)

구분	2015년 발전량	2025년 발전량
태양광	504	2,016
풍력	732	1,764
수력	984	1,008
바이오	252	504
지열 외	48	108
합계	2,520	5,400

10 주어진 자료를 해석한 내용으로 옳은 보기를 고르시오.

① 2025년 석탄 발전과 천연가스 발전 비중은 10년 전 대비 모두 감소하였다.
② 2025년 원자력 에너지의 발전 비중은 10년 전 대비 증가하였다.
③ 2015년과 2025년 상위 네 가지 발전 방식의 비중 순위는 동일하게 유지되었다.
④ 2025년 태양광의 총 발전량은 2015년 대비 400% 이상 증가하였다.
⑤ 2025년 재생에너지 총 발전량은 2015년 대비 100% 이상 증가하였다.

11 주어진 자료를 활용하여 2025년 5개국 전체 발전량의 10년 전 대비 증가율을 구하시오. (소수점 첫째자리에서 반올림한다.)

① 61% ② 63% ③ 65%
④ 67% ⑤ 69%

12 다음은 어느 반도체 Fabless 기업의 연간 반도체 설계 환경에 대한 변화를 정리한 자료이다. 이를 해석한 내용으로 옳지 않은 보기를 고르시오.

〈그래프〉 반도체 Fabless 기업의 설계 환경 변화

(단위: 개별 표기)

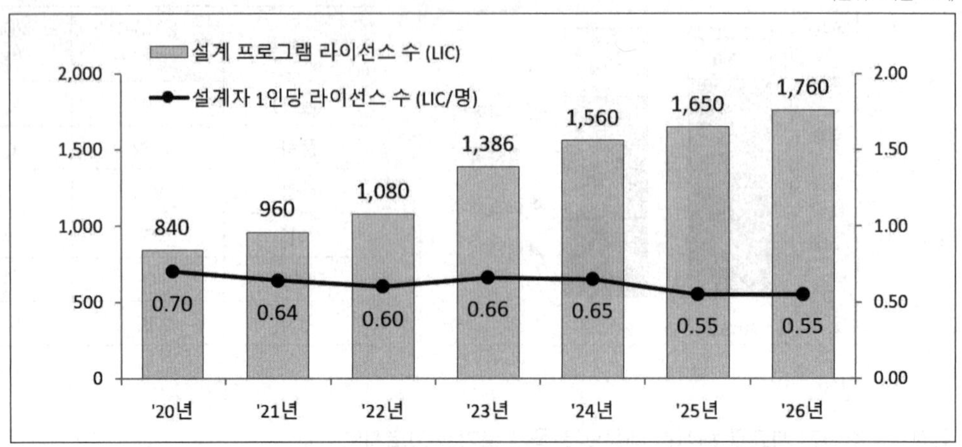

① 설계 프로그램의 라이선스 수는 매년 지속 증가하였다.
② 설계자 수는 매년 지속 증가하였다.
③ 2021년 설계자 수는 전년 대비 20% 이상 증가하였다.
④ 2022년 설계자 수는 전년 대비 20% 이상 증가하였다.
⑤ 2023년 설계자 수는 전년 대비 20% 이상 증가하였다.

13 다음은 물가 변동을 관찰할 수 있는 대표 항목별 물가지수를 2015년 100 기준으로 정리한 자료이다. 이를 해석한 내용 중 옳은 보기를 모두 고르시오.

〈표〉 대표 항목별 물가지수

(단위: 2015년 100)

구분	식료품	주택	교통	의류 및 신발
2021년	112.5	108.7	115.2	98.0
2022년	118.0	111.4	120.3	97.3
2023년	122.8	112.5	124.5	96.5
2024년	126.5	116.7	128.7	96.0
2025년	130.0	119.5	131.5	95.6

가. 조사기간 동안 네 가지 항목 모두 물가지수가 매년 증가하였다.

나. 2015년 주택 9채를 구매할 수 있는 금액으로 2023년에 주택 8채를 구매할 수 있다.

다. 2025년 식료품 물가는 10년 전 대비 30% 증가하였다.

라. 2025년 교통 물가지수는 2023년 대비 7% 증가하였다.

① 가, 나   ② 나, 다   ③ 다, 라

④ 가, 나, 다   ⑤ 나, 다, 라

14 다음은 어느 회사의 제품 판매 채널별 월별 판매 건수를 정리한 자료이다. 이를 해석한 내용으로 옳은 보기를 고르시오.

〈표〉 판매 채널별 판매 건_월별

(단위: 천 건)

판매 채널	8월		9월		10월		11월		12월	
	판매	전월비	판매	전월비	판매	전월비	판매	전월비	판매	전월비
직영 매장	305	−5.3%	314	+3.0%	330	+5.1%	309	−6.4%	317	+2.6%
유통점	347	−5.7%	371	+6.9%	359	−3.2%	343	−4.5%	365	+6.4%
온라인	682	+2.7%	698	+2.3%	712	+2.0%	687	−3.5%	704	+2.5%
홈쇼핑	210	−6.7%	231	+10.0%	228	−1.3%	219	−3.9%	226	+3.2%
B2B	296	+0.7%	286	−3.4%	271	−5.2%	282	+4.1%	283	+0.4%

① 판매 채널 중 조사기간 동안 매월 판매 건수가 꾸준히 증가했던 채널이 존재한다.

② 직영 매장의 4분기 월평균 판매 건수는 32만 건 이상이다.

③ 7월 온라인 판매 건수는 68만 건 이상이다.

④ 8월 대비 12월 판매 건수는 모든 채널에서 증가했다.

⑤ 조사기간 동안 유통점의 월평균 판매 건수는 35만 건 이상이다.

15 다음은 10세 이상 국민을 대상으로 하루 평균 IT 기기를 사용하는 시간에 대한 설문을 진행한 결과이다. 이를 해석한 내용으로 옳은 보기를 고르시오.

〈그래프〉 연령대별 하루 평균 IT 기기 사용 시간

(단위: 분/일)

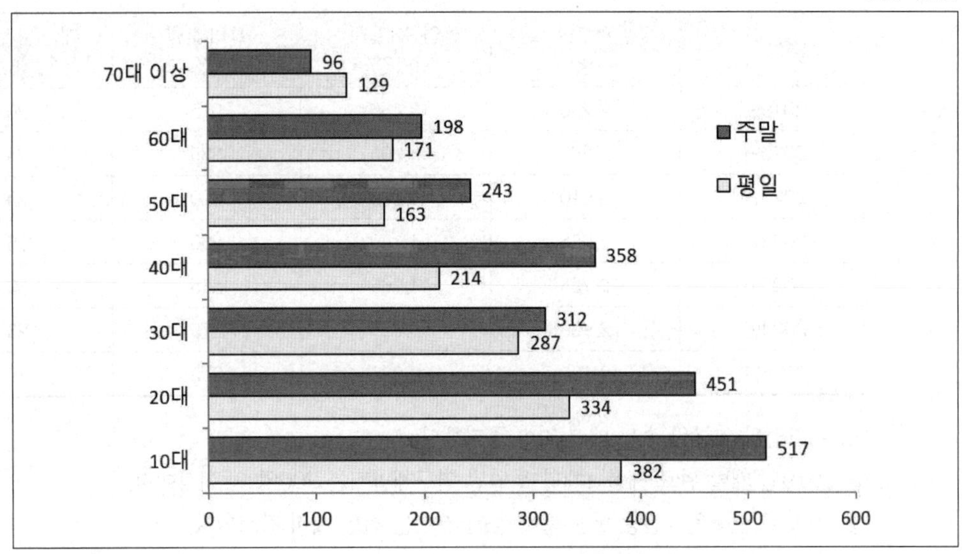

① 연령대가 증가할수록 IT 기기의 평일 사용시간은 감소한다.
② 연령대가 증가할수록 IT 기기의 주말 사용시간은 감소한다.
③ 모든 연령대에서 IT 기기의 주말 동안의 하루 평균 사용 시간이 평일 동안의 하루 평균 사용 시간보다 길었다.
④ 30대는 평균적으로 토요일과 일요일에 총 10시간 이상 IT 기기를 사용한다.
⑤ 20대는 평균적으로 평일 기간 동안 총 30시간 이상 IT 기기를 사용한다.

16   다음은 A 기업의 R&D 인원과 연구개발 실적 현황을 연도별로 정리한 자료이다. 이를 해석한 내용으로 옳은 보기를 고르시오.

〈표〉A 기업의 연도별 R&D 추진 및 실적 현황

(단위: 개별 표기)

연도	연구원 (명)	연구개발비 (억원)	특허 출원 (건)	개발 완료 제품 (개)
2019년	2,280	3,450	215	20
2020년	2,365	3,905	235	25
2021년	2,610	4,380	220	20
2022년	2,555	4,150	260	15
2023년	2,735	4,765	245	30
2024년	2,920	5,420	275	25
2025년	3,105	6,080	295	35

① A 기업의 연구원 수는 매년 지속 증가했다.

② 2019년 개발 완료 제품 1개당 투입된 연구개발비는 200억 원 이상이다.

③ 2023년 연구원 1인당 평균 특허 출원 건수는 전년 대비 감소했다.

④ 특허 출원 건수가 전년 대비 가장 많이 증가했던 해는 2024년이다.

⑤ 2025년 연구원의 전년 대비 증가율은 같은 해 연구개발비의 증가율보다 높았다.

17 다음은 A 기업의 주요 사업별 매출 비중 변화를 나타낸 그래프이다. 이를 해석한 내용으로 옳은 보기를 고르시오.

〈그래프〉 A 기업의 주요 사업별 매출 비중

(단위: %)

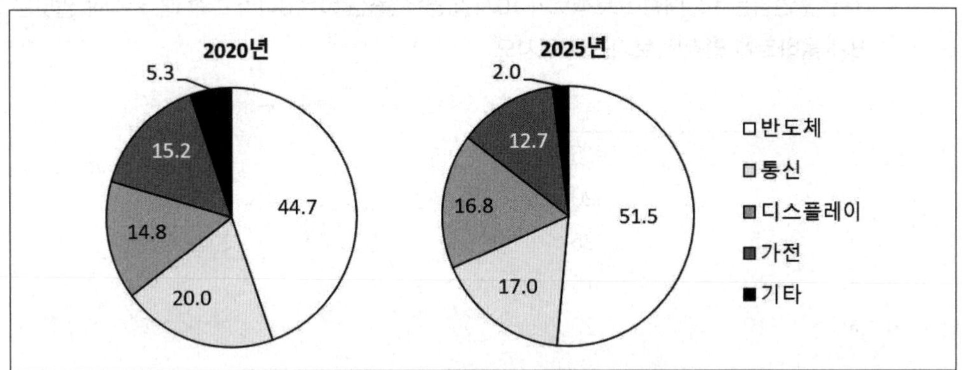

① 기타를 제외한 사업 중 2020년 대비 2025년에 매출 비중이 감소한 사업은 통신이 유일하다.

② 2020년 기타를 제외한 사업의 매출 비중 순위는 2025년에도 동일하게 유지되었다.

③ 2025년 전체 매출이 2020년 대비 20% 증가했다면, 2025년 통신 사업 매출은 5년 전 대비 감소했을 것이다.

④ 2020년 전체 매출이 2조 4천억 원이었다면, 디스플레이와 가전의 매출액 차이는 96억 원이었을 것이다.

⑤ 조사기간 2개년 모두 반도체 매출 비중은 전체 매출의 절반 이상을 차지하였다.

18 개발자가 1년 동안 담당하게 되는 대형 프로젝트의 개수 x(개)에 대한 업무 불안감 y(상수)는

$y = -\dfrac{(x-A)^2}{5} - \dfrac{x}{5} + B$의 관계를 보인다고 한다. 1년 동안 담당한 대형 프로젝트가 5개일

경우 불안감은 14, 대형 프로젝트가 10개일 경우 불안감이 18이라고 할 때, 수식에 알맞은 상수 A와
B가 올바르게 연결된 보기를 고르시오.

	A	B
①	5	15
②	5	20
③	5	25
④	10	15
⑤	10	20

19 A 기업은 2021년 신입사원을 총 380명 채용하였다. 이후 매년 신입사원 채용 인원의 전년 대비 변화율이 아래와 같다고 할 때, 연도별 신입사원 채용 인원이 올바르게 표현된 그래프를 고르시오.

〈표〉 A 기업 신입사원 채용 인원의 연간 변화율

(단위: %)

구분	2022년	2023년	2024년	2025년	2026년
전년 대비	+10.5	−16.7	−17.1	−20.7	+30.4

① A 기업의 연간 신입사원 채용 인원(명)

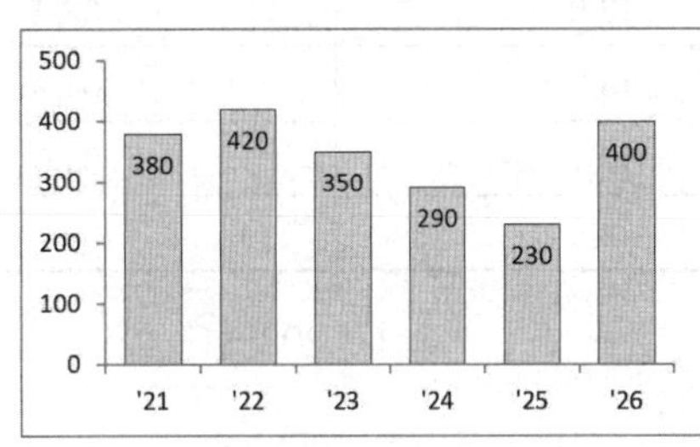

② A 기업의 연간 신입사원 채용 인원(명)

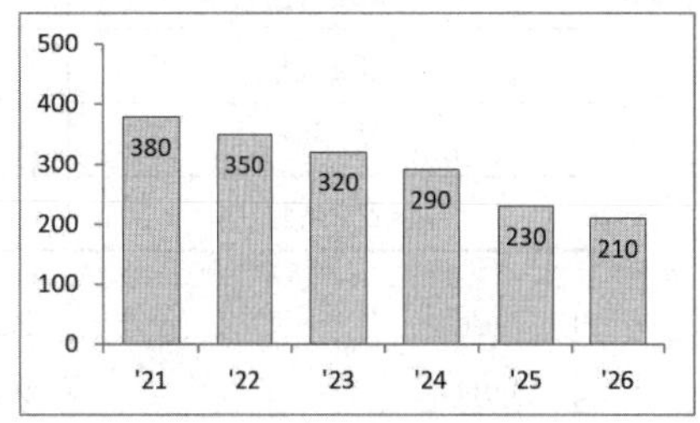

③ A 기업의 연간 신입사원 채용 인원(명)

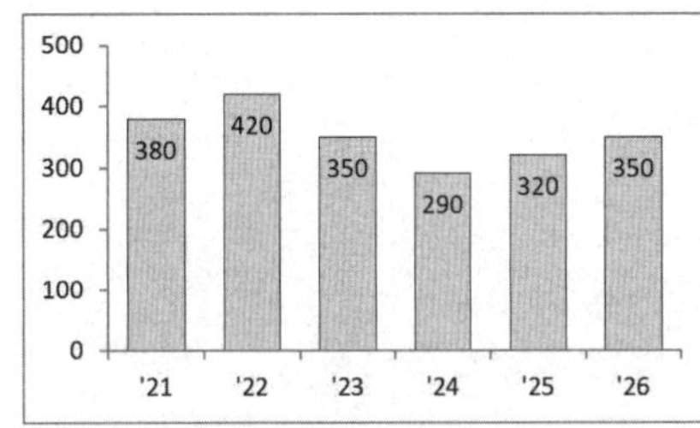

④ A 기업의 연간 신입사원 채용 인원(명)

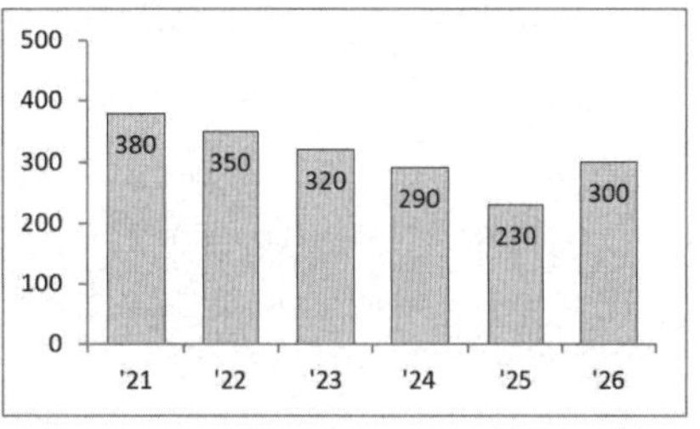

⑤ A 기업의 연간 신입사원 채용 인원(명)

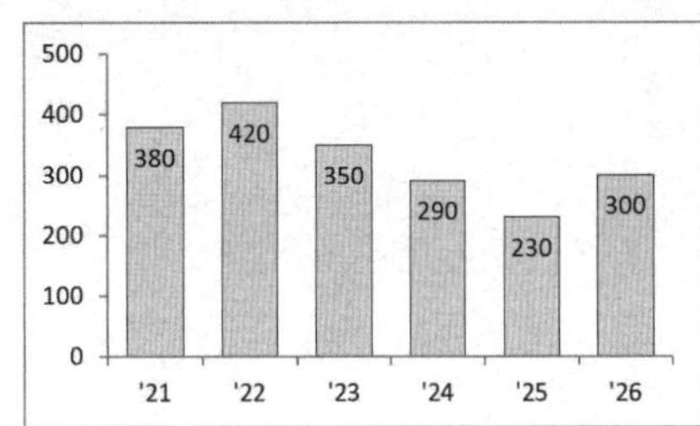

20 다음은 A 국가의 연간 수출입 총 금액을 정리한 자료이다. 2024년 이후 기존과 유사한 수출입 실적이 예상된다고 할 때, 수출 금액이 수입 금액의 5배 이상을 기록하는 첫 해를 예상한 보기로 올바른 것을 고르시오.

<표> A 국가의 연간 수출입 현황

(단위: 십억 달러)

구분	수입	수출
2020년	14.5	32.6
2021년	13.9	33.4
2022년	13.3	34.4
2023년	12.7	35.6
2024년	12.1	37.0

① 2028년 ② 2029년 ③ 2030년
④ 2031년 ⑤ 2032년

문항수 30문항 | 제한시간 30분

해설 p.22

01　다음 중 항상 참인 결론으로 적절한 것을 고르시오.

> [전제1] 사내교육을 듣는 사원은 신입인 사원이다.
> [전제2] 멘토링에 참여하는 사원은 사내교육을 듣는다.
> [결　론] (　　　　　　　　　　　　　　　　　)

① 신입인 사원은 멘토링에 참여하지 않는다.
② 멘토링에 참여하는 사원은 신입인 사원이다.
③ 신입인 사원은 사내교육을 듣는다.
④ 사내교육을 듣는 사원은 멘토링에 참여한다.
⑤ 신입인 사원은 멘토링에 참여한다.

02　다음 중 결론을 항상 참으로 만드는 [전제2]를 고르시오.

> [전제1] 장갑을 낀 모든 사람은 실험한다.
> [전제2] (　　　　　　　　　　　　　　　)
> [결　론] 실험하는 어떤 사람은 연구한다.

① 장갑을 낀 어떤 사람은 실험한다.
② 실험하는 모든 사람은 장갑을 낀다.
③ 장갑을 낀 어떤 사람은 연구한다.
④ 연구하는 모든 사람은 장갑을 끼지 않는다.
⑤ 장갑을 낀 어떤 사람은 연구하지 않는다.

03 다음 중 항상 참인 결론으로 적절한 것을 고르시오.

> [전제1] 신용카드를 쓰는 사람은 쇼핑을 좋아한다.
> [전제2] 카페를 사랑하는 어떤 사람은 신용카드를 쓴다.
> [결 론] (   )

① 카페를 사랑하는 사람은 신용카드를 쓴다.
② 카페를 사랑하는 어떤 사람은 쇼핑을 좋아한다.
③ 신용카드를 쓰는 모든 사람은 카페를 사랑한다.
④ 카페를 사랑하는 모든 사람은 쇼핑을 좋아한다.
⑤ 쇼핑을 좋아하는 사람은 카페를 사랑한다.

04 A, B, C, D, E를 〈보기〉의 조건에 맞게 일렬로 줄을 세운다고 할 때 다음 중 항상 참인 것을 고르시오.

> ───〈 보 기 〉───
> – B와 D는 연속으로 줄을 선다.
> – C가 E보다 먼저 줄을 선다.
> – A가 2번째로 줄을 선다.

① B는 3번째로 줄을 선다.
② C는 1번째로 줄을 선다.
③ D는 3번째로 줄을 선다.
④ D는 5번째로 줄을 선다.
⑤ E는 4번째로 줄을 선다.

05 A, B, C, D가 차세대 배터리 직무에서 소형, 중형, 대형 배터리를 담당한다. 4명 모두 한 종류의 배터리만 담당하고 아무도 담당하지 않는 종류의 배터리는 없다고 할 때 〈보기〉를 참고하여 이들이 배터리를 담당하는 경우가 모두 몇 가지인지 고르시오.

〈 보 기 〉

- B는 혼자 배정된다.
- A는 소형 배터리를 담당한다.
- C와 D는 같은 종류의 배터리를 담당한다.

① 1가지   ② 2가지   ③ 3가지
④ 4가지   ⑤ 5가지

06 A, B, C, D는 북미, 유럽, 아시아로 출장을 간다. 인당 한 곳으로 출장을 가며 세 지역 모두 1명 이상이 출장을 간다고 할 때 〈보기〉를 참고하여 항상 참인 것을 고르시오.

〈 보 기 〉

- B는 북미로 출장을 간다.
- C는 유럽으로 출장을 가지 않는다.
- A와 D는 각자 다른 지역으로 출장을 간다.
- 아시아로 출장을 가는 사람은 1명이다.

① D는 아시아로 출장을 가지 않는다.
② A와 C는 같은 지역으로 출장을 간다.
③ D와 B는 다른 지역으로 출장을 간다.
④ 북미로 출장을 가는 사람은 2명이다.
⑤ 유럽으로 출장을 가는 사람은 2명이다.

07 A, B, C, D, E가 거제, 부산, 대덕 중 한 곳 이상으로 출장을 간다. 〈보기〉를 참고하여 항상 참인 것을 고르시오.

─〈 보 기 〉─

– 거제, 대덕, 부산 순으로 출장가는 사람이 많다.
– A의 출장지와 출장지가 겹치는 사람은 없다.
– E는 거제로 출장을 간다.
– D는 대덕으로 출장을 가지 않는다.
– B는 두 곳으로 출장을 가고 C는 한 곳으로 출장을 간다.

① B와 E의 출장지는 한 곳이 겹친다.
② C와 D의 출장지는 겹치지 않는다.
③ C와 E의 출장지는 한 곳이 겹친다.
④ 대덕으로 출장을 가는 사람은 2명이다.
⑤ 거제로 출장을 가는 사람은 3명이다.

08 월요일부터 토요일까지 패션행사로 요일마다 남성복, 여성복, 키즈복 중 한 가지씩 할인행사를 진행한다. 금요일에 키즈복 할인행사를 진행하는 전체의 경우가 모두 몇가지인지 고르시오.

─〈 보 기 〉─

– 세 종류의 옷가지 모두 6일 중 2일씩 할인한다.
– 여성복은 연속 이틀동안 할인하지 않는다.
– 월요일과 목요일은 동일한 종류를 할인한다.

① 1가지   ② 2가지   ③ 3가지
④ 4가지   ⑤ 5가지

09 1부터 6까지의 숫자를 중복없이 하나씩 사용하여 네 자리 비밀번호를 만든다. 제일 왼쪽의 자리부터 A, B, C, D라 명명할 때 〈보기〉를 참고하여 다음 중 항상 참인 것으로 고르시오.

〈 보 기 〉

- B는 짝수이며 A와 D 사이의 수이다.
- A와 D의 합은 C와 같다.
- A는 D보다 작다.

① A가 1이라면 C는 5이다.
② A가 1이라면 B는 4이다.
③ B가 2라면 C는 5이다.
④ C가 5라면 D는 4이다.
⑤ D가 5라면 B는 2이다.

10 반도체 샘플인 A, B, C, D, E, F를 3층 3열로 배열된 곳의 각 칸에 놓는다. 각 열에 샘플을 놓지 않는 칸이 한 칸씩 있으며 각 행에도 샘플을 놓지 않는 칸이 한 칸씩 있을 때 〈보기〉 및 각 칸의 번호를 참고하여 B를 놓을 수 없는 칸의 번호를 고르시오.

〈 보 기 〉

- A는 5번 칸에 놓는다.
- C와 F는 같은 층인 칸에 놓는다.
- D와 E는 같은 열인 칸에 놓는다.

	1열	2열	3열
3층	1	2	3
2층	4	5	6
1층	7	8	9

① 1　　　　② 3　　　　③ 6
④ 7　　　　⑤ 9

11 A, B, C, D, E는 세탁기와 건조기의 기능을 한 대에 담은 원바디를 선택하거나 세탁기와 건조기를 각각 사서 세로로 설치하는 콤보 중 한 가지를 선택한다. 원바디를 선택하는 사람은 거짓을 말하고 콤보를 선택하는 사람은 진실을 말한다고 할 때 〈보기〉의 진술을 참고하여 항상 참인 것을 고르시오.

〈 보 기 〉

A: 나와 E는 콤보를 선택한다.

B: 나와 A는 원바디를 선택한다.

C: D는 콤보를 선택한다.

D: 5명 중 콤보를 선택하는 사람은 1명이다.

E: B는 원바디를 선택한다.

① A는 콤보를 선택한다.

② B는 콤보를 선택한다.

③ C는 콤보를 선택한다.

④ D는 콤보를 선택한다.

⑤ E는 원바디를 선택한다.

12 A, B, C, D, E, F가 게이트 '가', '나', '다' 중 한 개의 게이트를 지난다고 할때 〈보기〉를 참고하여 반드시 거짓인 것을 고르시오.

〈 보 기 〉

– A와 C는 같은 게이트를 지난다.

– D는 '나' 게이트를 지난다.

– A와 B는 다른 게이트를 지난다.

– '나' 게이트에 4명이 지난다.

– E와 F는 같은 게이트를 지난다.

① B는 '가' 게이트를 지난다.

② B는 '나' 게이트를 지난다.

③ C는 '가' 게이트를 지난다.

④ C는 '다' 게이트를 지난다.

⑤ E는 '나' 게이트를 지난다.

13 A, B, C, D, E의 시험 점수는 각기 다르다. 모두의 점수는 70점 이상 100점 이하이고 5점 단위로 순위가 매겨진다고 할 때 〈보기〉를 참고하여 B의 점수로 알맞은 것을 고르시오.

- 2등은 90점 이상이다.
- C의 점수는 A의 점수보다 20점이 높다.
- 3등은 5등은 10점 차이다.
- 4등은 A이다.
- E의 점수는 D의 점수보다 15점이 높다.

① 100   ② 95   ③ 90
④ 85   ⑤ 80

14 A, B, C, D, E의 생일은 1월, 2월, 3월, 4월, 5월 중 하나이고 태어난 달이 같은 사람은 없다. 5명 중 생일이 홀수 달인 사람은 거짓을 말하고 생일이 짝수 달인 사람은 진실을 말한다고 할 때 〈보기〉를 참고하여 항상 참인 것을 고르시오.

A: C는 거짓을 말한다.
B: C의 생일은 짝수 달이다.
C: E의 생일은 2월이다.
D: A의 생일은 3월이다.
E: C의 생일은 3월이다.

① A의 생일은 1월이다.
② B의 생일은 2월이다.
③ C의 생일은 3월이다.
④ D의 생일은 4월이다.
⑤ E의 생일은 5월이다.

다음 도형들은 일정한 규칙을 가지고 있다. 물음표에 들어갈 알맞은 도형을 고르시오.

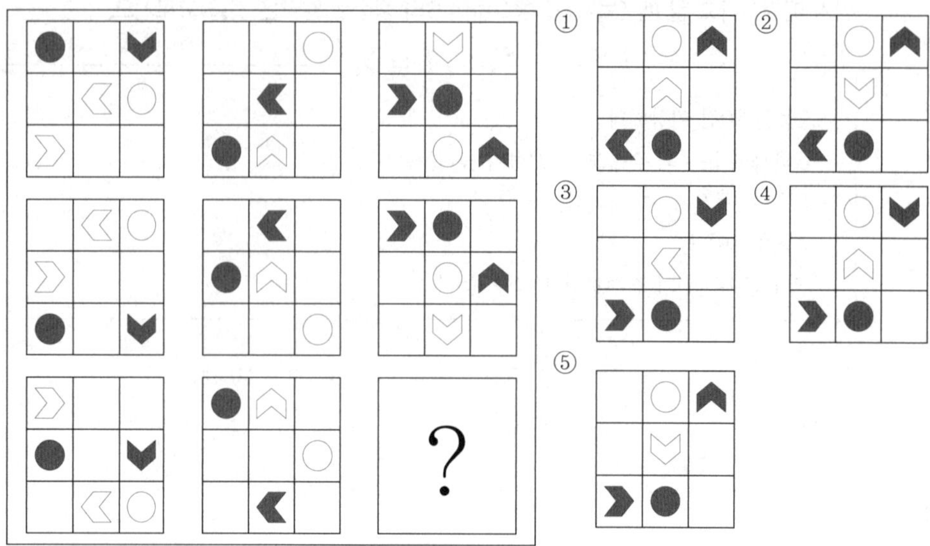

다음 도형들은 일정한 규칙을 가지고 있다. 물음표에 들어갈 알맞은 도형을 고르시오.

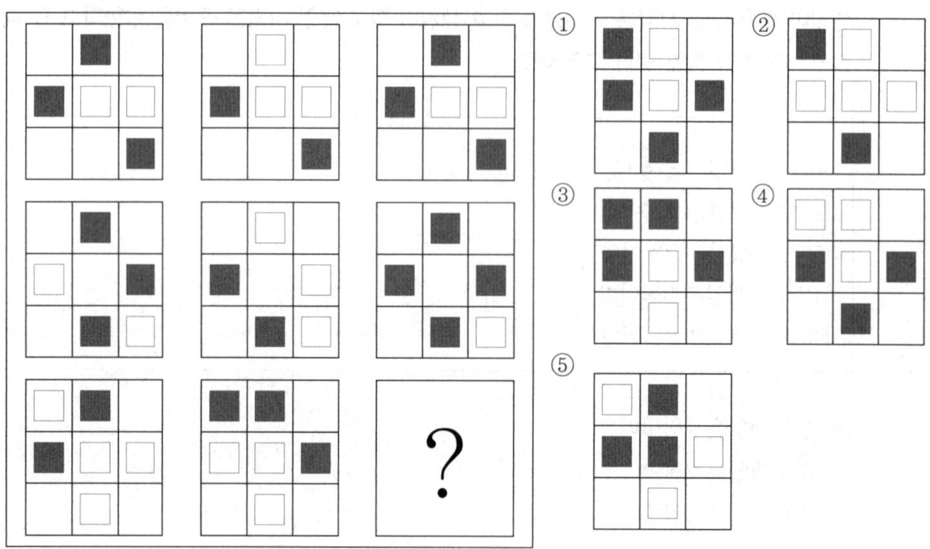

17 다음 도형들은 일정한 규칙을 가지고 있다. 물음표에 들어갈 알맞은 도형을 고르시오.

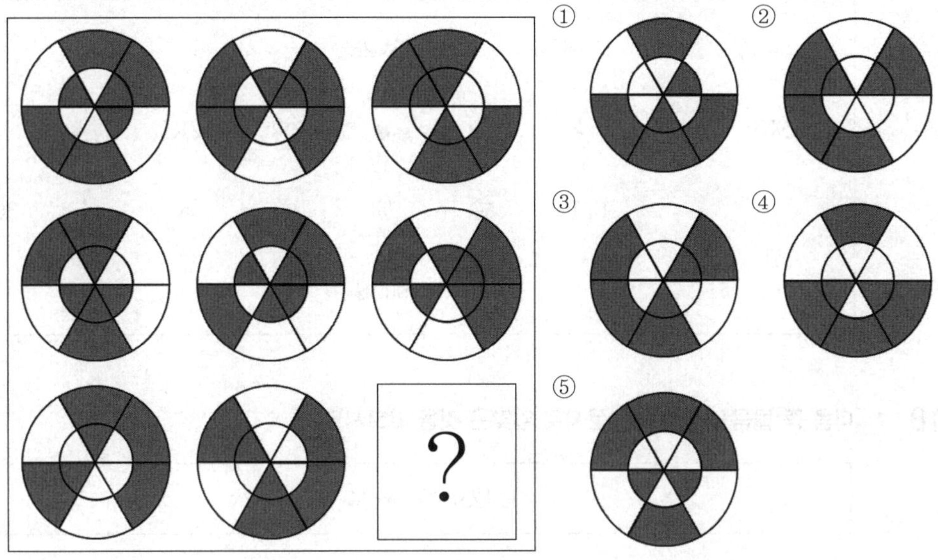

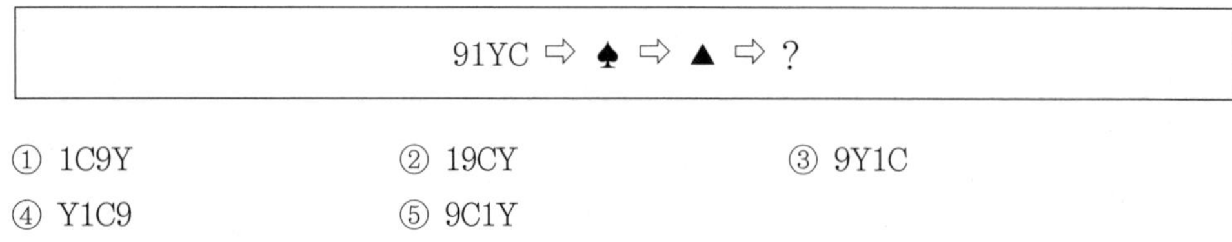

```
           D6N7              LW28
            ⇩                 ⇩
  0MI9  ⇨   ★   ⇨   ♠   ⇨   82KL
            ⇩                 ⇩
           F5P6  ⇨   ■   ⇨   ▲   ⇨   3G2S
                     ⇩
                    9J5S
```

18 다음 중 물음표에 들어갈 문자로 알맞은 것을 고르시오.

O4X9 ⇨ ★ ⇨ ▲ ⇨ ?

① 3M8V   ② 8QZ3   ③ 5Q0Z
④ 5M0V   ⑤ 3Q8Z

19 다음 중 물음표에 들어갈 문자로 알맞은 것을 고르시오.

91YC ⇨ ♠ ⇨ ▲ ⇨ ?

① 1C9Y   ② 19CY   ③ 9Y1C
④ Y1C9   ⑤ 9C1Y

20 다음 중 물음표에 들어갈 문자로 알맞은 것을 고르시오.

? ⇨ ■ ⇨ ★ ⇨ 5GS3

① 6JN4   ② 4FT0   ③ 6HR4
④ 2FT8   ⑤ 2JN8

21 다음 중 물음표에 들어갈 문자로 알맞은 것을 고르시오.

? ⇨ ♠ ⇨ ■ ⇨ F6X2

① 86UE   ② 6EU8   ③ 48AG
④ 8GA4   ⑤ 68GA

 다음 글의 내용 흐름상 가장 적절한 문단배열 순서를 고르시오.

> (A) 이러한 문제에 대응해 정부와 플랫폼 기업들은 딥페이크 범죄를 막기 위한 다양한 조치를 취하고 있다. 국내에서는 관련 법률을 강화하여 처벌 수위를 높였고, 해외 주요 플랫폼들도 AI 기반 탐지 시스템과 신고 절차를 도입하고 있다. 또한 학교와 지자체를 중심으로 디지털 성범죄 예방 교육도 확대되고 있다.
>
> (B) 다만 딥페이크 기술이 빠르게 고도화되고 있어 기존의 법·기술적 대응만으로는 한계가 있다는 지적도 제기된다. 단순한 규제만으로는 변칙적인 범죄 유형을 완벽히 차단하기 어렵기 때문에, 이용자의 윤리 의식 강화와 사회적 경각심 형성이 병행되어야 한다는 목소리가 커지고 있다.
>
> (C) 그러나 최근 인공지능 기술의 발전으로 딥페이크 영상 제작이 쉬워지면서, 이를 악용한 범죄가 빠르게 증가하고 있다. 특히 타인의 얼굴을 합성한 불법 영상 유포, 사칭 영상 제작 등으로 개인의 명예와 사생활이 심각하게 침해되는 사례가 늘고 있다.
>
> (D) 딥페이크는 인공지능을 활용해 특정 인물의 얼굴이나 음성을 다른 영상·음성에 자연스럽게 합성하는 기술을 의미한다. 이 기술은 처음에는 엔터테인먼트나 영상 편집 분야에서 혁신적인 도구로 활용되었다.

① (D) − (C) − (A) − (B)
② (D) − (B) − (A) − (C)
③ (C) − (A) − (B) − (D)
④ (C) − (D) − (A) − (B)
⑤ (A) − (B) − (C) − (D)

　다음 글의 내용 흐름상 가장 적절한 문단배열 순서를 고르시오.

(A) 이러한 환경 속에서 최근 반도체 업황은 장기간의 부진 국면을 지나 점진적인 개선 기대감이 확산되는 모습이다. 인공지능 연산 수요 증가, 데이터센터 투자 재개, 자율주행 기술 확산 등 신산업 분야가 새로운 수요 기반으로 작용하면서 시장 심리가 이전과 달라지고 있다는 평가가 나온다.

(B) 시장의 이 같은 변화를 반영하듯 주요 반도체 기업들은 최근 들어 감산 기조를 점진적으로 완화하고 있으며, 차세대 공정 전환과 고부가 제품 개발을 위한 투자를 늘리고 있다. 일부 기업은 중단했던 설비 증설 계획을 재검토하거나 신규 공장 건설을 다시 논의하는 등 생산 능력 확대 움직임을 보이고 있다.

(C) 다만 시장에서는 여전히 회복 속도에 대한 신중론도 제기된다. 글로벌 소비 둔화, 지정학적 리스크, 주요국의 금리 정책 등 대외 변수에 따라 수요 회복 시점이 지연될 수 있으며, 공급 확대가 수급 불균형을 다시 초래할 가능성도 배제하기 어렵다는 분석이다.

(D) 반도체는 스마트폰과 PC를 넘어 서버, 자동차, 산업 장비에 이르기까지 현대 산업 전반에서 핵심 부품으로 사용되는 국가 기반 산업이다. 따라서 반도체 시장의 흐름은 개별 기업의 실적을 넘어 글로벌 제조업의 구조와 국가 경제 전반을 좌우하는 결정적인 요인으로 작용한다.

① (A) − (B) − (D) − (C)
② (A) − (D) − (B) − (C)
③ (D) − (A) − (C) − (B)
④ (D) − (A) − (B) − (C)
⑤ (D) − (B) − (C) − (A)

전기차 시장은 최근 몇 년간 빠른 성장세를 이어왔지만, 최근 들어 성장 속도가 둔화되는 현상이 나타나고 있다. 이를 EV 캐즘(EV Chasm)이라 부르며, 초기 수요층과 대중 시장 사이에서 구매 확산이 일시적으로 정체되는 구간을 의미한다. 일반적으로 혁신 제품은 초기 수용자(Early Adopters)를 지나 대중 시장으로 확산되지만, 전기차는 이 전환 과정에서 소비자 인식과 경제적 부담이 장벽으로 작용하고 있다.

특히 높은 차량 가격, 충전 인프라 부족, 배터리 수명 및 중고 가치에 대한 불확실성은 소비자들이 전기차 구매를 망설이게 만드는 주요 요인으로 지적된다. 여기에 최근 글로벌 경기 둔화와 금리 상승으로 인해 소비 심리가 위축되면서 전기차 수요 회복이 예상보다 더딘 상황이다.

이러한 흐름 속에서 주요 완성차 기업들은 가격 경쟁력 확보, 보급형 모델 출시, 배터리 효율 개선 등을 통해 소비자 진입 장벽을 낮추려는 전략을 추진하고 있다. 동시에 각국 정부도 충전 인프라 확대, 구매 보조금 지급, 친환경 규제 강화 등을 통해 전기차 보급을 유도하고 있다.

다만 일부 국가에서는 재정 부담을 이유로 보조금이 점진적으로 축소되고 있으며, 원자재 가격 변동성, 지정학적 리스크 등 외부 변수로 인해 단기적인 시장 회복에는 불확실성이 존재한다. 이에 따라 전기차 시장은 장기적 성장 가능성에도 불구하고, 당분간 조정 국면이 이어질 것이라는 전망이 제시되고 있다.

① EV 캐즘은 전기차가 초기 수요층에서 대중 시장으로 확산되는 과정에서 나타나는 일시적 정체 현상이다.
② 전기차의 높은 가격과 충전 인프라 부족은 소비자의 구매 지연 요인으로 작용한다.
③ 완성차 기업들은 EV 캐즘 대응 전략으로 고급형 모델 중심의 수익성 강화 전략을 우선하고 있다.
④ 각국 정부는 충전 인프라 확대와 보조금 정책으로 전기차 보급을 유도하고 있다.
⑤ 전기차 시장은 단기적으로는 조정 국면이지만 장기적 성장 가능성은 유지되고 있다.

　다음 글의 주장을 비판하는 것으로 가장 적절한 것을 고르시오.

최근 유통·외식 산업을 중심으로 무인점포와 키오스크 기반 매장이 빠르게 확산되고 있다. 인건비 상승과 구인난이 심화되는 상황에서, 무인화는 기업이 비용 부담을 줄이고 24시간 안정적으로 매장을 운영할 수 있는 대안으로 주목받고 있다. 또한 결제, 재고 관리, 고객 데이터 분석까지 디지털 시스템으로 통합되면서 운영 효율성도 크게 향상되고 있다.

소비자 측면에서도 무인점포는 대기 시간을 줄이고, 비대면 환경에서 자유롭게 상품을 구매할 수 있다는 점에서 편의성이 높다. 특히 모바일 결제와 키오스크 사용에 익숙한 세대가 소비의 중심으로 떠오르면서, 대면 서비스 중심의 기존 매장 방식은 점차 경쟁력을 잃어가고 있다는 분석도 나온다.

이러한 흐름을 종합하면, 무인점포 확산은 산업 구조 변화에 따른 필연적 결과이며 유통 서비스의 품질과 기업 경쟁력을 동시에 강화하는 긍정적 전환이라고 볼 수 있다. 따라서 무인점포 도입은 앞으로 더욱 확대되어야 하며, 이는 장기적으로 소비자와 기업 모두에게 이익이 되는 방향이다.

① 무인점포는 인건비 절감과 운영 자동화를 통해 기업의 비용 효율성을 높일 수 있다.
② 비대면 구매 선호가 확산되면서 무인 서비스 수요는 더 커질 가능성이 높다.
③ 무인점포는 유통 산업의 구조 변화에 따른 자연스러운 흐름으로 볼 수 있다.
④ 무인점포 확대가 모든 소비자층의 이용 편익을 동일하게 보장하는지에 대한 검토가 필요하다.
⑤ 무인점포 운영 시 발생하는 초기 설비 투자 비용은 기업의 단기적 재무 부담을 가중시킬 수 있다.

26 다음 글을 읽고 반드시 거짓인 설명을 고르시오.

> 최근 AI 연산량 증가로 데이터센터용 반도체의 전력 효율 문제가 핵심 경쟁 요소로 부상했다. 데이터센터 서버는 대량의 데이터를 실시간으로 처리해야 하므로 고대역폭 DRAM이 필수적이지만, DRAM 집적도가 높아질수록 전력 소모와 발열이 함께 증가하는 구조적 한계를 가진다. 따라서 메모리 성능 향상만으로는 데이터센터 전체의 에너지 효율을 개선하기 어렵다는 인식이 확산되고 있다.
>
> 이러한 한계를 보완하기 위한 대안으로 FDVFS(Fully Dynamic Voltage Frequency Scaling)가 주목받고 있다. FDVFS는 연산 부하에 따라 전압과 주파수를 실시간으로 조정하여 불필요한 전력 낭비를 줄이는 기술이다. 개별 칩 수준에서는 성능 저하 없이 소비 전력을 낮추는 효과가 검증되었으나, 데이터센터처럼 수만 개의 서버가 병렬로 동작하는 환경에서는 전압·주파수 변동이 시스템 전반의 신호 타이밍 안정성에 영향을 줄 수 있다. 따라서 대규모 적용을 위해서는 전력 효율 개선 효과와 시스템 신뢰성 확보 사이의 정교한 설계 균형이 요구된다.
>
> 결국 차세대 데이터센터용 반도체 경쟁력은 고성능 DRAM 개발만으로 결정되지 않으며, FDVFS와 같은 전력 제어 기술을 어떻게 안정적으로 통합하느냐에 의해 좌우될 가능성이 크다.

① DRAM 집적도 향상은 데이터센터 전력 소모와 발열 증가를 동반한다.
② FDVFS는 개별 칩 환경에서는 전력 절감 효과가 검증된 기술이다.
③ 대규모 데이터센터에서 FDVFS를 적용하기 위해서는 시스템 신뢰성과 전력 효율 개선 간의 균형이 필요하다.
④ 데이터센터 반도체 경쟁력은 DRAM 성능 향상만으로 충분히 확보될 수 있다.
⑤ 전력 제어 기술 통합이 향후 데이터센터 반도체 경쟁력을 좌우할 수 있다.

반도체 후공정 패키징은 웨이퍼에서 개별 칩을 분리한 뒤, 외부 환경으로부터 보호하고 전기적 연결을 완성하는 공정이다. 과거에는 단일 칩을 하나의 패키지에 담는 방식이 일반적이었으나, 최근에는 고성능·저전력 요구가 증가하면서 첨단 패키징 기술이 빠르게 발전하고 있다.

대표적으로 Chiplet(칩렛) 기술은 하나의 대형 칩 대신 여러 개의 소형 칩을 조합해 하나의 시스템처럼 동작하도록 구성하는 방식이다. 이를 통해 제조 수율을 높이고, 필요 기능만 선택적으로 결합할 수 있어 설계 유연성을 향상시킨다.

또한 Fan-out 패키징은 기판(Substrate)을 사용하지 않고, 칩 주변으로 배선 영역을 확장해 전기적 연결을 형성하는 기술이다. 이 방식은 패키지 두께를 줄이고, 신호 전달 거리를 단축해 전력 효율과 성능을 개선하는 데 효과적이다.

다만 이러한 첨단 패키징 기술은 공정 난이도가 높고, 열 방출과 신뢰성 확보가 중요한 과제로 남아 있다. 이에 따라 후공정 패키징은 반도체 성능 경쟁력을 좌우하는 핵심 기술로 주목받고 있다.

① 후공정 패키징은 칩을 보호하는 역할만 수행하며, 전기적 연결 공정은 전공정에 포함된다.
② 첨단 패키징 기술은 공정 난이도가 낮아 열 방출과 신뢰성 문제에서 비교적 자유롭다.
③ Fan-out 패키징은 기판을 사용하여 배선 영역을 확장함으로써 전기적 연결을 형성한다.
④ Chiplet 기술은 하나의 대형 칩을 단일 패키지에 집적하는 방식으로 설계 단순화를 목표로 한다.
⑤ 후공정 패키징은 칩 보호를 넘어 전력 효율과 성능 개선에 핵심적인 공정이다.

28　다음 글을 읽고 반드시 참인 설명을 고르시오.

> 　환율은 한 나라의 통화가 다른 나라 통화와 교환되는 비율을 의미하며, 국제 교역과 자본 이동에 중요한 역할을 한다. 환율이 변동하면 기업의 수익 구조와 소비자의 구매 비용이 달라지므로, 각국 정부와 중앙은행은 환율 움직임을 면밀히 관찰한다. 특히 개방도가 높은 경제에서는 환율 변동이 국내 경제 전반에 빠르게 파급될 수 있다.
>
> 　일반적으로 자국 통화 가치가 하락(환율 상승)하면 해외에서 상품을 들여오는 비용이 증가해 수입 물가가 상승할 가능성이 있다. 반대로 자국 상품의 외화 표시 가격은 낮아져 해외 시장에서 가격 경쟁력이 강화될 수 있다. 그러나 이러한 효과는 산업별 구조에 따라 다르게 나타나며, 원자재를 해외에서 조달하는 비중이 높은 산업은 비용 부담이 커질 수 있다.
>
> 　또한 환율 변동의 영향은 시간의 흐름에 따라 달라질 수 있다. 단기적으로는 수출 증가가 기업 실적 개선으로 이어질 수 있지만, 장기적으로는 수입 물가 상승이 국내 전반의 소비자 물가를 끌어올려 소비 여력을 약화시킬 가능성이 있다. 따라서 환율 상승이 항상 경기 활성화로만 이어진다고 단정하기는 어렵다.

① 환율 변동은 국내 경제에는 거의 파급 효과를 미치지 않는다.
② 원자재 해외 의존도가 높은 산업은 환율 상승 시 생산비 상승 압력을 받을 수 있다.
③ 자국 통화 가치 하락은 산업 구조와 무관하게 비용 부담을 줄이는 방향으로 작용한다.
④ 환율 상승은 단기에는 수출 경쟁력을 높이며, 장기적으로도 수출 증과 효과가 지속된다.
⑤ 환율 상승은 장기적으로 소비 여력에 유의미한 영향을 미치지 않는다.

29 다음 글을 바탕으로 〈보기〉의 내용을 이해한 것으로 옳지 않은 것을 고르시오.

> 웨어러블 기기는 신체에 착용해 데이터를 실시간으로 수집·분석할 수 있는 전자기기로, 스마트워치나 피트니스 밴드 등이 대표적이다. 이들 기기는 심박수, 수면 상태, 활동량 등 개인의 생체 정보를 측정해 건강 관리에 활용한다. 최근에는 센서 정밀도 향상과 배터리 효율이 개선되면서 장시간 사용이 가능해졌고, 의료 분야와의 연계 가능성도 확대되고 있다. 다만 피부 밀착도 향상, 측정 오차 최소화, 개인정보 보호 대책 마련은 여전히 해결해야 할 과제이다.

〈 보 기 〉

> 스마트 의류는 옷감에 센서와 전도성 섬유를 결합해 착용자의 움직임이나 신체 상태를 감지하는 기술이다. 별도의 장치를 추가로 착용하지 않아도 자연스럽게 데이터를 수집할 수 있어 편의성이 높다. 웨어러블 기기와 마찬가지로 건강 관리 및 스포츠 트레이닝 분야에서 활용도가 커지고 있으며, 세탁 내구성 확보와 전원 공급 방식 개선이 핵심 과제로 꼽힌다. 또한 의류 본연의 형태를 유지하면서 센서 성능을 안정적으로 확보하는 데 기술적 난이도가 존재한다.

① 웨어러블 기기와 스마트 의류는 모두 건강 관리 목적의 생체 데이터 수집 기술로 활용된다.
② 스마트 의류는 기기를 별도로 착용하지 않아도 데이터 수집이 가능하다는 장점이 있다.
③ 웨어러블 기기는 측정 정확도와 개인정보 보호 측면에서 기술적 과제가 남아 있다.
④ 스마트 의류는 센서 성능과 의류 구조를 동시에 안정화하는 기술적 난이도가 낮아 상용화가 용이하다.
⑤ 웨어러블 기기는 센서 정밀도 및 전력 효율 개선을 통해 사용 시간이 점차 확대되고 있다.

30 다음 글을 바탕으로 〈보기〉의 내용을 이해한 것 중 옳은 것을 고르시오.

> 수소 연료전지는 수소와 산소의 화학 반응을 통해 전기를 생산하는 발전 기술로, 연소 과정이 없기 때문에 이산화탄소 배출이 거의 없다. 또한 발전 효율이 높고 소음이 적어 분산형 전원 시스템이나 친환경 발전 설비로 활용도가 높다. 최근에는 발전 과정에서 발생하는 열을 회수해 난방이나 온수 공급에 활용하는 열병합 시스템과 결합되어 에너지 효율을 더욱 높이는 방향으로 발전하고 있다.
>
> 한편 탄소 포집·저장(CCUS) 기술은 화석연료 기반 산업 공정에서 발생하는 이산화탄소를 포집하여 지하에 저장하거나 자원으로 재활용하는 방식이다. 이는 기존 산업 구조를 유지하면서도 탄소 배출량을 줄일 수 있는 현실적인 대안으로 평가받는다. 다만 높은 포집 비용과 저장 시설의 안정성 확보는 여전히 해결해야 할 과제로 남아 있다.

〈 보 기 〉

> C 기업은 산업단지 내 자가발전 설비로 수소 연료전지를 도입하고, 발전 과정에서 발생하는 열을 회수해 인근 건물 난방에 공급하는 열병합 시스템을 구축했다. 동시에 공정 중 배출되는 이산화탄소를 CCUS 설비로 포집·저장함으로써, 전체 탄소 배출량을 줄이고 친환경 에너지 운영 체계를 마련했다.

① C 기업은 수소 연료전지를 이용해 전기를 생산하지만, 발전 과정에서 발생하는 열은 외부로 방출한다.
② 탄소 포집·저장(CCUS) 기술은 화석연료 산업을 완전히 대체하는 신에너지 발전 방식이다.
③ 수소 연료전지는 연소 과정이 필수적이어서 이산화탄소 배출이 불가피하다.
④ C 기업은 CCUS 설비를 통해 공정 중 발생하는 탄소 배출을 줄이는 운영 체계를 구축하고 있다.
⑤ 열병합 시스템은 발전 과정에서 발생하는 열을 버리기 때문에 에너지 효율을 낮추는 방식이다.

2026
상반기

삼성직무적성검사

제**03**회

기출변형 모의고사

영역	문항수	시간
수리	20	30분
추리	30	30분

※ 2025년 하반기 기준 출제 문항 수와 시험 응시 시간입니다.

삼성 취업은 렛유인

01 올해 A팀 인원은 작년 대비 25% 증가하였으며, B팀 인원은 작년 대비 15% 증가하였다. A팀과 B팀의 총인원이 작년 140명에서 올해 169명으로 증가하였다고 할 때, 올해 B팀의 인원수를 구하시오.

① 60명　　　　　　② 63명　　　　　　③ 66명
④ 69명　　　　　　⑤ 72명

02 어느 회사는 장비 A와 B를 보유하고 있으며, 하루에 한 대를 선정하여 생산을 진행한다. 이번 주는 월요일부터 금요일까지 5일 동안 장비 A 2일, 장비 B 2일, 휴업 1일의 과업을 계획하고 있다고 할 때, 화요일에 장비 A를 사용하게 되는 경우의 수를 구하시오.

① 6가지　　　　　　② 8가지　　　　　　③ 12가지
④ 24가지　　　　　　⑤ 48가지

03 다음은 경제자유구역에서의 권역별 기업과 근로자의 입주 현황을 조사한 자료이다. 조사기간 동안 주어진 자료를 해석한 내용 중 옳지 않은 것을 고르시오.

<표> 경제자유구역 입주사업체 및 근로자 현황

(단위: 개, 명)

권역 구분	사업체수 (개)			근로자수 (명)		
	2022년	2023년	2024년	2022년	2023년	2024년
인천	3,365	3,481	3,821	104,114	96,641	110,557
부산진해	1,619	1,893	1,954	45,820	56,666	57,972
광양만권	703	645	712	17,592	19,479	22,275
대구경북	761	905	917	22,591	29,888	30,206
동해안권	3	3	3	55	56	60
울산	75	74	77	2,079	2,096	2,554

① 6개 경제자유구역 중 입주사업체와 근로자가 매년 가장 많았던 권역은 인천이다.
② 2024년 광양만권의 입주사업체 수는 2023년보다 2024년에 더 많았다.
③ 부산진해 권역의 입주사업체 1개당 평균 근로자 수는 2023년보다 2024년에 더 많았다.
④ 동해안권의 입주사업체 1개당 평균 근로자 수는 매년 증가하였다.
⑤ 울산의 입주사업체 1개당 평균 근로자 수는 2022년보다 2023년에 더 많았다.

04 다음은 2024년 국내 각 산업에서 요구하는 세 종류의 인력에 대한 미충원 현황을 정리한 자료이다. 주어진 자료를 해석한 내용으로 옳지 않은 것을 고르시오.

<표> 각 산업의 인력 종류별 미충원 현황

(단위: 명)

구분	전체	경력자	신입	외국인(대졸)
디스플레이	212	123	90	2
반도체	310	203	107	0
바이오	387	203	181	3
자동차	1,188	557	598	33
조선	734	375	339	20
철강	255	66	184	5
소프트웨어	1,927	1,247	648	36

① 미충원 인원이 가장 많은 산업과 가장 적은 산업의 차이는 9배 이상이다.
② 조선 산업에서 신입과 외국인(대졸) 미충원 인원이 차지하는 비중은 절반 이하이다.
③ 7개 산업 모두 경력자 미충원 인원이 신입 미충원 인원보다 많았다.
④ 반도체 산업의 미충원 인원 3명 중 1명 이상은 신입 인력이다.
⑤ 소프트웨어 산업은 모든 인력 종류에서 미충원 인원이 가장 많은 산업이다.

05 다음은 한국, 미국, 호주의 각 국가별 기대수명 변화를 정리한 자료이다. 주어진 자료를 해석한 내용 중 옳은 것을 고르시오.

〈그래프〉 각 국가별 기대수명

(단위: 세)

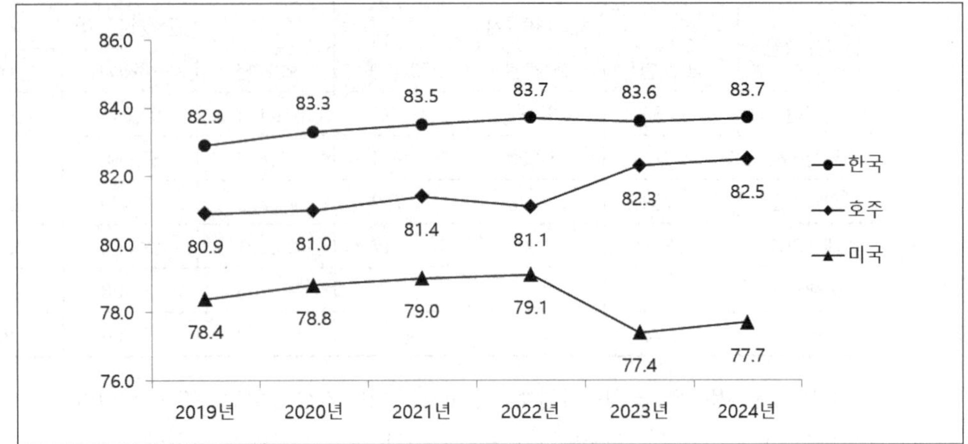

① 조사기간 동안 호주의 기대수명은 매년 지속 증가하였다.
② 2023년에는 3개 국가 모두 전년 대비 기대수명이 감소하였다.
③ 호주와 미국의 기대수명 차이가 가장 컸던 해는 2024년이다.
④ 6개년 동안 미국의 연평균 기대수명은 78세 이하였다.
⑤ 주어진 3개 국가 중 기대수명의 전년 대비 변화 트렌드가 동일한 국가가 존재한다.

06 다음은 어느 회사 직원들을 대상으로 출근 수단에 대한 조사 결과를 정리한 자료이다. 2024년 대중교통을 이용하는 출퇴근 인원수가 전년 대비 20% 감소할 것으로 예상된다고 할 때, 대중교통을 이용하는 2020년 인원과 2024년 인원의 차이를 구하시오.

〈표〉 출근 수단 조사 결과

(단위: 명, %)

구분		2021년	2022년	2023년
자가차량	인원수	460	380	400
	전년 대비	+16.0%	−17.4%	+5.3%
도보	인원수	72	90	102
	전년 대비	−8.0%	+25.0%	+13.3%
대중교통	인원수	560	476	595
	전년 대비	+12.0%	−15.0%	+25.0%
기타	인원수	50	40	60
	전년 대비	+20.0%	−20.0%	+50.0%

① 17명   ② 24명   ③ 31명
④ 38명   ⑤ 45명

07 다음은 국내 2023년 하반기 기간 동안의 월별 강수량과 강수일수를 나타낸 자료이다. 주어진 자료를 해석한 내용 중 옳지 않은 것을 고르시오.

<그래프> 2023년 하반기 월별 강수 현황

(단위: 개별 표기)

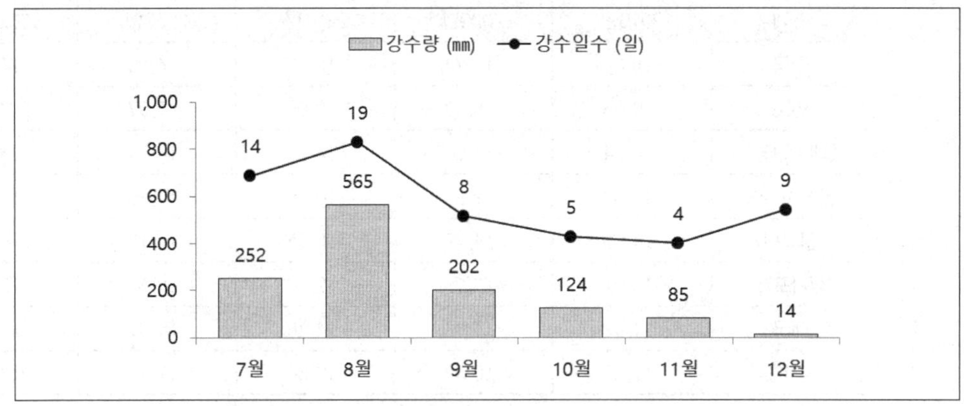

① 주어진 기간 중 강수량이 가장 많았던 달은 강수일수 역시 가장 많았다.
② 9월 한 달 동안의 일평균 강수량은 25mm 이상이다.
③ 10월 동안의 일평균 강수량은 11월보다 많았다.
④ 하반기 동안 전월 대비 강수량의 변화와 강수일수의 변화는 동일한 증감 트렌드를 보였다.
⑤ 하반기 동안의 월평균 강수일수는 10일 미만이었다.

08 다음은 식품군별 연간 생산량 순위를 5위까지 정렬한 자료이다. 주어진 자료를 해석한 내용 중 옳은 것을 고르시오.

<표> 식품군별 연간 생산량 순위

(단위: K톤)

순위	2019년		2020년		2021년		2022년	
	식품군	생산량	식품군	생산량	식품군	생산량	식품군	생산량
1위	농산품류	1,740	면류	1,930	즉석식품류	4,841	음료류	2,650
2위	음료류	1,721	음료류	1,869	음료류	2,100	농산품류	1,892
3위	면류	1,660	농산품류	1,820	농산품류	1,950	주류	1,594
4위	당류	1,423	주류	1,502	주류	1,395	당류	1,386
5위	주류	1,365	당류	1,426	당류	1,387	조미식품	1,374

① 주류의 생산량은 조사기간 동안 매년 증가하였다.
② 조사기간 동안 매년 3위 이내의 생산량을 기록했던 식품군은 음료류가 유일하다.
③ 2020년 면류의 생산량은 전년 대비 20% 이상 증가하였다.
④ 2022년 음료류의 생산량은 전년 대비 25% 이상 증가하였다.
⑤ 조사기간 동안 농산품류와 음료류의 전년 대비 생산량 변화 트렌드는 동일하였다.

09 다음은 아시아 주요 국가의 GDP 대비 중앙정부세수의 비율을 정리한 자료이다. 이를 해석한 내용 중 옳은 것을 고르시오.

〈표〉 아시아 주요 국가별 GDP 대비 중앙정부세수 비율

(단위: % of GDP)

소계	2019년	2020년	2021년	2022년	2023년
중국	13.83	13.74	13.63	14.30	14.68
인도	9.05	8.49	8.09	7.97	7.70
대한민국	15.54	15.20	14.86	16.74	18.45
말레이시아	12.02	11.94	10.89	11.22	11.65
필리핀	14.05	14.49	13.95	14.13	14.62
싱가포르	13.01	13.15	12.73	12.81	12.03
태국	14.92	14.66	14.46	14.31	14.38
터키	17.27	16.52	17.66	17.86	16.09

* 중앙정부세수: 공공 목적을 위해 중앙 정부로 이전된 세금

① 8개 국가 중 5년 동안 매년 중앙정부세수 비율이 증가했던 국가는 1개 국가이다.

② 싱가포르의 5개년 평균 중앙정부세수 비율은 13% 이상이었다.

③ 8개 국가 중 터키의 중앙정부세수 비율이 매년 가장 높았다.

④ 말레이시아는 매년 GDP의 $\dfrac{1}{9}$ 이상을 중앙정부 세금으로 사용했다.

⑤ 8국가 중 2021년 중앙정부세수 비율이 전년 대비 증가했던 국가는 터키가 유일하다.

10 다음은 국내 스포츠산업의 연간 산업 현황을 주요 항목 기준으로 정리한 자료이다. 이를 해석한 내용 중 옳은 것을 고르시오.

〈표〉 스포츠 산업의 연간 주요항목 현황

(단위: 개별 표기)

항목	단위	2021년	2022년	2023년
업체수	(개소)	105,450	97,670	116,100
종사자수	(천 명)	450	380	410
매출액	(십억 원)	75,580	48,030	58,350
내수	(십억 원)	73,770	47,410	56,800
수출	(십억 원)	1,820	620	1,550
영업이익	(십억 원)	6,950	2,030	4,660

① 2022년 업체 1개당 종사자 수는 2023년 업체 1개당 종사자 수보다 많았다.

② 2021년 종사자 1인당 영업이익은 2022년 종사자 1인당 영업이익의 3배 이상이다.

③ 2021년 종사자 1인당 매출액은 150백만 원 이하였다.

④ 2023년 종사자 수의 전년 대비 증가율은 8% 이상이었다.

⑤ 2023년 내수 금액의 전년 대비 증가율은 20% 이상이었다.

 다음은 환경문제에 대한 인식 변화를 조사한 결과이다. 주어진 자료를 활용하여 이어지는 각 문항의 물음에 답하시오.

〈그래프〉 환경문제에 대한 인식 변화 응답 결과

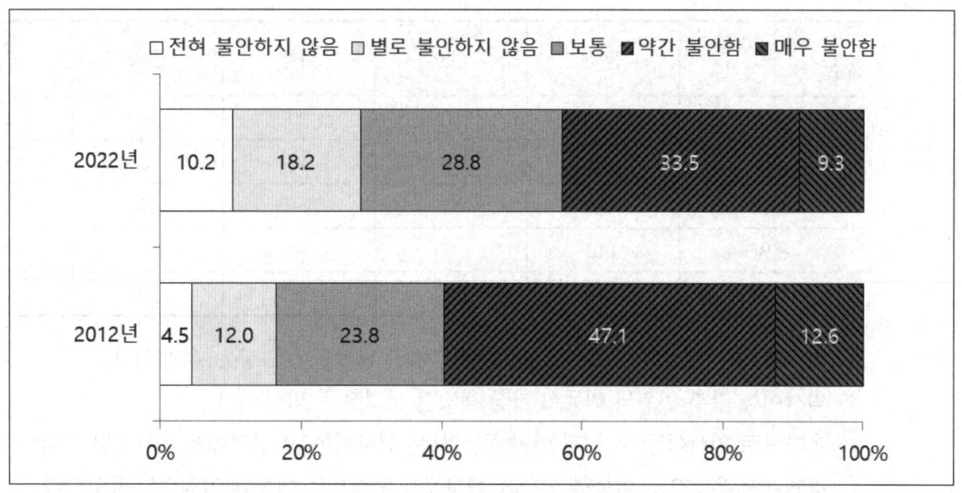

11 주어진 자료를 해석한 내용으로 옳은 것을 고르시오.

① 2개년 동안 환경문제에 불안함을 느끼는 인원의 비중은 매년 50% 이상이었다.

② 2개년 동안 매년 응답자 4명 중 1명 이상은 '보통'이라고 응답하였다.

③ 2개년 동안 매년 '전혀 불안하지 않음'의 응답 비중이 가장 낮았다.

④ 응답자 3명 중 1명 이상은 환경문제에 대해 '약간 불안함'이라고 응답하였다.

⑤ 10년 동안 응답 비중의 차이가 가장 크게 발생했던 항목은 '별로 불안하지 않음'이었다.

12 2022년 전체 응답자 수는 2012년의 2배였으며, 2022년의 '매우 불안함' 응답자 수가 2012년의 '매우 불안함' 응답자 수보다 120명 많았다고 할 때, 2012년 설문에 응답했던 전체 인원수를 구하시오.

① 2,000명　　　　② 2,500명　　　　③ 3,000명

④ 3,500명　　　　⑤ 4,000명

13 다음은 어느 회사의 사업장별 인사이동 현황을 조사한 자료이다. 이를 해석한 내용 중 옳은 것을 고르시오.

〈표〉 인사이동 전후 사업장 지역별 인원 이동 현황

(단위: 명)

이동 후 \ 이동 전	평택	천안	화성	온양	합계
평택	–	30	20	60	110
천안	80	–	40	35	155
화성	60	55	–	75	190
온양	140	160	90	–	390
합계	280	245	150	170	–

① 인사이동 후 타 지역으로 이동한 인원이 가장 많았던 사업장은 '온양'이다.
② 인사이동 전후 인원의 변동이 가장 적었던 사업장은 '화성'이다.
③ 온양으로 인사이동 오게 된 인원 중 50%는 인사이동 전 평택에서 근무했던 인원이다.
④ 평택에서 온양으로 이동한 인원과 화성에서 평택으로 이동한 인원수는 동일하다.
⑤ 천안에서 타 지역으로 이동한 인원 중 절반 이상은 평택으로 이동하였을 것이다.

14 다음은 국내 스마트폰 이용자를 대상으로 전체 스마트폰 사용시간 중 이용 목적별 사용시간 비중을 연령별로 조사한 결과이다. 이를 해석한 내용 중 옳은 것을 고르시오.

〈표〉 연령대별 스마트폰 이용 목적 비중

(단위: %)

용도 구분	전체	20대	30대	40대	50대	60대 이상
통화 및 메시지	49.3	24.0	15.6	29.5	52.4	71.0
정보 검색	21.2	15.0	34.0	38.9	26.4	12.2
게임 등 여가	16.9	29.7	31.1	19.6	13.2	11.6
SNS 등 커뮤니케이션	9.2	30.4	16.0	8.1	4.5	3.4
기타	3.4	0.9	3.3	3.9	3.5	1.8

① 정보 검색 목적의 사용 비중은 전 연령대에서 두 번째로 높은 비중을 차지하였다.
② 20대의 전체 스마트폰 사용시간이 30대의 두 배라면, 정보 검색 목적의 사용시간 역시 30대보다 20대가 더 길 것이다.
③ 연령대가 증가할수록 정보 검색 목적의 사용 비중은 증가한다.
④ 연령대가 증가할수록 게임 등 여가 목적의 사용 비중은 감소한다.
⑤ 연령대가 증가할수록 SNS 등 커뮤니케이션 목적의 사용 비중은 감소한다.

15 다음은 A 대학의 이공계열 학부생 현황을 정리한 자료이다. 이공계 전공 2학년 중 전기/전자 전공자가 120명이라고 할 때, A 대학 이공계 전공자 중 1학년 인원수를 계산하시오.

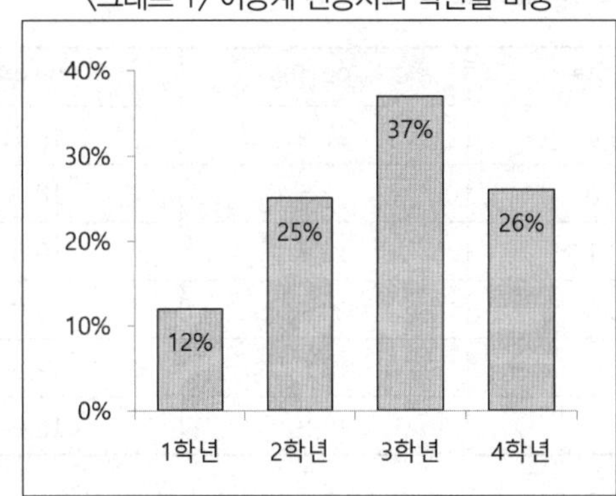

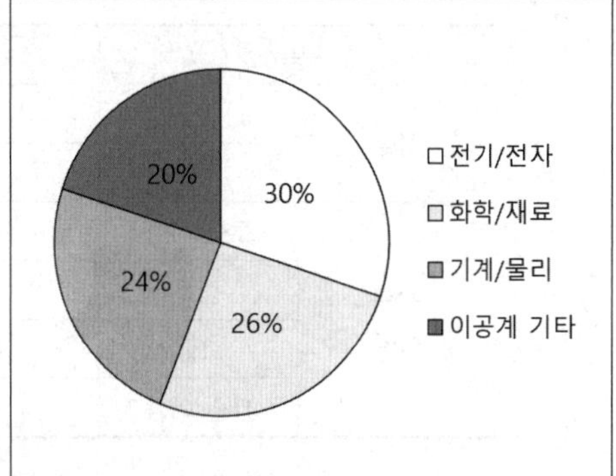

① 190명 ② 192명 ③ 194명
④ 196명 ⑤ 198명

16 다음은 유럽 국가의 근무시간당 생산량을 2017년 기준으로 환산한 지수이다. 주어진 자료를 해석한 내용을 옳은 것을 고르시오.

〈표〉 유럽 국가의 근무시간당 생산량 지수

(단위: 2017년 = 100)

구분	덴마크	독일	그리스	헝가리	이탈리아	노르웨이
2024년	98.6	99.4	97.4	97.3	97.6	98.3
2023년	98.2	98.1	96.9	95.5	96.7	97.6
2022년	97.2	98.8	96.7	96.5	97.3	95.7
2021년	97.6	98.7	96.6	96.9	98.0	93.9
2020년	96.0	97.8	96.5	96.5	98.9	93.4

① 조사대상 국가 모두 매년 근무시간당 생산량이 2017년의 생산량보다 낮았다.
② 주어진 기간 동안 매년 근무시간당 생산량이 증가했던 국가는 그리스가 유일하다.
③ 2022년 이탈리아의 근무시간당 생산량 지수는 2017년 대비 2.5% 감소하였다.
④ 2024년 독일의 근무시간당 생산량은 전년 대비 1.5% 이상 증가하였다.
⑤ 6개 국가 모두 조사기간 중 2024년에 가장 높은 근무시간당 생산량을 기록하였다.

17 다음은 독서인구 1인당 최근 1년 평균 독서권수(이하 평균 독서량)를 2년마다 조사한 자료이다. 주어진 내용을 해석한 내용 중 옳은 것을 모두 찾은 것을 고르시오.

〈표〉 성별 및 학력별 평균 독서량 현황

(단위: 권)

구분		2019년	2021년	2023년
성별	남성	16.0	17.0	16.1
	여성	13.0	13.5	13.8
최종 학력	초졸 이하	18.1	18.7	16.5
	중졸	12.0	12.9	13.6
	고졸	12.7	13.5	12.8
	대졸 이상	15.4	16.2	15.9

〈 보 기 〉

a. 최종 학력이 높을수록 평균 독서량이 증가한다.
b. 2019년 남성 독서 인구가 여성보다 1.5배 많았다면, 2019년 전체 평균 독서량은 14.8권이다.
c. 조사기간 동안 남성의 평균 독서량이 매번 여성의 평균 독서량보다 많았다.
d. 2021년 학력별 독서량은 2년 전 대비 모든 학력에서 증가하였다.

① a, b   ② b, c   ③ c, d
④ a, b, d   ⑤ b, c, d

18 20대 성인을 대상으로 1년 동안의 해외여행 횟수 x(회)에 대한 만족도 y(점)를 조사한 결과 $y = 10A - \dfrac{(B - x)^2}{2}$ 이라는 수식이 도출되었다. 1년간 해외여행 횟수 6회에서 가장 높은 만족도인 100점을 기록했다고 할 때, 수식에 활용된 A와 B가 올바르게 연결된 것을 고르시오.

	A	B
①	10	6
②	10	8
③	10	10
④	20	6
⑤	20	8

다음은 글로벌 시장의 OLED TV 출하량 실적 및 전망을 정리한 자료이다. 주어진 정보를 통해 전체 OLED TV 중 65인치 OLED TV의 출하량 비중이 올바르게 표현된 그래프를 고르시오.

〈표〉 글로벌 OLED TV 출하량 실적 및 전항

(단위: 천 대)

구분	2020년	2021년	2022년	2023년	2024년(예상)	2025년(예상)
55인치	1,953	2,819	2,610	2,430	2,204	2,439
65인치	1,340	2,165	2,099	2,150	2,240	2,130
기타	360	965	1,829	1,865	1,816	1,857
전체	3,653	5,949	6,538	6,445	6,260	6,426

① OLED TV 중 65인치의 출하량 비중

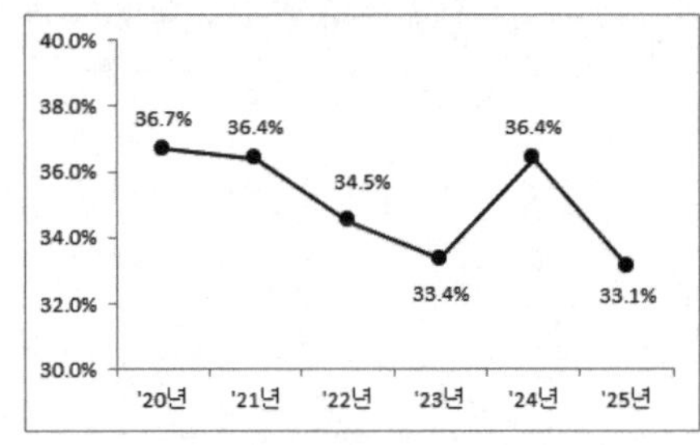

② OLED TV 중 65인치의 출하량 비중

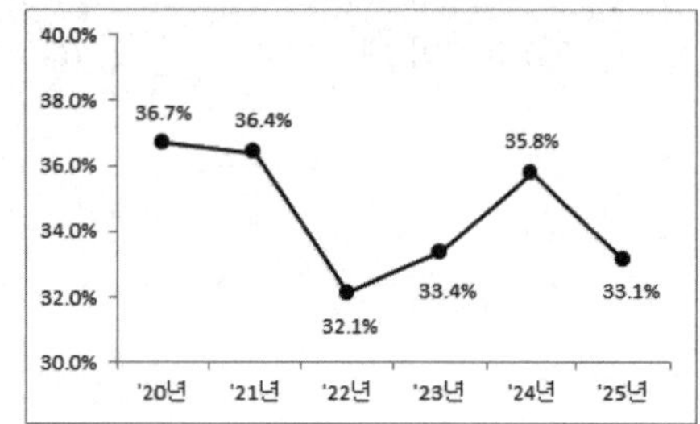

③ OLED TV 중 65인치의 출하량 비중

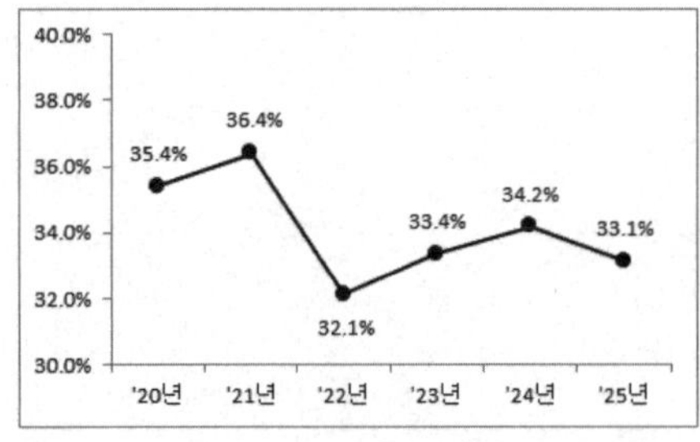

④ OLED TV 중 65인치의 출하량 비중

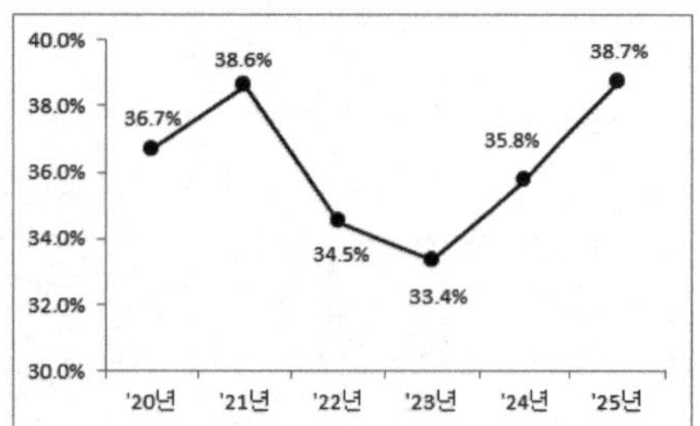

⑤ OLED TV 중 65인치의 출하량 비중

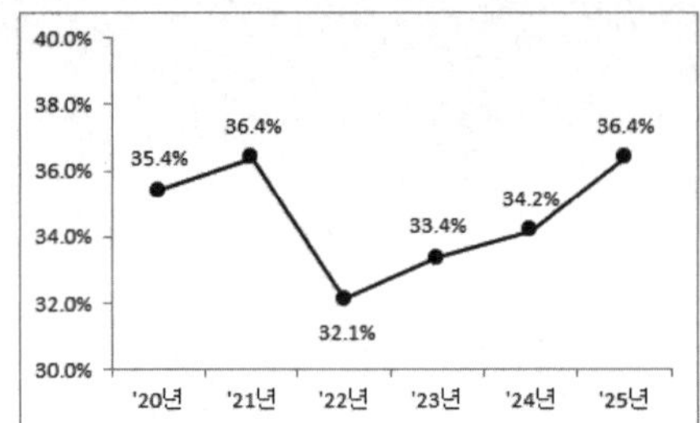

20 다음은 어느 메모리반도체 기업의 제품별 연간 생산량을 정리한 자료이다. 이를 활용하여 2030년 두 종류의 메모리반도체 생산량 합계를 유추한 것으로 옳은 것을 고르시오.

(단위: 억 개)

구분	DRAM 생산량	NAND Flash 생산량
2020년	30	95
2021년	35	98
2022년	40	104
2023년	45	113
2024년	50	125

① 273억 개 ② 305억 개 ③ 340억 개
④ 378억 개 ⑤ 419억 개

문항수 30문항 ｜ 제한시간 30분
해설 p.38

01　다음 중 결론을 항상 참으로 만드는 [전제2]를 고르시오.

> [전제1] 카메라를 판매하는 어떤 매장은 냉장고를 판매한다.
> [전제2] (　　　　　　　　　　　　　　　　　)
> [결　론] 카메라를 판매하는 어떤 매장은 에어컨을 판매한다.

① 냉장고를 판매하는 모든 매장은 에어컨을 판매한다.
② 냉장고를 판매하는 어떤 매장은 에어컨을 판매하지 않는다.
③ 에어컨을 판매하는 어떤 매장은 냉장고를 판매한다.
④ 냉장고를 판매하는 모든 매장은 에어컨을 판매하지 않는다.
⑤ 에어컨을 판매하는 모든 매장은 냉장고를 판매한다.

02　다음 중 결론을 항상 참으로 만드는 [전제1]을 고르시오.

> [전제1] (　　　　　　　　　　　　　　　　　)
> [전제2] 야구를 좋아하는 모든 사람은 축구를 좋아한다.
> [결　론] 농구를 좋아하는 모든 사람은 축구를 좋아한다.

① 야구를 좋아하는 어떤 사람은 농구를 좋아하지 않는다.
② 야구를 좋아하는 모든 사람은 농구를 좋아한다.
③ 농구를 좋아하는 어떤 사람은 야구를 좋아한다.
④ 야구를 좋아하지 않는 모든 사람은 농구를 좋아한다.
⑤ 농구를 좋아하는 모든 사람은 야구를 좋아한다.

03 다음 중 항상 참인 결론으로 적절한 것을 고르시오.

> [전제1] 향이 진한 어떤 향수는 향의 지속력이 좋다.
> [전제2] 향의 지속력이 좋은 모든 향수는 향이 경쾌하다.
> [결 론] (   )

① 향이 경쾌한 모든 향수는 향이 진하다.
② 향이 진한 어떤 향수는 향이 경쾌하지 않다.
③ 향이 진한 모든 향수는 향이 경쾌하다.
④ 향이 경쾌한 어떤 향수는 향이 진하다.
⑤ 향이 경쾌하지 않은 어떤 향수는 향이 진하지 않다.

04 J는 3×2의 형태로 이뤄진 수납장의 각 칸에 물건인 A, B, C, D, E, F를 넣는다. 한 칸에는 한 물건만 넣으며 〈보기〉의 조건에 맞춰 물건을 넣는다고 할 때 〈보기〉를 참고하여 항상 거짓인 것을 고르시오.

〈 보 기 〉

– B와 C는 같은 행의 칸에 놓는다.
– D와 E는 같은 열의 칸에 놓는다.
– A는 1행 1열의 칸에 놓는다.

	1열	2열
1행	A	
2행		
3행		

① B를 2행의 칸에 놓는다.
② C를 2열의 칸에 놓는다.
③ D를 1행의 칸에 놓는다.
④ E를 3행의 칸에 놓는다.
⑤ F를 2열의 칸에 놓는다.

05 A, B, C, D, E의 입사 시험점수는 각기 다르다. 점수가 높은 사람부터 일렬로 줄을 선다고 할 때 〈보기〉를 참고하여 항상 참인 것을 고르시오.

- B는 D보다 입사 시험점수가 높다.
- C와 E의 시험점수는 A의 입사 시험점수보다 낮다.
- D는 3번째로 줄을 선다.

① C는 E와 이웃하게 줄을 선다.
② A는 D와 이웃하게 줄을 선다.
③ B는 C와 이웃하게 줄을 선다.
④ E는 A와 이웃하게 줄을 선다.
⑤ D는 B와 이웃하게 줄을 선다.

06 A, B, C, D, E 중 1명이 이벤트에 당첨됐다. 5명 중 1명이 거짓을 말하고 나머지 4명은 진실을 말하며 이벤트에 당첨된 1명이 거짓을 말한다고 할 때 〈보기〉의 진술을 참고하여 이벤트에 당첨된 사람을 고르시오.

A: 나와 E는 이벤트에 당첨되지 않았다.
B: D는 이벤트에 당첨되지 않았다.
C: 나와 B는 이벤트에 당첨되지 않았다.
D: A는 이벤트에 당첨되지 않았다.
E: A 또는 C가 이벤트에 당첨됐다.

① A   ② B   ③ C
④ D   ⑤ E

07 새로 출하할 제품인 A, B, C, D를 테스트한다. 테스트하는 목록은 방열 테스트, 침수 테스트, 성능 테스트이며 테스트의 결과는 합격과 불합격으로만 나뉜다. 〈보기〉를 참고하여 항상 참인 것을 고르시오.

〈 보 기 〉

- B는 3개 중 2개 테스트만 합격했다.
- 방열 테스트에 합격한 제품은 2개뿐이다.
- C는 D가 합격한 테스트에 모두 합격했다.
- 3개 테스트 모두 합격한 제품은 1개뿐이다.
- 침수 테스트에 합격한 제품은 1개뿐이다.

① A는 방열 테스트에 합격했다.
② B는 침수 테스트에 합격했다.
③ C는 성능 테스트에 합격했다.
④ D는 방열 테스트에 불합격했다.
⑤ A는 성능 테스트에 불합격했다.

08 최신 스마트폰의 오픈런을 위해 6명이 일렬로 줄을 선다. 〈보기〉를 참고하여 항상 거짓인 것을 고르시오.

〈 보 기 〉

- 1번째로 줄을 서는 사람은 여자다.
- 남자끼리 이웃하게 줄을 서지 않는다.
- 여자끼리는 3명 이상이 연달아 이웃하게 줄을 서지 않는다. (=최대 2명까지 이웃하게 줄을 선다.)
- 2번째로 줄을 서는 사람과 4번째로 줄을 서는 사람의 성(性)은 같다.

① 2번째로 줄을 서는 사람이 여자인 경우는 2가지이다.
② 3번째로 줄을 서는 사람이 여자인 경우는 2가지이다.
③ 4번째로 줄을 서는 사람이 여자인 경우는 2가지이다.
④ 5번째로 줄을 서는 사람이 여자인 경우는 3가지이다.
⑤ 6번째로 줄을 서는 사람이 여자인 경우는 3가지이다.

09 A, B, C, D, E, F 중 3명은 관리자이고 나머지 3명은 관리자가 아니다. 관리자 1명, 관리자가 아닌 인원 1명이 각각 조를 이뤄 전극 공정, 조립 공정, 화성 공정의 이슈를 조사한다고 할 때 〈보기〉를 참고하여 항상 참인 것을 고르시오.

〈 보 기 〉

– 각 공정을 점검하는 조는 1개 조이다.
– D는 F와 같은 조를 이룬다.
– B와 A는 관리자가 아니다.
– C는 조립 공정의 이슈를 조사한다.
– A는 화성 공정의 이슈를 조사한다.

① B는 전극 공정을 조사하며 관리자가 아니다.
② C는 조립 공정을 조사하며 관리자이다.
③ D는 전극 공정을 조사하며 관리자가 아니다.
④ E는 조립 공정을 조사하며 관리자가 아니다.
⑤ F는 화성 공정을 조사하며 관리자이다.

10 2행 4열로 배치한 8개의 의자에 A, B, C, D, E, F가 앉는다. 8개의 의자 모두 무대를 바라보고 배치되었다고 할 때 〈보기〉의 조건을 토대로 다음 중 항상 참인 것을 고르시오.

〈 보 기 〉

– B가 앉는 의자와 같은 열에 배치된 의자는 빈 의자다.
– D는 C보다 무대에 가까운 의자에 앉는다.
– A는 F와 같은 행에 배치된 의자에 앉는다.
– E는 1행 3열에 배치된 의자에 앉는다.
– 2행 2열의 의자는 빈 의자다.

	무대			
1행				
2행				
	1열	2열	3열	4열

① F는 2행 4열에 배치된 의자에 앉는다.
② C는 2행 3열에 배치된 의자에 앉는다.
③ A는 2행 1열에 배치된 의자에 앉는다.
④ D는 1행 4열에 배치된 의자에 앉는다.
⑤ B는 1행 2열에 배치된 의자에 앉는다.

11 A, B, C, D, E는 S사와 T사의 최종면접 전형에 임했다. 면접의 결과가 〈보기〉와 같다고 할 때 참고하여 항상 참인 것을 고르시오.

- B는 두 회사 모두 합격했다.
- E와 D는 한 곳의 회사에만 합격했으며 서로 합격한 회사는 다르다.
- S사에 합격한 인원이 T사에 합격한 인원보다 많다.
- A는 C보다 많은 회사에 합격했다.

① A는 S사에 합격했다.
② A는 T사에 합격했다.
③ C는 S사에 합격했다.
④ D는 T사에 합격했다.
⑤ E는 T사에 합격했다.

12 A, B, C, D, E가 해외여행을 다녀왔다. 이들 중 2명은 파리에 있었고 나머지 3명은 뉴욕에 있었다. 파리에 있던 2명은 참을 말하고 뉴욕에 있던 3명은 거짓을 말한다고 할 때 〈보기〉의 진술을 참고하여 파리에 있었던 2명을 알맞게 짝지은 것을 고르시오.

A: B와 D는 뉴욕에 있었다.
B: A와 D는 뉴욕에 있었다.
C: A의 진술은 거짓이다.
D: E는 파리에 있었다.
E: B는 뉴욕에 있었다.

① A, B   ② B, C   ③ C, D
④ C, E   ⑤ D, E

13 A, B, C, D, E, F는 1부터 6까지 숫자가 적힌 의자에 앉는다. 6개의 의자는 모두 원탁을 바라보고 일정한 간격으로 배치되어 다른 의자를 마주 본다고 할 때 〈보기〉를 참고하여 C가 앉는 의자에 적힌 번호로 알맞은 것을 고르시오.

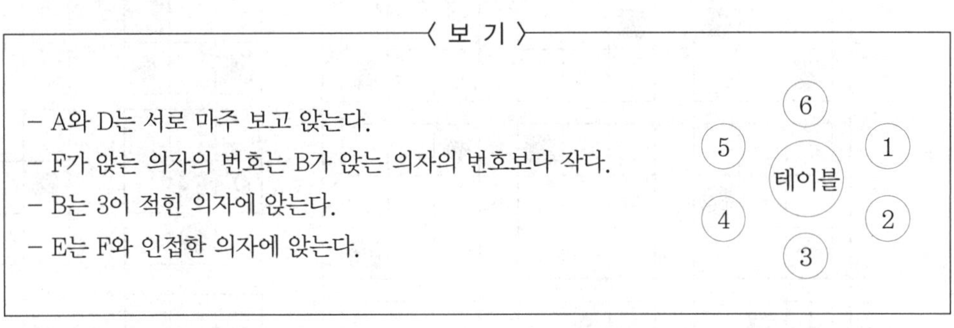

① 1 ② 2 ③ 4
④ 5 ⑤ 6

14 A, B, C, D, E는 구내식당에 입장하기 위해 일렬로 줄을 선다. 모두가 한식과 양식 중 하나의 메뉴만 선택한다고 할 때 〈보기〉를 참고하여 항상 참인 것을 고르시오.

〈 보 기 〉

– A와 C는 서로 이웃하게 줄을 선다.
– D는 양식을 택한다.
– 양식을 택하는 인원끼리 이웃하게 줄을 서지 않는다.
– E는 4번째로 줄을 서며 양식을 택한다.

① D는 1번째로 줄을 선다.
② A는 2번째로 줄을 선다.
③ B는 3번째로 줄을 선다.
④ C는 양식을 택한다.
⑤ B는 양식을 택한다.

15 다음 도형들은 일정한 규칙을 가지고 있다. 물음표에 들어갈 알맞은 도형을 고르시오.

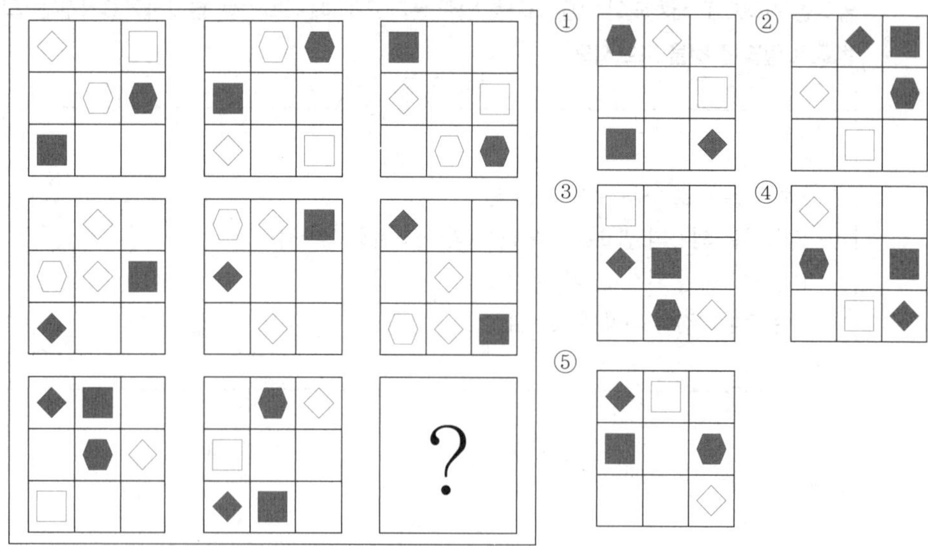

16 다음 도형들은 일정한 규칙을 가지고 있다. 물음표에 들어갈 알맞은 도형을 고르시오.

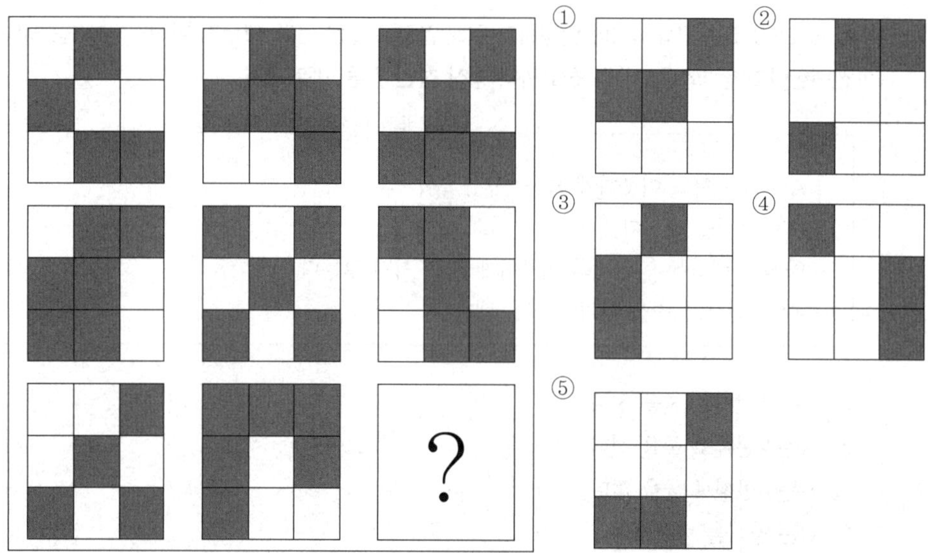

17 다음 도형들은 일정한 규칙을 가지고 있다. 물음표에 들어갈 알맞은 도형을 고르시오.

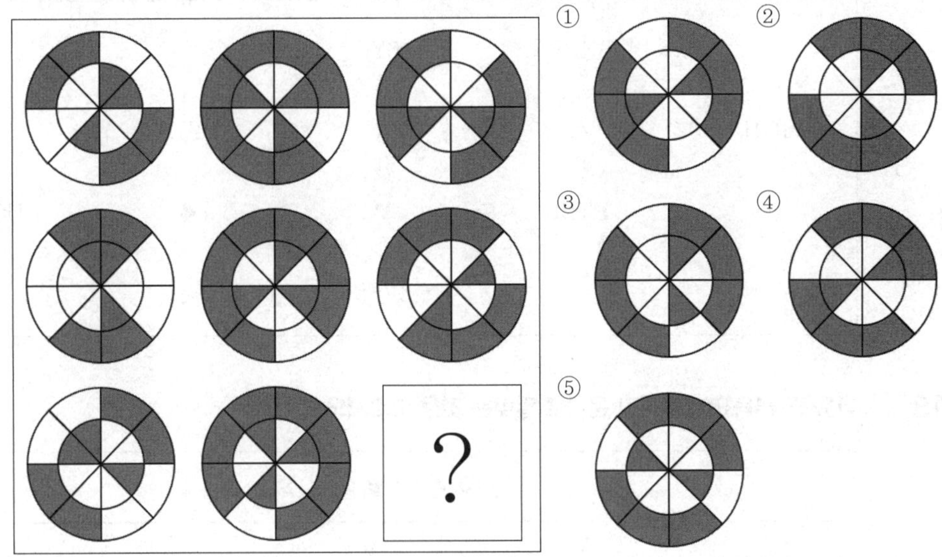

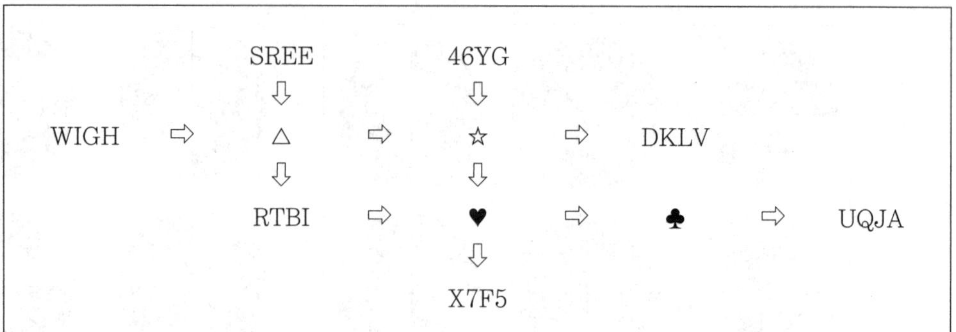

18 다음 중 물음표에 들어갈 문자로 알맞은 것을 고르시오.

> ? ⇨ ♣ ⇨ ♥ ⇨ KLSQ

① SQLK   ② KLPT   ③ LKQS
④ LPTK   ⑤ MJRR

19 다음 중 물음표에 들어갈 문자로 알맞은 것을 고르시오.

> 4LJ1 ⇨ ☆ ⇨ ♥ ⇨ ?

① IN88   ② K50K   ③ IM05
④ GN53   ⑤ K68N

20 다음 중 물음표에 들어갈 문자로 알맞은 것을 고르시오.

> ? ⇨ ☆ ⇨ △ ⇨ ♣ ⇨ PE85

① 4NF8   ② RD12   ③ 2R1D
④ 1RD2   ⑤ 8N4F

21 다음 중 물음표에 들어갈 문자로 알맞은 것을 고르시오.

> VT64 ⇨ ☆ ⇨ △ ⇨ ♥ ⇨ ?

① 1X0S   ② TW29   ③ 4W0A
④ U5U5   ⑤ V3U8

22 다음 글의 내용 흐름상 가장 적절한 문단배열 순서를 고르시오.

(A) 이 시스템은 물고기 탱크, 필터 시스템, 작물 재배 공간으로 구성된다. 물고기 탱크에서는 물고기가 자라며 배설물이 필터 시스템을 통해 물속의 영양분으로 전환된다. 영양분이 풍부한 물은 작물 재배 공간으로 보내져 식물의 뿌리를 통해 흡수되고, 정화된 물은 다시 물고기 탱크로 돌아간다.

(B) 아쿠아포닉스는 이러한 장점을 바탕으로 지속 가능한 농업으로 주목받고 있다. 환경 부담을 줄이고 자원을 효율적으로 사용하며, 신선한 농산물과 수산물을 동시에 생산할 수 있는 이 시스템은 앞으로의 농업 혁신을 이끌어갈 중요한 기술 중 하나로 자리 잡고 있다.

(C) 아쿠아포닉스의 큰 장점 중 하나는 자원의 효율적 사용이다. 전통적인 농업에 비해 물 사용량이 90%까지 절감될 수 있으며, 토양이 필요하지 않아 토양 오염 문제도 해결된다. 또한 도심에서도 설치가 가능해 도시 농업의 새로운 가능성을 열어준다. 이는 특히 물 부족 문제를 겪는 지역이나 농업을 하기 어려운 환경에서 큰 장점을 지닌다.

(D) 아쿠아포닉스는 수경재배와 양식업을 결합한 혁신적인 농업 시스템이다. 물고기 배설물이 식물의 영양분으로 사용되고, 식물은 물을 정화하여 물고기에게 깨끗한 환경을 제공하는 순환 구조를 갖추고 있다.

① (B) – (A) – (C) – (D)
② (B) – (C) – (D) – (A)
③ (C) – (B) – (A) – (D)
④ (D) – (A) – (C) – (B)
⑤ (D) – (B) – (A) – (C)

23 다음 글의 내용 흐름상 가장 적절한 문단배열 순서를 고르시오.

(A) 디지털 기술의 발전은 우리의 생활을 크게 변화시키고 있다. 이제 우리는 스마트폰 하나로 모든 일을 해결할 수 있는 시대에 살고 있다. 이로 인해 많은 사람들이 편리함을 누리고 있으며, 시간과 공간의 제약이 사라졌다.

(B) 그러나 이러한 기술 발전이 항상 긍정적인 면만 있는 것은 아니다. 개인 정보 유출과 같은 보안 문제, 디지털 격차로 인한 사회적 불평등이 발생할 수 있다. 예를 들어, 인터넷 접근성이 낮은 지역의 사람들은 최신 정보나 교육 서비스를 접할 기회를 충분히 얻지 못할 수 있다. 이러한 문제들을 해결하기 위해서는 법적, 사회적 대응이 필요하다.

(C) 디지털 기술은 특히 교육 분야에서 혁신을 가져왔다. 온라인 수업과 전자 교과서가 보편화되면서 교육의 접근성이 높아지고, 학생들은 다양한 자료를 손쉽게 활용할 수 있게 되었다. 이는 교육의 질적 향상에 큰 기여를 하고 있다. 또한, 디지털 도구를 활용한 개인 맞춤형 학습이 가능해지면서 학습 효율성도 증가하고 있다.

(D) 뿐만 아니라 디지털 기술의 발전은 경제 분야에서도 큰 영향을 미치고 있다. 전자 상거래가 활성화되면서 소비자들은 언제 어디서나 원하는 상품을 구매할 수 있게 되었고, 기업들은 더 넓은 시장을 확보할 수 있게 되었다. 이러한 변화는 경제 성장에 크게 기여하고 있다.

① (A) – (D) – (C) – (B)

② (C) – (A) – (D) – (B)

③ (C) – (D) – (A) – (B)

④ (A) – (C) – (B) – (D)

⑤ (A) – (C) – (D) – (B)

24 다음 글을 읽고 반드시 거짓인 설명을 고르시오.

FO WLP(Fan-Out Wafer-Level Packaging)는 반도체 패키징 기술로, 웨이퍼 수준에서 반도체 칩을 패키징하여 더 얇고 가벼우며 전기적 성능이 뛰어나다. 주로 스마트폰, 태블릿, 웨어러블 디바이스 등에 사용되는 FO WLP의 주요 장점은 I/O 핀의 수를 증가시키고 신호 전달 경로를 단축시켜 전기적 성능을 향상시키며, 열 방출을 효율적으로 관리할 수 있다는 점이다. 뿐만 아니라 제조 공정상에서도 장점이 있는데, PCB를 사용하지 않는 만큼 재료 사용량이 줄어들어 제조 원가를 낮출 수 있다. 하지만 제조 공정의 복잡성과 정밀도가 높아 초기 투자 비용이 증가할 수 있으며, 지속적인 품질 관리가 중요하다. FO WLP는 고성능, 고집적 반도체 패키징을 실현할 수 있는 혁신적인 기술로, 지속적인 기술 발전을 통해 앞으로 반도체 산업에서 더욱 중요한 역할을 할 것이다.

① FO WLP는 반도체 패키징 기술로, 기존 기술 대비 전기적 성능이 뛰어난 반도체를 제작할 수 있다.
② FO WLP는 주로 스마트폰, 태블릿, 웨어러블 디바이스 등에 사용된다.
③ FO WLP의 장점은 I/O 핀의 수를 감소시켜 전기적 성능을 향상시킨다.
④ FO WLP의 제조 과정에서 PCB를 사용하지 않기에 제조 원가를 절감할 수 있다.
⑤ FO WLP는 제조 공정의 정밀도가 높아 초기 비용이 높은 편이다.

터치스크린 패널은 현대 전자기기의 핵심 기술로, 스마트폰, 태블릿, 노트북, 키오스크, 자동차 내비게이션 시스템 등 다양한 장치에 사용된다. 주요 터치스크린 구동 방식으로는 저항막 방식, 정전용량 방식, 적외선 방식, 표면 음파 방식이 있다.

저항막 방식은 두 개의 얇은 층이 사용자의 터치로 닿아 전기적 신호를 생성하는 방식으로, 비용이 저렴하고 장갑 착용 시에도 사용할 수 있지만 내구성이 약하고 멀티터치를 지원하지 않는다. 정전용량 방식은 투명 전극이 코팅된 유리나 필름을 사용하여 전기장의 변화를 감지하는 방식으로, 높은 투과율과 멀티터치 지원, 빠른 응답 속도가 장점이다. 적외선 방식은 화면 가장자리에 설치된 적외선 LED와 수신기를 통해 터치를 감지하며 높은 내구성과 정확성을 제공하지만, 외부 빛에 민감할 수 있다. 표면 음파 방식은 초음파를 이용하여 터치를 감지하는 방식으로, 높은 투과율과 우수한 이미지 품질을 제공하지만, 물이나 먼지에 민감하다.

현재 개발 중인 터치스크린 패널 중 가장 인상적인 것은 플렉시블 터치스크린이다. 플렉시블 터치스크린은 유연한 기판을 사용한 휘어지는 디스플레이로, 웨어러블 디바이스나 접이식 스마트폰 등에 적용되고 있다.

① 터치스크린 패널은 휴대전화, 태블릿, 노트북 등 여러 기기에 활용된다.
② 저항막 방식 터치스크린은 멀티터치 기능을 제공한다.
③ 정전용량 방식 터치스크린은 다른 방식에 비해 반응 속도가 빠른 것이 장점이다.
④ 적외선 방식 터치스크린은 주변 빛에 영향을 받을 수 있다.
⑤ 플렉시블 터치스크린은 접을 수 있는 스마트폰에 사용할 수 있다.

　다음 글을 읽고 반드시 거짓인 설명을 고르시오.

하이라이트 레인지와 인덕션 레인지는 둘 다 전기를 사용하는 조리 기구이다. 하이라이트 레인지는 유리 세라믹 상판 아래의 가열 요소가 빨갛게 달아오르며 상판으로 직접 열을 전달한다. 조리 용기에 제한이 없어 기존에 사용하던 용기 대부분을 사용할 수 있으며 인덕션 레인지에 비해 가격이 저렴한 경제적 장점이 있다. 하지만 화력과 열효율이 떨어지고 사용 후 상판을 냉각시키는 데 시간이 오래 걸리기 때문에 화상의 위험이 있다.

그에 반해 인덕션 레인지는 전자기 유도로 조리 용기를 직접 가열한다. 열효율이 높고 조리 속도가 빠르며, 상판이 비교적 차갑게 유지되어 안전하다. 또한 상판에 음식물이 눌어붙지 않아 청소도 간편하다. 그러나 자성이 있는 금속 용기만 사용할 수 있고 하이라이트 레인지에 비해 가격이 비싼 편이다. 또한 고주파를 이용한 유도가열 방식을 사용하기 때문에 전자파가 많이 발생한다. 특히 요리를 하기 위해서는 화구에 가깝게 위치해야 하므로 장시간 조리 시 전자파에 많이 노출될 수 있다.

① 하이라이트 레인지는 가열과 냉각에 시간이 걸리지만 사용 후 상판이 차갑게 유지되어 안전하다.
② 인덕션 레인지는 전자기 유도를 이용해 용기를 직접 가열하여 높은 에너지 효율을 제공한다.
③ 인덕션 레인지는 조리 속도가 빠르고 요리 중에도 상판이 비교적 뜨겁지 않다.
④ 하이라이트 레인지는 조리가 끝난 직후에는 청소하기 어려울 수 있다.
⑤ 하이라이트 레인지는 인덕션 레인지 전용으로 제작된 조리 용기도 사용할 수 있을 것이다.

수소는 생산 방식에 따라 그린, 그레이, 블루 수소 등으로 구분된다. 그 중 그린 수소(Green Hydrogen)는 재생에너지에서 생산된 전기로 물을 전기분해하여 얻은 수소이다. 그린 수소는 풍력이나 태양광 등 재생에너지를 이용한 전기를 사용하기 때문에 전기분해 과정에서 CO_2를 생성하지 않는 친환경 에너지원이다. 다만 현재는 재생에너지로 전력을 생산하는 비용이 높고, 그린 수소를 생산하는 수전해 설비의 효율이 낮아 많은 전력이 필요하다. 이로 인한 경제적, 기술적 한계로 현재는 주로 그레이 수소를 사용하고 있다.

그레이 수소(Gray Hydrogen)는 천연가스를 수증기와 반응시켜 물에 함유된 수소를 추출하는 방식으로 얻은 수소이다. 생산 과정에서 CO_2가 많이 발생하기 때문에 CO_2 포집 및 저장 기술을 고도화하고, 포집 비용을 낮추는 연구가 진행 중이다.

블루 수소(Blue Hydrogen)는 그레이 수소와 같이 화석연료를 사용해 수소를 생산하지만 CO_2 포집설비를 이용하여 탄소 배출량을 훨씬 줄인 방식이다. 그린 수소에 비해 경제성이 뛰어나고, 그레이 수소에 비해 친환경적이기 때문에 현재 많은 연구가 이루어지고 있다.

① 그린 수소는 물을 전기분해하여 얻은 수소로 친환경 에너지원이다.

② 그린 수소는 제조 과정에서 CO_2를 배출하지 않는다.

③ 그레이 수소는 생산 과정에서 CO_2가 많이 발생하기 때문에 CO_2 포집설비를 이용한다.

④ 경제적, 기술적 한계로 인해 현재는 주로 그레이 수소를 사용하고 있다.

⑤ 블루 수소는 화석연료를 이용해 수소를 생산하지만 그레이 수소보다 친환경적이다.

 다음 글의 주장을 반박하는 것으로 적절한 것을 고르시오.

> 　비콘(Beacon) 기술은 블루투스 저에너지(BLE)를 활용하여 무선 신호를 전송하는 위치 기반 서비스이다. 이 기술은 주로 의료 서비스 개선, 물류관리 및 공급망 최적화, 위치 추적을 통한 마케팅에 사용된다. 비콘은 스마트폰과 같은 장치와 통신하여 사용자의 위치를 파악하고, 이를 바탕으로 맞춤형 정보를 제공하거나 특정 행동을 유도할 수 있다. 이때, 신호 세기는 스마트 기기에서 측정되는 RSSI(Received Signal Strength Indicator) 값을 통해 확인할 수 있다.
>
> 　하지만 비콘 기술에도 단점이 있다. 먼저 보안 취약성을 악용한 해킹 가능성이 존재하며, 사용자의 위치 데이터를 수집하는 과정에서 사생활이 침해될 우려가 있다. 또한, 과도한 광고 푸시 알림은 사용자에게 불쾌감을 줄 수 있으며, 블루투스 기능이 꺼져 있을 경우 활용할 수 없는 점이나 배터리 소모가 크다는 점은 비콘의 효용성을 떨어트리는 요인이다.
>
> 　비콘 기술은 많은 가능성을 가지고 있지만, 이를 도입하고 활용할 때는 보안 강화와 개인정보 보호, 사용자 경험 향상 등을 고려하는 것이 중요하다.

① 비콘은 스마트 팩토리를 비롯한 새로운 물류관리시스템을 구성하기 위해 사용할 수 있다.
② 비콘이 사용자 위치 데이터를 수집하는 것을 막는다면 해킹 가능성을 차단할 수 있다.
③ 비콘은 제한된 범위에서만 작동하기 때문에 큰 공간에서는 활용하기 어렵다.
④ 비콘과 같은 기술의 발전은 우리의 생활을 편리하게 만들 것이다.
⑤ 비콘 기술은 다른 위치 데이터 수집 기술과 비교하면 배터리 소모가 결코 크다고 말할 수 없다.

　다음 글을 바탕으로 다음 〈보기〉를 이해한 것으로 가장 적절한 것을 고르시오.

> 　　호만스와 브라우는 형태주의 심리학, 공리주의 경제학, 기능주의 인류학 등을 기반으로 사회교환이론을 체계화했다. 이들에 의하면 사람이 상대방에게 호의를 베풀면 상대도 보답을 해야 한다는 호혜성의 원리가 사회질서를 유지하는 기반이 된다. 사람들은 비용과 보상을 계산하여 균형이 이루어진다고 판단되면 행동으로 옮긴다. 사람은 보상을 받을 수 있는 행동을 반복하지만 보상이 행동의 난이도에 비해 지나치게 많으면 오히려 행동 횟수를 줄이는데, 이는 보상의 가치가 떨어진다고 판단하기 때문이다. 또한 기대한 보상을 얻지 못하면 분노하고, 예상 외의 보상을 받으면 기뻐한다.

〈 보 기 〉

> 　　A기업에서는 자원봉사 활동을 활성화하기 위해 새로운 인센티브 프로그램을 도입했다. 이 프로그램은 자원봉사자들이 일정 시간 이상 활동을 하면 지역 상점에서 사용할 수 있는 포인트를 제공하고, 일정 기준에 미치지 못하면 포인트를 받을 수 없도록 했다. 이로 인해 많은 자원봉사자들이 보상을 받기 위해 더욱 열심히 활동하고 있다. 하지만 일부 자원봉사자들은 과도한 포인트 지급으로 인해 초기의 포인트 가치가 감소하고 있다고 느끼고 있다.

① 자원봉사자들은 보상을 받기 위해 활동을 시작했지만, 보상 없이도 자발적으로 열심히 활동하고 있다.

② 인센티브 프로그램이 도입된 후, 모든 자원봉사자들이 포인트 지급 없이도 꾸준히 자원봉사를 하고 있다.

③ 자원봉사자들은 포인트를 받을 자격이 되지 않아도 지역사회에 기여하기 위해 꾸준히 봉사활동을 할 것이다.

④ 자원봉사자들이 포인트를 받기 위해 열심히 활동하는 것은, 보수가 예상될 때 행동으로 옮긴다는 사회교환이론으로 설명할 수 있다.

⑤ 자원봉사자들이 보상을 기대하지 않고 활동을 지속하는 것은 호혜성의 원리에 부합한다.

30 다음 글을 바탕으로 다음 〈보기〉를 이해한 것으로 적절하지 않은 것을 고르시오.

모델링과 렌더링은 3D 그래픽스와 컴퓨터 애니메이션 제작에 있어서 핵심 작업 과정이다. 모델링은 3D 객체의 형태와 구조를 만들고, 스컬핑을 통해 세밀한 디테일을 추가하며, 리깅을 통해 자연스러운 움직임을 가능하게 하고, 텍스처 맵핑을 통한 사실적인 재질 설정으로 현실감을 더한다. 렌더링은 완성된 3D 모델을 2D 이미지나 애니메이션으로 변환하는 과정으로, 조명과 카메라 설정을 통해 장면을 구성하고, 텍스처를 적용해 현실감 있는 최종 이미지를 만든다. 이 과정에서 빛과 그림자의 상호작용, 반사 및 굴절 효과 등을 계산하여 실제와 유사한 장면을 만든다. 모델링과 렌더링은 디지털 세계를 창조하고 현실감 있게 표현하는 데 필수적이다.

〈 보 기 〉

〈토이 스토리〉 시리즈는 픽사의 첫 장편 애니메이션 영화로, 장난감 캐릭터들의 형태와 구조를 사실감 있게 표현했다. 각 캐릭터의 움직임을 자연스럽게 구현하였고, 다양한 장난감의 재질을 세밀하게 구현하여 생동감 있는 애니메이션을 완성했다. 또한 조명, 그림자, 반사 효과 등을 정교하게 계산하여 현실적인 장면을 만들어 냈다. 픽사는 〈토이 스토리〉를 통해 혁신적인 시각적 경험을 제공하였으며, 이후에도 꾸준히 애니메이션 영화의 새로운 기준을 세우고 있다.

---

① 〈토이 스토리〉에 등장하는 장난감의 움직임이 자연스러운 이유는 리깅을 잘 활용했기 때문이다.
② 〈토이 스토리〉의 캐릭터는 모델링 단계를 통해 형태가 만들어졌고, 렌더링 단계를 통해 애니메이션으로 변환되었다.
③ 〈토이 스토리〉의 현실적인 장면은 렌더링 기술을 적절히 활용한 결과이다.
④ 〈토이 스토리〉에 등장하는 장난감의 재질이 사실적으로 구현된 것은 텍스처 맵핑 기술을 활용한 것이다.
⑤ 〈토이 스토리〉에 등장하는 수많은 장난감들을 세밀하게 표현하기 위해서 렌더링 과정에서 많은 시간을 투자했을 것이다.

2026
상반기

삼성직무적성검사

제04회

기출변형 모의고사

영역	문항수	시간
수리	20	30분
추리	30	30분

※ 2025년 하반기 기준 출제 문항 수와 시험 응시 시간입니다.

삼성 취업은 렛유인

문항수 20문항 | 제한시간 30분
해설 p.48

01 팀 회식에 참석한 7명의 직원이 한 식당의 원형 테이블에 착석하려 한다. A부터 G의 팀원 중 A 사원과 D 대리가 옆자리에 나란히 앉게 될 경우의 수를 구하시오.

① 80가지 ② 120가지 ③ 240가지
④ 360가지 ⑤ 480가지

02 작년 노트북과 데스크탑의 판매량은 총 450대였으며 올해 노트북 판매량은 작년 대비 30% 증가, 올해 데스크탑 판매량은 작년 대비 20% 감소하였다고 한다. 올해 노트북과 데스크탑의 판매량이 총 500대라고 할 때, 작년 노트북의 판매량을 구하시오.

① 250대 ② 260대 ③ 270대
④ 280대 ⑤ 290대

03 다음은 전세계에 출하된 OLED 패널의 면적을 조사한 자료이다. 이를 해석한 내용으로 옳은 것을 고르시오.

〈표〉 글로벌 OLED 패널 출하 면적 현황

(단위: 만㎡)

국가	2018년	2019년	2020년	2021년	2022년	2023년
한국	1,437	1,606	1,878	2,189	2,422	2,578
중국	143	351	541	745	990	1,067
기타	32	18	9	38	47	12
전체	1,612	1,975	2,428	2,975	3,459	3,657

① 모든 국가에서 OLED 패널 출하 면적은 지속 증가하였다.
② 한국의 OLED 패널 출하 면적 비중은 매년 전체 중 80% 이상이었다.
③ 기타 국가들의 2021년 출하 면적은 전년 대비 400% 이상 증가하였다.
④ 조사기간 중 기타 국가의 출하 면적 비중이 가장 높았던 해는 2018년이었다.
⑤ 2023년 한국의 OLED 패널 출하 면적은 전년 대비 8% 이상 증가하였다.

04 다음은 국내 장애인을 대상으로 실시된 여행 경험에 대한 조사 결과이다. 이를 해석한 내용으로 틀린 것을 고르시오.

〈표〉 국내 장애인의 연간 국내외 여행 유경험자

(단위: 명)

시점	전체	국내여행	국외여행
2018년	60,800	44,410	16,390
2019년	68,630	53,510	15,120
2020년	35,340	31,540	3,800
2021년	28,260	27,500	760
2022년	40,840	39,380	1,460

① 조사기간 중 매년 국내여행 경험자 수가 국외여행 경험자 수보다 많았다.
② 조사기간 중 전체 여행 유경험자 수가 전년 대비 감소했던 해에는 국내여행과 국외여행 경험자가 모두 감소하였다.
③ 2018년 여행 경험자 4명 중 3명 이상은 국내여행을 경험했었다.
④ 2020년 전체 여행 경험자 중 국외여행 경험자의 비중은 10% 이상이었다.
⑤ 2022년 전체 여행 경험자의 전년 대비 증가율은 같은 해 국내여행 경험자의 전년 대비 증가율보다 높았다.

05 다음은 2019년부터 3년 동안 국내 대학의 학기별 전공학점 분포를 조사한 자료이다. 이를 해석한 내용 중 옳은 것으로만 구성된 보기를 고르시오.

〈표〉 3개년 간 전국 대학의 학기별 전공학점 분포

(단위: 명, 점)

기준연도	학기	인원수	F	D_0	D^+	C_0	C^+	B_0	B^+	A_0	A^+	평균 점수
			0	1	1.5	2	2.5	3	3.5	4	4.5	
2019년	1학기	6,049,541	4.7%	1.5%	2.0%	6%	16%	12%	25%	14%	19%	3.21
	2학기	5,487,785	3.9%	1.5%	1.9%	6%	15%	12%	25%	14%	20%	3.26
	평균	5,768,663	4.3%	1.5%	2.0%	6%	15%	12%	25%	14%	20%	3.24
2020년	1학기	6,038,951	4.2%	0.7%	0.8%	2%	5%	10%	21%	24%	33%	3.63
	2학기	5,735,319	3.4%	0.9%	1.0%	3%	7%	11%	23%	21%	30%	3.58
	평균	5,887,135	3.8%	0.8%	0.9%	3%	6%	10%	22%	22%	31%	3.60
2021년	1학기	6,110,931	4.6%	1.1%	1.3%	4%	8%	11%	23%	20%	28%	3.47
	2학기	5,429,148	3.7%	1.1%	1.4%	4%	9%	11%	24%	19%	27%	3.47
	평균	5,770,040	4.2%	1.1%	1.4%	4%	8%	11%	24%	19%	27%	3.47

가. 연평균 B_0 이상 학점의 분포 비중은 2020년에 가장 높다.

나. 매년 F 학점을 받은 학생 수는 D_0와 D^+ 학점을 받은 인원수의 합계보다 많았다.

다. 조사기간 동안 매 학기를 기준으로 평균 학점은 지속 증가하였다.

① 가 　② 가, 나 　③ 가, 다

④ 나, 다 　⑤ 가, 나, 다

〈그래프〉 전국 공공도서관 현황

(단위: 개, 명)

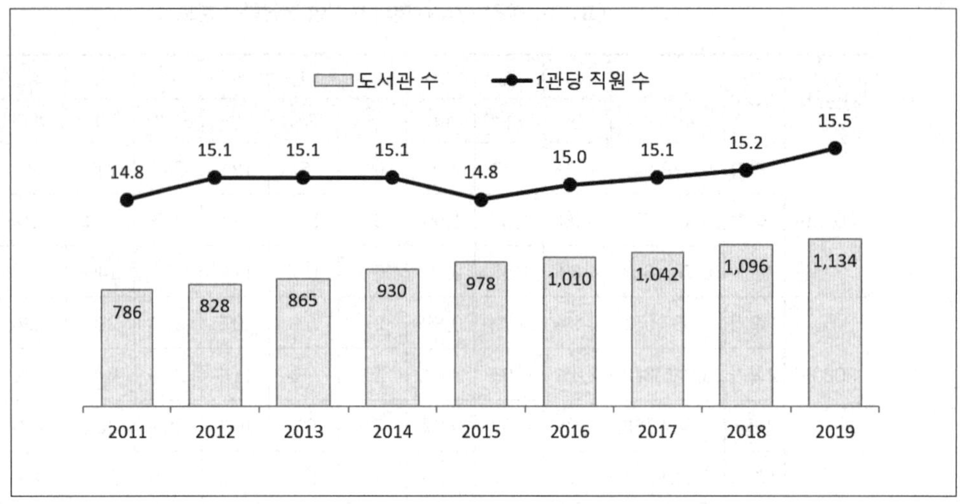

06 주어진 조사 자료를 올바르게 해석한 보기를 모두 고르시오.

> a. 조사기간 동안 공공도서관에서 근무하는 전체 직원 수는 매년 지속 증가하였다.
> b. 2013년 도서관 수는 전년 대비 5% 이상 증가하였다.
> c. 공공도서관 수는 2011년을 기준으로 4년이 지날 때마다 20% 이상씩 증가하였다.

① a   ② b   ③ a, c
④ b, c   ⑤ a, b, c

07 주어진 정보를 활용하여 공공도서관 전체 직원 수의 2011년 대비 2019년 증가율을 계산하시오. (직원 수는 소수점 첫째 자리에서 반올림, 증가율은 소수점 둘째자리에서 반올림한다.)

① 50.1%   ② 51.1%   ③ 52.1%
④ 53.1%   ⑤ 54.1%

08 다음은 주요 여행 국가 7개국에 대한 관광객들의 숙박과 교통 만족도를 조사한 결과이다. 이를 해석한 내용으로 옳은 것을 고르시오.

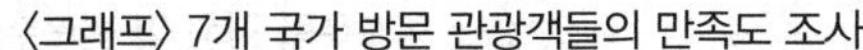

〈그래프〉 7개 국가 방문 관광객들의 만족도 조사

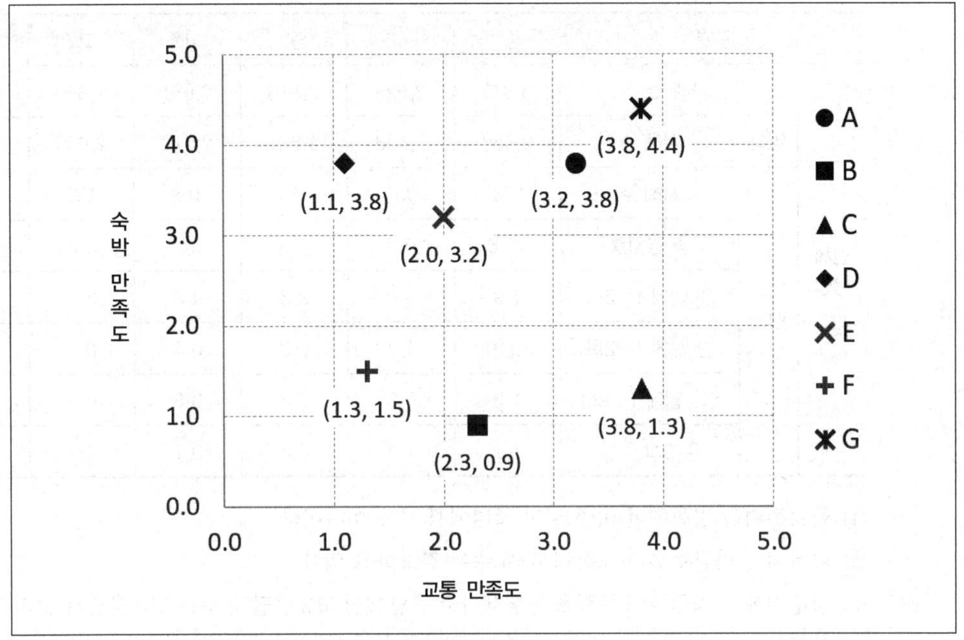

① 교통 만족도 3점 이하인 국가는 3개 국가이다.
② 만족도의 합계가 가장 높은 국가와 가장 낮은 국가의 점수 차이는 6점 이상이다.
③ 숙박과 교통 만족도의 합계가 4점 이하인 국가는 1개 국가이다.
④ 7개 국가의 숙박 만족도 평균 점수는 2.5점이었다.
⑤ 숙박과 교통 만족도의 평균이 3점 이상인 국가는 2개 국가이다.

09 다음은 2010년 학교폭력 경험에 대한 조사 결과이다. 주어진 자료를 해석한 내용으로 옳은 것을 고르시오.

<표> 학교폭력 경험 및 빈도수

(단위: 명, %)

구분			중1	중2	중3	고1	고2	고3
	사례 수		2,812	2,696	2,816	2,681	2,840	2,727
전체 응답	없다	사례 수	2,458	2,436	2,661	2,513	2,689	2,640
	있다	사례 수	354	260	155	168	151	87
		총 경험률	12.6	9.6	5.5	6.3	5.3	3.2
		일 년에 1~2회	7.9	6.1	3.8	4.3	3.5	1.9
		한 달에 1~2회	2.3	1.7	0.8	0.8	0.6	0.3
		일주일에 1~2회	1.3	0.7	0.5	0.5	0.3	0.3
		주 3회 이상	1.1	1.2	0.4	0.7	0.9	0.6

① 학교폭력을 경험했던 비중은 전 학년에서 10% 이하이다.

② 학년이 올라갈수록 학교폭력 사례 수는 감소하고 있다.

③ 일주일에 1~2회 학교폭력을 경험했다고 응답했던 고2 응답자 수는 고3 응답자 수의 1.5배 이상이다.

④ 응답자 전체 중고교 학생 중 1% 이상은 주 3회 이상 학교폭력을 경험했었다.

⑤ 모든 학년에서 일 년에 1~2회 학교폭력을 경험했던 응답자는 학교폭력 경험자 중 절반 이상이다.

10 다음은 A시의 30대와 50대 연령의 취업자를 대상으로 각 직종의 비중을 정리한 자료이다. 추가로 주어진 정보를 활용하여 '50대 서비스직'의 인원수를 산출하시오.

〈그래프〉 A시 30대와 50대 취업자의 직종 분포

(단위: %)

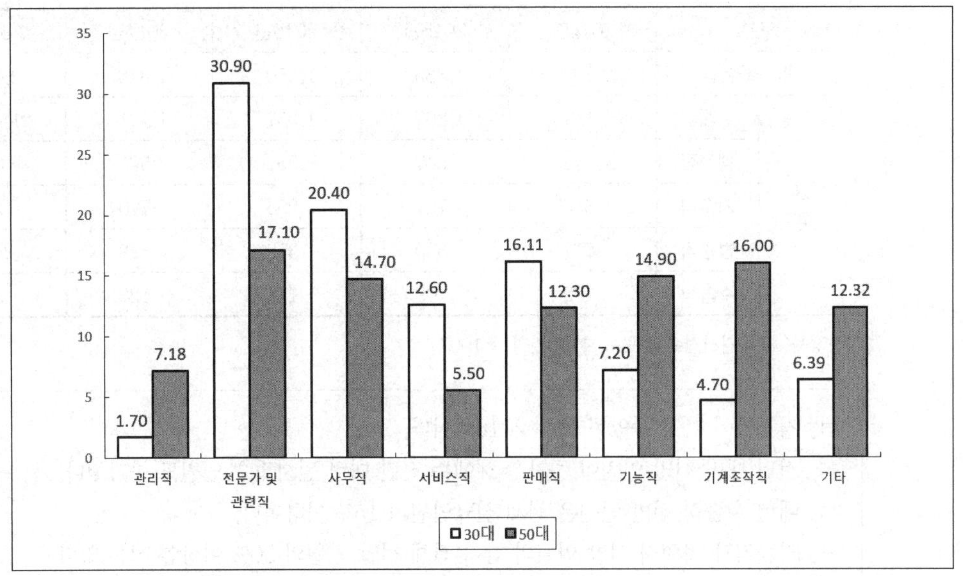

> ㄱ. 50대 기계조작직 인원은 30대 기계조작직 인원보다 588명 더 많다.
> ㄴ. 30대 관리직 인원과 30대 기계조작직 인원의 차이는 360명이다.

① 396명   ② 398명   ③ 400명
④ 402명   ⑤ 406명

11 다음 〈표〉는 A국 연도별 공무원 선발 인원 및 원서접수 현황에 관한 자료이다. 이에 대한 설명 중 옳은 것으로 구성된 보기를 고르시오.

〈표〉 A국 연도별 공무원 선발 인원 및 원서접수 현황

(단위: 명)

구분		2014년	2015년	2016년	2017년	2018년
원서접수		2,731	1,835	1,650	1,878	2,077
선발 인원	계	2,147	1,807	1,367	1,791	1,286
	행정직	1,042	647	557	565	430
	기술직	356	721	294	770	211
	법원직	577	330	378	329	422
	수습직	172	109	138	127	223

* 경쟁률(%) = 원서접수 인원 ÷ 선발 인원 × 100

ㄱ. 경쟁률이 가장 높았던 해는 2018년이다.
ㄴ. 전년 대비 선발 인원이 증가한 해에는 전년 대비 원서접수 인원도 증가했다.
ㄷ. 매년 수습직 선발 인원은 전체 선발인원의 15% 이하이다.
ㄹ. 기술직과 법원직 선발 인원의 합이 전체 선발 인원의 50% 이상인 적은 없다.

① ㄱ, ㄴ　　　　② ㄱ, ㄷ　　　　③ ㄴ, ㄷ
④ ㄴ, ㄹ　　　　⑤ ㄷ, ㄹ

12 다음은 연도별 전국 노인돌봄 서비스에 대한 현황을 정리한 자료이다. 이를 해석한 내용 중 옳지 않은 것을 고르시오.

<표> 연도별 전국 노인돌봄 서비스 이용 현황

(단위: 개별 표기)

구분	2020년	2021년	2022년	2023년
이용 횟수 (건)	157,068	133,191	343,650	379,817
이용자 수 (명)	16,739	12,632	38,223	42,162
이용 시간 (시간)	470,984	408,635	1,163,979	1,166,577

<그래프> 연도별 전국 노인돌봄 서비스 매출 현황

(단위: 백만 원)

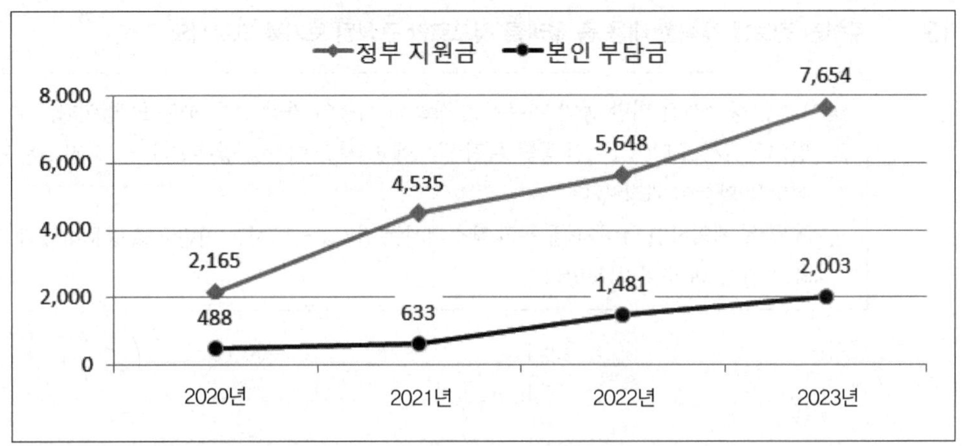

① 조사기간 동안 노인돌봄 서비스의 연간 이용 횟수와 이용자 수의 전년 대비 증감 트렌드는 동일하였다.

② 노인돌봄 서비스의 본인 부담금 대비 정부 지원 금액의 비율이 가장 높았던 해는 2021년이었다.

③ 2023년 노인돌봄 서비스 이용자 1인당 평균 이용 시간은 전년 대비 감소하였다.

④ 2021년 노인돌봄 서비스의 이용 시간당 본인 부담 금액은 전년 대비 증가하였다.

⑤ 2020년 대비 2023년 전국 노인돌봄 서비스의 정부 지원금 증가율은 300% 이상이었다.

〈표〉 A시의 1주일 평균 여가시간 활용처 (2023년 8주 차)

(단위: 명)

여가시간	PC방	당구장	오락실	찜질방	노래방
1시간 미만	161,313	5,340	12,087	13,709	44,178
1~5시간 미만	533,010	29,026	37,935	111,341	311,364
5~10시간 미만	376,343	93,750	554,103	918,117	109,062
10시간 이상	98,447	9,484	188,504	62,288	30,808
합계	1,169,113	137,600	792,629	1,105,455	495,412

13 주어진 정보를 해석한 내용 중 올바른 것으로만 구성된 보기를 고르시오.

> a. 1주일 중 1시간 미만 동안 머무르는 장소의 비중이 가장 높은 곳은 PC방이다.
> b. 임의의 A시 주민이 1주일 동안 특정 장소에 10시간 이상을 방문했다면, 그 장소는 당구장이었을 확률이 가장 높다.
> c. PC방을 제외하면 나머지 네 곳의 장소에서는 각각 5~10시간 미만으로 방문하였던 비중이 타 시간대 대비 가장 높았다.

① a   ② b   ③ c
④ a, b   ⑤ b, c

14 2023년 9주 차 동안 각 장소에서의 시간대별 방문 비중은 8주 차와 동일하였다고 한다. 9주 차의 찜질방 방문 인원은 전주와 동일하였으나, 노래방 방문 인원이 증가하여 찜질방과 노래방의 10시간 이상 방문 인원수가 같았다면, 2023년 9주 차에 노래방을 방문했던 전체 인원수는 몇 명인가?

① 약 986천 명   ② 약 1,002천 명   ③ 약 1,067천 명
④ 약 1,113천 명   ⑤ 약 1,167천 명

15 다음은 국내 건축물의 연도별 허가와 착공 현황을 정리한 자료이다. 이를 분석한 내용 중 옳은 것으로만 구성된 보기를 고르시오.

〈표1〉 연도별 건축 허가 현황

(단위: 동, 천㎡)

구분	2020년		2021년		2022년		2023년	
	동수	연면적	동수	연면적	동수	연면적	동수	연면적
전국	265,651	190,652	274,621	177,056	262,859	170,912	270,198	160,285
수도권	87,179	94,928	89,266	79,354	85,237	80,227	85,612	71,645
지방	178,472	95,723	185,355	97,701	177,622	90,684	184,586	88,639

〈표2〉 연도별 건축물 착공 현황

(단위: 동, 천㎡)

구분	2020년		2021년		2022년		2023년	
	동수	연면적	동수	연면적	동수	연면적	동수	연면적
전국	226,652	153,743	231,299	143,520	209,073	128,635	215,921	121,160
수도권	70,715	73,857	72,679	65,518	64,737	60,296	64,813	55,982
지방	155,937	79,885	158,620	78,001	144,336	68,338	151,108	65,177

ㄱ. 주어진 기간 동안 국내 전국의 연도별 건축 허가면적과 착공면적은 매년 증가하였다.

ㄴ. 2021년 단위 면적당 건축물 착공 동수는 수도권이 전국보다 더 많았다.

ㄷ. 수도권의 2023년 1개 동당 평균 건축 허가면적과 착공면적은 전년 대비 모두 감소하였다.

ㄹ. 지방과 수도권의 전년 대비 건축 허가 동수 증감 변화는 매년 유사하였다.

① ㄱ, ㄴ   ② ㄴ, ㄷ   ③ ㄷ, ㄹ

④ ㄱ, ㄹ   ⑤ ㄴ, ㄷ, ㄹ

16 다음은 국내 식료품제조업의 분기별 재고 현황을 나타낸 자료이다. 이를 해석한 내용 중 옳지 않은 것을 고르시오.

〈그래프〉 식료품제조업 분기별 재고 현황

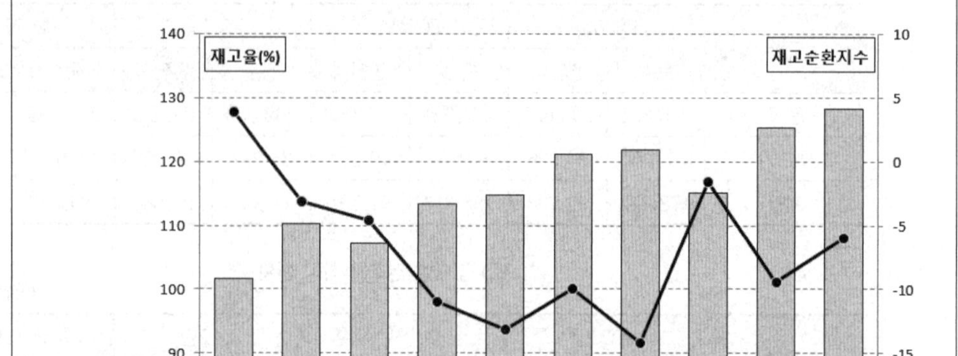

	2018 Q1	Q2	Q3	Q4	2019 Q1	Q2	Q3	Q4	2020 Q1	Q2
재고율	101.6	110.3	107.2	113.4	114.7	121.1	121.9	115.2	125.4	128.3
재고순환지수	3.9	-3.1	-4.6	-11	-13.2	-10	-14.2	-1.6	-9.4	-6

* 재고순환지수 = 출하증가율(%) − 재고증가율(%)

① 재고율은 매 분기 100% 이상을 기록하였다.
② 출하증가율이 재고증가율보다 높았던 분기는 2018년 1사분기가 유일하다.
③ 상반기 재고율은 전년 대비 지속 증가하였다.
④ 재고율이 가장 높았던 분기에 재고순환지수는 −6을 기록하였다.
⑤ 재고율이 전 분기 대비 감소했던 시점에는 재고순환지수 역시 감소하였다.

17 다음은 세계 주요 도시의 면적과 인구밀도 현황에 대한 자료이다. 이를 해석한 내용으로 옳은 것을 고르시오.

〈표〉 주요 도시별 인구밀도

(단위: 개별 표기)

구분	인구(명)		면적(km^2)		인구밀도(명/km^2)	
	2000년	2010년	2000년	2010년	2000년	2010년
베이징	8,503,385	11,716,620	1,370	1,368	6,207	8,563
서울	9,295,217	9,794,304	605	606	15,342	16,181
도쿄	8,134,688	8,945,695	621	622	13,093	14,386
뉴욕	8,008,278	8,175,133	786	784	10,194	10,430
런던	7,172,091	8,173,941	1,580	1,572	4,539	5,199
싱가포르	4,027,887	5,076,732	683	712	5,900	7,126
파리	2,125,246	2,243,833	105	105	20,164	21,289

① 인구수 증감 트렌드와 면적 증감 트렌드는 10년 기준으로 동일하였다.

② 2010년 기준 면적이 가장 넓은 도시는 인구수 역시 가장 많다.

③ 인구밀도가 가장 높은 도시는 인구수 역시 가장 많다.

④ 2000년 대비 2010년의 인구 증가율이 가장 낮았던 도시는 인구밀도 증가율 또한 가장 낮았다.

⑤ 7개 도시의 2000년과 2010년 인구수의 순위는 동일하였다.

18 평균 체중 성인이 5km/h의 속력으로 걸을 때 걷는 시간 x(분)에 따른 칼로리 소모량 y(Kcal) $= 5(x - A) + \dfrac{B \times x}{2}$ 라고 한다. 5분을 걸으면 30Kcal가 소모되며, 10분을 걸으면 70Kcal가 소모된다고 할 때, 칼로리 소모량 수식에 사용된 A와 B가 올바르게 연결된 것을 고르시오.

	A	B
①	2	2
②	2	4
③	2	6
④	3	2
⑤	3	4

19 다음은 매년 9월의 강수량을 조사한 자료이다. 이를 활용하여 전년 동기 대비 9월의 강수량 변화율이 올바르게 표현된 그래프를 고르시오.

〈표〉 매년 9월 강수량 변화

(단위: mm)

시점	'15년	'16년	'17년	'18년	'19년	'20년	'21년	'22년
강수량	26.0	33.0	35.0	68.5	139.8	181.5	131.0	201.5

① 매년 9월의 전년 동기 대비 강수량 변화율

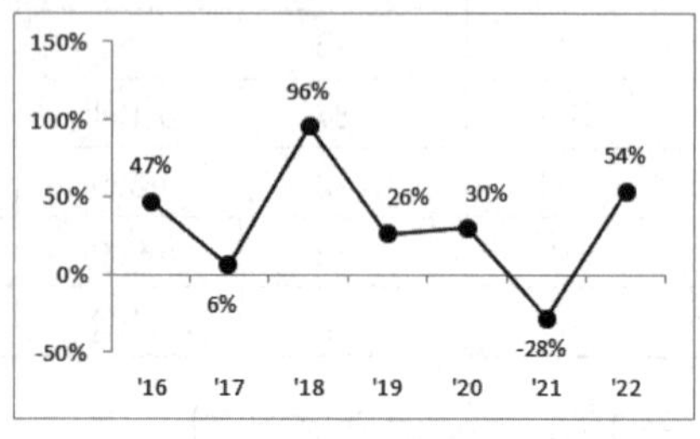

② 매년 9월의 전년 동기 대비 강수량 변화율

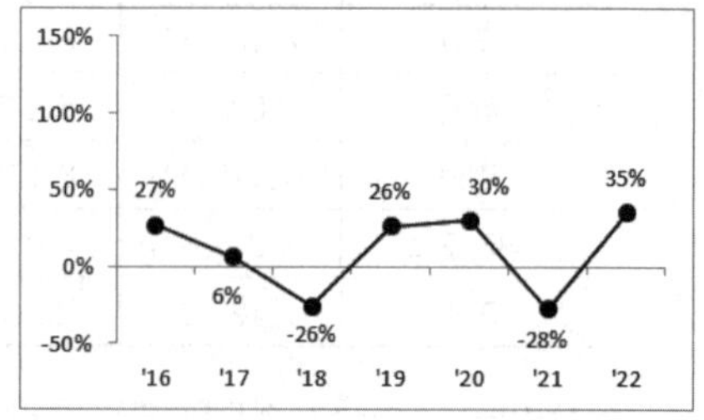

③ 매년 9월의 전년 동기 대비 강수량 변화율

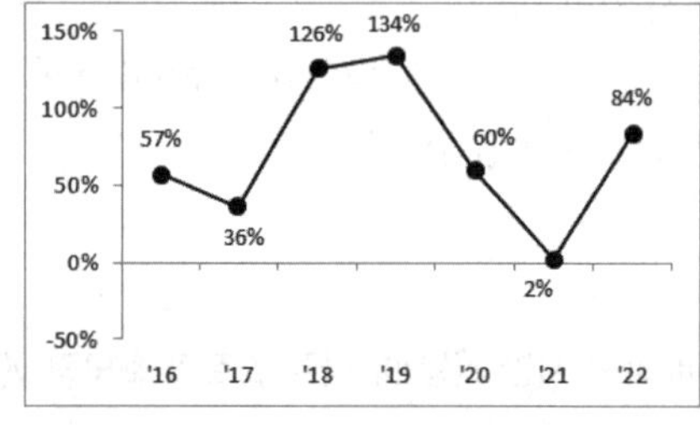

④ 매년 9월의 전년 동기 대비 강수량 변화율

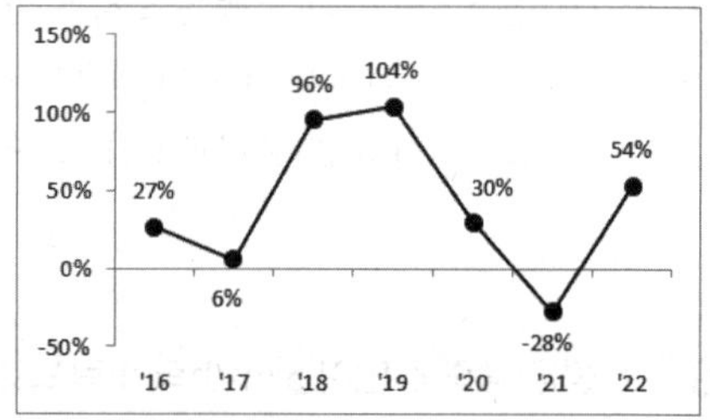

⑤ 매년 9월의 전년 동기 대비 강수량 변화율

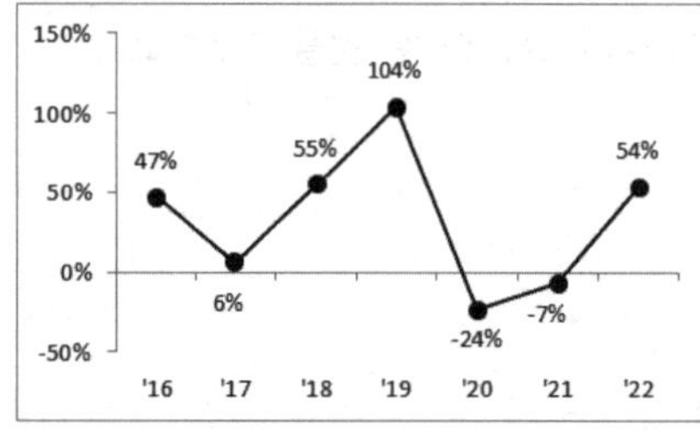

20 다음은 동영상 플랫폼의 두 채널에 대한 매월 말일 기준 구독자 현황을 정리한 자료이다. 향후 지속적으로 동일한 구독자 증가가 전망된다고 할 때, 채널 B의 구독자 수가 채널 A보다 많은 구독자를 확보할 것으로 예상되는 첫 시점을 고르시오.

매월 말일 집계	채널 A	채널 B
1월	6,400명	4,500명
2월	6,800명	4,800명
3월	7,200명	5,200명
4월	7,600명	5,700명
5월	8,000명	6,300명

① 8월 ② 9월 ③ 10월
④ 11월 ⑤ 12월

문항수 30문항 | 제한시간 30분

해설 p.53

01 다음 중 항상 참인 결론으로 적절한 것을 고르시오.

> [전제1] 무선 이어폰을 사용하는 모든 직원은 무선 키보드를 사용한다.
> [전제2] 무선 마우스를 사용하는 모든 직원은 무선 이어폰을 사용한다.
> [결 론] (   )

① 무선 마우스를 사용하는 모든 직원은 무선 키보드를 사용한다.
② 무선 마우스를 사용하는 어떤 직원은 무선 키보드를 사용하지 않는다.
③ 무선 마우스를 사용하는 모든 직원은 무선 키보드를 사용하지 않는다.
④ 무선 키보드를 사용하는 모든 직원은 무선 마우스를 사용한다.
⑤ 무선 키보드를 사용하지 않는 어떤 직원은 무선 마우스를 사용하지 않는다.

02 다음 중 결론을 항상 참으로 만드는 [전제1]을 고르시오.

> [전제1] (   )
> [전제2] 빨강을 좋아하는 모든 사람은 파랑을 좋아한다.
> [결 론] 노랑을 좋아하는 어떤 사람은 파랑을 좋아한다.

① 빨강을 좋아하지 않는 모든 사람은 노랑을 좋아한다.
② 노랑을 좋아하는 어떤 사람은 빨강을 좋아하지 않는다.
③ 빨강을 좋아하지 않는 어떤 사람은 노랑을 좋아하지 않는다.
④ 노랑을 좋아하는 어떤 사람은 빨강을 좋아한다.
⑤ 노랑을 좋아하는 모든 사람은 빨강을 좋아하지 않는다.

03 다음 중 결론을 항상 참으로 만드는 [전제2]을 고르시오.

[전제1] 닭갈비를 판매하는 모든 매장은 삼겹살을 판매한다.
[전제2] (   )
[결 론] 육회를 판매하는 모든 매장은 삼겹살을 판매한다.

① 닭갈비를 판매하는 모든 매장은 육회를 판매하지 않는다.
② 육회를 판매하는 모든 매장은 닭갈비를 판매한다.
③ 닭갈비를 판매하는 어떤 매장은 육회를 판매하지 않는다.
④ 육회를 판매하는 어떤 매장은 닭갈비를 판매한다.
⑤ 닭갈비를 판매하는 모든 매장은 육회를 판매한다.

04 A, B, C, D, E는 버스를 타기 위해 일렬로 줄을 선다. 〈보기〉를 참고하여 E가 몇 번째로 줄을 서는지 고르시오.

〈 보 기 〉
– D는 5번째로 줄을 선다.
– A는 E보다 앞에 줄을 선다.
– C 바로 뒤에 A가 줄을 선다.
– B는 D와 이웃하게 줄을 서지 않는다.

① 1번째   ② 2번째   ③ 3번째
④ 4번째   ⑤ 5번째

05 대강당인 A, B와 소강당인 C, D에 10명을 〈보기〉의 조건을 토대로 수용한다. 대강당의 최대 수용인원은 5명, 소강당의 최대 수용인원은 3명이라고 할 때 A 강당에 수용된 인원이 몇 명인지 고르시오.

〈 보 기 〉

- 각 강당에 수용된 인원은 A, D, B, C 순서로 많다. (A > D > B > C)
- B에 수용된 인원은 2명이다.
- 아무도 수용하지 않은 강당은 없다.

① 1명 ② 2명 ③ 3명
④ 4명 ⑤ 5명

06 A, B, C, D는 인당 2개 모듈을 맡는다. 이들이 맡는 모듈이 FI, CO, LE, SD라고 할 때 〈보기〉를 참고하여 항상 거짓인 것을 고르시오.

〈 보 기 〉

- 각 모듈을 담당하는 인원은 2명씩이다.
- A가 맡는 2개 모듈과 D가 맡는 2개 모듈은 FI, CO, LE, SD이다.

① A가 맡는 2개 모듈과 C가 맡는 2개 모듈 중 1가지 모듈이 겹친다.
② C가 맡는 2개 모듈과 D가 맡는 2개 모듈 중 1가지 모듈이 겹친다.
③ B가 맡는 2개 모듈과 A가 맡는 2개 모듈 중 1가지 모듈이 겹친다.
④ B가 맡는 2개 모듈과 D가 맡는 2개 모듈 중 1가지 모듈이 겹친다.
⑤ C가 맡는 2개 모듈과 B가 맡는 2개 모듈 중 1가지 모듈이 겹친다.

07 A, B, C, D, E 중 1명이 팀을 위해 사비를 썼다. 5명 중 1명만 거짓을 말하고 나머지는 진실을 말하며 거짓을 말하는 1명이 사비를 썼다고 할 때 〈보기〉의 진술을 참고하여 거짓을 말하는 사람을 고르시오.

〈 보 기 〉

A: D와 E는 사비를 쓰지 않았다.
B: D는 사비를 쓰지 않았다.
C: A 또는 E가 사비를 썼다.
D: 나와 B는 사비를 쓰지 않았다.
E: D의 진술은 진실이다.

① A ② B ③ C
④ D ⑤ E

08 A, B, C, D, E는 2×3의 형태로 배치된 의자에 1명씩 앉는다. 〈보기〉를 참고하여 다음 중 빈 의자의 위치로 알맞은 것을 고르시오.

〈 보 기 〉

- C와 D는 같은 행에 놓인 의자에 앉는다.
- E가 앉는 의자와 같은 행에 놓인 의자 중 하나는 빈 의자다.
- A와 D는 같은 열에 놓인 의자에 앉는다.
- B는 2행 2열의 의자에 앉는다.
- C가 앉는 의자와 같은 열에 놓인 의자는 빈 의자가 아니다.

	1열	2열	3열
1행			
2행		B	

① 1행 1열 ② 1행 2열 ③ 1행 3열
④ 2행 1열 ⑤ 2행 3열

09 남직원 3명과 여직원 3명으로 구성된 A, B, C, D, E, F는 남직원 1명, 여직원 1명으로 쌍을 이뤄 업무를 본다. 이들이 보는 업무가 갑, 을, 병이라고 할 때 〈보기〉를 참고하여 F와 같은 업무를 담당하는 직원을 고르시오.

〈 보 기 〉

– A와 D의 성별은 같다.

– C는 B와 다른 업무를 본다.

– F는 여직원이며 병 업무를 본다.

– A와 E는 같은 업무를 본다.

– B는 여직원이다.

① A   ② B   ③ C
④ D   ⑤ E

10 여자 4명, 남자 4명으로 구성된 A, B, C, D, E, F, G, H는 4행 2열로 구성된 미니밴을 타고 이동한다. 1행 1열의 자리가 운전석이라고 할 때 〈보기〉를 참고하여 항상 참인 것을 고르시오.

〈 보 기 〉

– 여자끼리는 앞, 뒤, 옆자리에 이웃하여 앉지 않는다.

– B와 F의 성별은 같다.

– 운전석에 앉는 사람은 D이고 D는 여자다.

– C는 2행 1열, G는 3행 2열의 자리에 앉는다.

– E와 A는 같은 행의 자리에 앉는다.

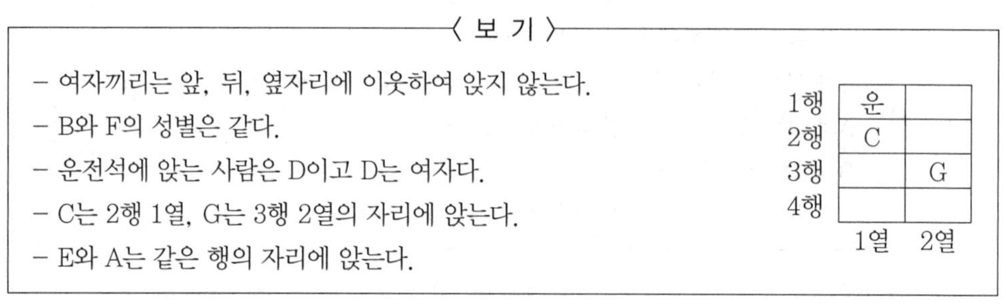

① D는 H와 같은 행의 자리에 앉는다.

② C는 F와 같은 열의 자리에 앉는다.

③ A는 D와 같은 열의 자리에 앉는다.

④ E는 G와 같은 열의 자리에 앉는다.

⑤ G는 F와 같은 행의 자리에 앉는다.

11 A는 월요일부터 금요일까지 한식, 중식, 양식을 먹는다. 하루에 한 가지 음식만 먹으며 먹지 않는 음식은 없다. 〈보기〉의 조건을 참고하여 항상 거짓인 것을 고르시오.

- 양식은 5일 중 2번 먹는다.
- 수요일에 중식을 먹지 않는다.
- 양식을 연속하여 먹지 않는다.
- 한식을 먹는 다음 날에는 중식을 먹는다.
- 금요일에 한식을 먹지 않는다.

① A는 월요일에 한식을 먹는다.
② A는 화요일에 양식을 먹는다.
③ A는 수요일에 한식을 먹는다.
④ A는 목요일에 양식을 먹는다.
⑤ A는 금요일에 중식을 먹는다.

12 A, B, C, D, E는 토너먼트로 치러진 야구대회 참가팀이다. 〈보기〉 및 〈대진표〉를 참고하여 반드시 A와 경기를 치르는 팀이 몇 팀인지 고르시오.

- B는 D와 경기를 치렀고 B가 승리했다.
- C는 대회에서 준우승을 했으며 전적은 2승 1패다.

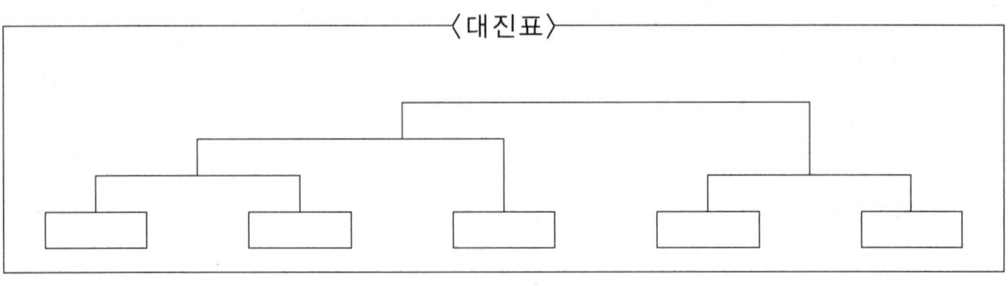

① 0팀   ② 1팀   ③ 2팀
④ 3팀   ⑤ 4팀

13 A, B, C, D, E는 달리기 시합을 하여 1등부터 5등까지 등수를 정했다. 5명 중 1명만 거짓을 말한다고 할 때 〈보기〉의 진술을 토대로 거짓을 말하는 사람의 등수로 알맞은 것을 고르시오.

〈 보 기 〉

A: D 또는 E의 등수가 3등이다.

B: C의 등수는 5등이다.

C: E는 거짓으로 진술한다.

D: E는 4등이다.

E: A의 등수는 C의 등수보다 높다. (=A의 등수인 숫자가 C의 등수인 숫자보다 작다.)

① 1등   ② 2등   ③ 3등

④ 4등   ⑤ 5등

14 A, B, C, D는 수원, 화성, 평택 중 2곳으로 출장을 간다. 각 출장지로 1명 이상씩 출장을 간다고 할 때 〈보기〉를 참고하여 다음 중 수원으로 출장을 갈 가능성이 있는 사람을 모두 짝지은 것을 고르시오.

〈 보 기 〉

– B가 출장을 가는 2곳 중 1곳은 화성이다.

– C가 출장을 가는 2곳은 D가 출장을 가는 2곳과 같다.

– 평택, 화성, 수원 순서로 출장을 가는 인원이 많다. (평택 > 화성 > 수원)

① A

② B

③ A, B

④ C, D

⑤ A, C, D

15 다음 도형들은 일정한 규칙을 가지고 있다. 물음표에 들어갈 알맞은 도형을 고르시오.

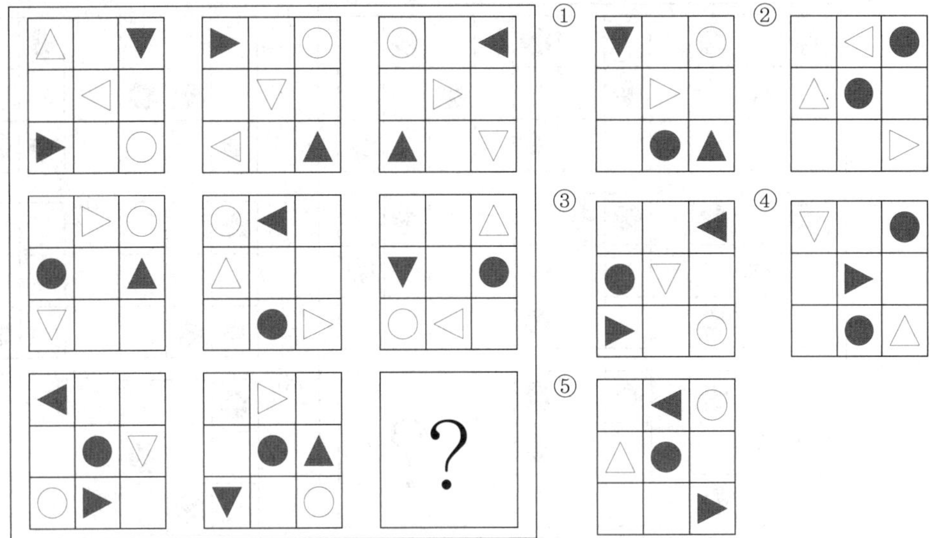

16 다음 도형들은 일정한 규칙을 가지고 있다. 물음표에 들어갈 알맞은 도형을 고르시오.

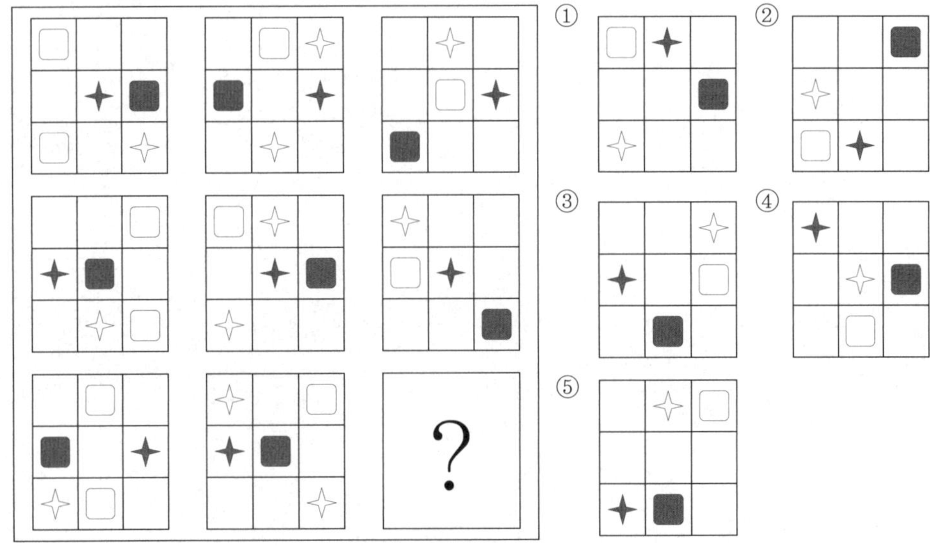

17 다음 도형들은 일정한 규칙을 가지고 있다. 물음표에 들어갈 알맞은 도형을 고르시오.

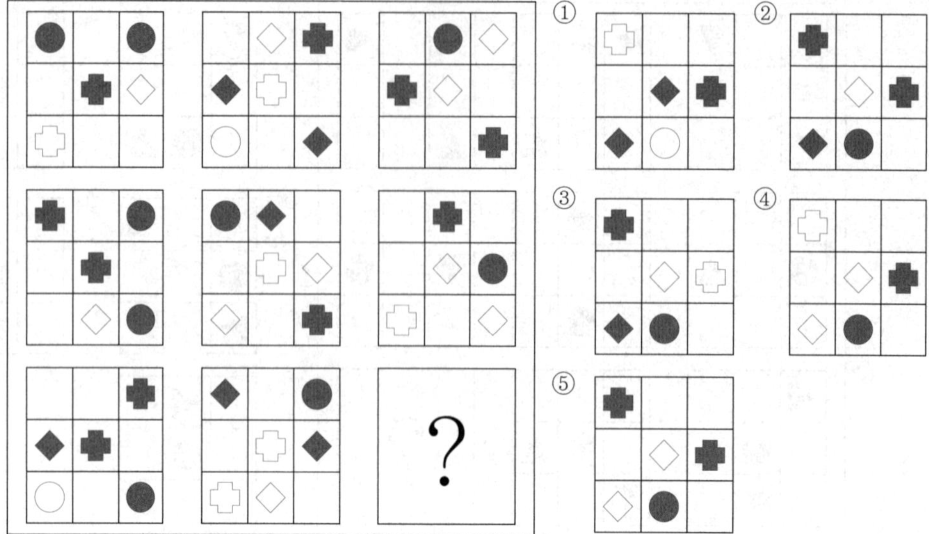

 다음 문자와 도형의 흐름을 참고하여 물음에 답하시오.

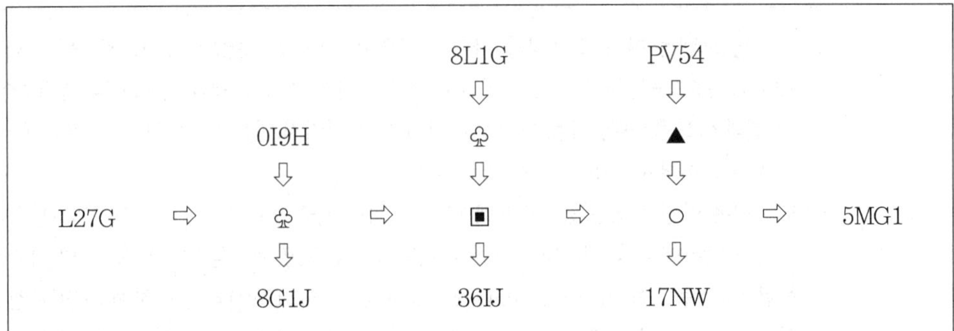

18 다음 중 물음표에 들어갈 문자로 알맞은 것을 고르시오.

$$? \Rightarrow \circ \Rightarrow \blacksquare \Rightarrow B0D8$$

① 45DC　　　　② 61ZE　　　　③ 20ZB
④ ZE01　　　　⑤ HY09

19 다음 중 물음표에 들어갈 문자로 알맞은 것을 고르시오.

$$YL52 \Rightarrow \clubsuit \Rightarrow \blacktriangle \Rightarrow ?$$

① J74W　　　　② 74WJ　　　　③ W4J7
④ JW74　　　　⑤ 47JW

20 다음 중 물음표에 들어갈 문자로 알맞은 것을 고르시오.

$$1AM0 \Rightarrow \circ \Rightarrow \blacktriangle \Rightarrow ?$$

① O29Y　　　　② O95X　　　　③ O86D
④ K83C　　　　⑤ K17D

21 다음 중 물음표에 들어갈 문자로 알맞은 것을 고르시오.

$$? \Rightarrow \blacksquare \Rightarrow \blacktriangle \Rightarrow \circ \Rightarrow F9E4$$

① BC25　　　　② JG63　　　　③ 3GJ6
④ 52CB　　　　⑤ 36GJ

> (A) 딥러닝 모델은 여러 개의 층을 가지고 있으며, 각 층은 수많은 뉴런으로 구성된다. 입력 데이터는 이 층들을 거치면서 점점 더 추상화된 형태로 변환되며, 마지막 출력층에서 최종 결과가 도출된다. 이를 통해 딥러닝 모델은 이미지 인식, 음성 인식, 자연어 처리 등의 다양한 분야에서 높은 성능을 발휘한다.
>
> (B) 딥러닝은 인공 신경망을 기반으로 한 기계 학습 기술의 한 분야이다. 인간의 뇌 구조와 기능을 모방하여 다층 신경망을 통해 데이터를 학습하고 패턴을 인식하며, 특히 빅데이터와 높은 연산 능력을 가진 GPU(Graphics Processing Unit)와 결합하여 크게 발전했다.
>
> (C) 하지만 딥러닝에는 해결해야 할 과제도 많다. 모델을 학습시키기 위해서는 많은 데이터와 연산 자원이 필요하며, 학습 결과를 예측하기도 어렵다. 또 모델이 잘못된 데이터를 학습하면 편향된 결과를 도출하는 문제, 학습 과정에서 수집한 개인 데이터 유출 문제도 고려해야 한다.
>
> (D) 딥러닝은 자율 주행 자동차, 의료 진단, 개인별 맞춤 추천 시스템 등 다양한 산업 분야에서 혁신을 일으키고 있다. 자율 주행 자동차는 도로 환경을 인식하고 차량을 제어하는 데 딥러닝을 활용하고, 의료 분야에서는 딥러닝을 통해 질병을 진단하거나 예측할 수 있는 시스템이 개발되고 있다.

① (B) − (A) − (D) − (C)

② (B) − (C) − (A) − (D)

③ (B) − (D) − (C) − (A)

④ (A) − (B) − (D) − (C)

⑤ (A) − (D) − (C) − (B)

 다음 글의 내용 흐름상 가장 적절한 문단배열 순서를 고르시오.

(A) DDI는 현재 스마트폰, 태블릿, 노트북, TV 등에 사용되는 LCD, OLED, micro-LED 같은 다양한 디스플레이 화면에 적용되어 있다. DDI는 향후 고해상도, 고화질, 고속 구동 등의 기능이 강화되는 방향으로 발전할 것이다.

(B) 다음으로, DDI는 디스플레이 패널의 각 픽셀을 정확하게 구동하여 이미지를 표시하는 역할을 한다. DDI는 각 픽셀에 필요한 전압, 전류 등의 구동 신호를 생성하고 공급하여 디스플레이 화면에 원하는 색상과 밝기로 이미지를 표현한다.

(C) 디스플레이 드라이버 IC 즉, DDI는 디스플레이 장치를 구동하는 핵심적인 반도체 부품이다. DDI는 디스플레이 장치의 화면 표시를 위해 다음과 같은 주요 기능을 수행한다. 먼저, DDI는 디스플레이 신호 처리 기능을 담당하는데, CPU나 그래픽 처리 장치에서 전달되는 디스플레이 신호를 해석하고 처리한다.

(D) 마지막으로 DDI는 디스플레이 패널의 전력 소모량을 모니터링하고 관리하는 기능을 한다. 이 과정에서 DDI는 디스플레이 가동에 필요한 전압·전류 레벨을 조절하여 에너지 효율성을 높인다.

① (B) – (A) – (D) – (C)
② (B) – (D) – (C) – (A)
③ (C) – (A) – (D) – (B)
④ (C) – (B) – (A) – (D)
⑤ (C) – (B) – (D) – (A)

> 　고대역폭 메모리(HBM)는 삼성, AMD, SK하이닉스의 3D 스택 SDRAM용 메모리 인터페이스로, 고성능 그래픽 가속기, 네트워크 장치, 데이터센터 AI ASIC, CPU의 온패키지 캐시, FPGA 및 일부 슈퍼컴퓨터에 사용된다. 최초의 HBM 메모리 칩은 2013년 SK하이닉스에서 생산되었고, 2015년 AMD 피지 GPU에 처음 사용되었다. HBM은 기존의 메모리인 DDR4 또는 GDDR5보다 높은 대역폭을 제공하지만 전력 사용량은 더 적은 장점이 있다.
>
> 　HBM은 최대 8개의 DRAM 다이를 수직으로 적층하여 제작하는데 이를 스택이라고 한다. 스택은 실리콘 인터포저를 통해 GPU 또는 CPU의 메모리 컨트롤러에 연결되며, 실리콘 관통 비아(TSV)와 마이크로범프로 상호 연결된다. HBM 메모리 버스는 DDR4 또는 GDDR5에 비해 매우 넓다. 4개의 DRAM 다이로 구성된 HBM 스택은 총 1024비트 폭을 가지며, 4개의 HBM 스택이 있는 그래픽 카드는 4096비트 너비의 메모리 버스를 갖는다.

① HBM은 2013년에 SK하이닉스에서 최초로 생산되었다.
② HBM은 기존의 메모리 기술보다 더 높은 대역폭을 제공한다.
③ HBM 기술은 메모리 칩을 수평적으로 배열하여 공간을 효율적으로 활용한다.
④ HBM 기술은 실리콘 인터포저를 사용하여 메모리 칩을 GPU에 연결한다.
⑤ 4개의 HBM 스택이 있는 그래픽 카드는 4096비트 너비의 메모리 버스를 가진다.

  다음 글을 읽고 반드시 거짓인 설명을 고르시오.

> 양자 효율은 광전자 소자에서 입사된 광자가 전자–정공 쌍으로 변환되는 효율을 나타내는 지표이다. 이는 광전자 소자의 핵심적인 성능 지표 중 하나로, 높은 양자 효율은 소자의 높은 광전 변환 능력을 의미한다. 양자 효율은 0~100% 사이의 값을 가지며, 100%에 가까울수록 양자 효율이 높다고 볼 수 있다. 예를 들어, 양자 효율이 60%라는 것은 입사된 100개의 광자 중 60개의 광자가 전자–정공 쌍으로 변환되었음을 의미한다.
>
> 양자 효율은 광전자 소자의 성능을 결정하는 매우 중요한 지표이며, 이를 향상시키기 위한 지속적인 연구와 개발이 이루어지고 있다. 양자 효율에 영향을 미치는 주요 요인으로는 광 흡수 계수, 전하 분리 효율, 전하 수집 효율, 재결합 손실 등이 있다. 이러한 요인들을 최적화하여 양자 효율을 높이는 것이 광전자 소자 개발의 핵심 목표 중 하나이다.

① 광전자 소자의 핵심 성능 지표 중 하나는 양자 효율이다.

② 양자 효율의 값이 80%일 때보다 50%일 때 양자 효율이 낮다.

③ 광 흡수 계수, 재결합 손실 등 양자 효율에 영향을 미치는 요인은 다양하다.

④ 광전자 소자 개발의 핵심 목표 중 하나는 양자 효율을 높이는 것이다.

⑤ 양자 효율이 20%라는 것은 입사된 100개의 광자 중 80개의 광자가 전자–정공 쌍으로 변환되었음을 의미한다.

NFC(Near Field Communication)는 근거리 무선 통신 기술로, 두 개의 장치를 근접시켜 데이터를 교환하는 기술이다. 두 NFC 지원 장치가 약 10cm 이내로 가까워지면 자기장이 형성되어 데이터 전송이 가능해진다. NFC 통신에서는 한 장치가 능동 장치(Active Device)가 되고, 다른 장치는 수동 장치(Passive Device)가 된다. 능동 장치는 전원을 공급하여 데이터를 송신하는 역할을 하며, 수동 장치는 데이터를 수신한다.

NFC 기술을 이용한 데이터 전송 과정은 다음과 같다. 먼저 능동 장치가 데이터를 송신하면, 수동 장치가 이를 수신한다. 수동 장치는 수신한 데이터를 처리하여 특정 기능을 수행하는데, 예를 들어 결제 정보 전송, 연락처 정보 교환 등의 기능을 수행한다. NFC 기술은 근거리에서만 작동하고 암호화 기술을 사용하여 데이터를 전송하며, 사용자 인증 기능도 제공하므로 보안성이 높다. 이러한 장점으로 인해 스마트폰, 태블릿 PC, 스마트카드 등 다양한 기기에 적용되어 사용자 편의성을 높이고 있다.

① NFC 통신 기술을 사용하기 위해서는 데이터를 교환할 장치가 근거리에 있어야 한다.
② NFC는 스마트폰, 스마트카드 등 다양한 기기에 적용되어 있으며, 근거리에서만 작동하기 때문에 보안성이 우수하다.
③ NFC 통신을 이용하는 두 장치는 각각 능동 장치와 수동 장치의 역할을 한다.
④ 능동 장치는 전력을 이용하여 수신된 데이터를 처리하는 역할을 한다.
⑤ NFC 기술의 원리는 지원 장치 사이의 자기장을 형성시켜 데이터를 전송하는 것이다.

> 컴퓨터 시스템에서 대용량 저장 장치를 연결하는 데 사용하는 인터페이스로는 SATA(Serial ATA)와 IDE(Integrated Drive Electronics)가 있다. 두 인터페이스는 다음과 같은 차이점을 가진다. 첫째, SATA는 직렬 데이터 전송 방식을 사용하여 데이터 전송 속도가 빠른 반면, IDE는 병렬 데이터 전송 방식을 사용하여 데이터 전송 속도가 상대적으로 느리다. 둘째, 핫 플러깅 지원 여부가 다르다. SATA는 시스템의 전원을 끄지 않고도 디스크 드라이브를 연결하거나 분리할 수 있는 핫 플러깅을 지원하는 반면 IDE 인터페이스는 핫 플러깅을 지원하지 않는다. 셋째, 전력 관리 기능에 차이가 있다. SATA는 저전력 모드를 지원하여 에너지 효율성을 높인 반면, IDE 인터페이스는 이러한 전력 관리 기능을 제공하지 않는다. 마지막으로, 케이블과 커넥터의 크기가 다르다. SATA의 케이블과 커넥터는 IDE에 비해 크기가 작아 시스템 내부 공간 활용도가 높다. 이와 같은 차이점을 정리해 볼 때, SATA 인터페이스는 IDE에 비해 데이터 전송 속도, 확장성, 전력 효율성 등의 측면에서 개선된 기술이라고 할 수 있다.

① 케이블과 커넥터 크기가 작을수록 시스템 내부 공간 활용도가 높을 것이다.

② IDE 인터페이스를 사용한 디스크 드라이브를 분리하기 위해서는 시스템의 전원을 반드시 꺼야 한다.

③ 데이터 전송 속도가 빨라지고 케이블 크기가 작아지기 위해서는 직렬 전송 방식을 채택하는 것이 좋다.

④ SATA와 IDE는 모두 컴퓨터 시스템에서 대용량 저장 장치를 연결하는 데 사용된다.

⑤ IDE는 저전력 모드를 지원하여 에너지 효율성을 높였기 때문에 SATA 보다 개선된 기술이라고 할 수 있다.

  다음 글의 주장을 반박하는 것으로 적절하지 않은 것을 고르시오.

2001년부터 한국은 주요 원자력 선진국 중심으로 결성된 '제4세대 원자력 시스템 국제포럼 GIF(Generation IV International Forum)'에 참여하여, 국제공동연구를 수행하고 있다. 이를 통해 소각용 SFR 기술을 전력 생산용 장주기 고속로 기술로 전환하여 해외 소형 모듈원자로(SMR) 시장에 진출하기 위한 기술을 개발 중이다.

원자력 발전은 환경 보호와 경제적 이익 측면에서 매우 중요한 에너지원이다. 첫째, 원자력 발전은 온실가스 배출이 거의 없으므로 지구 온난화 방지에 큰 기여를 한다. 화석연료를 대체함으로써 대기 오염을 줄이고, 기후 변화 완화에 이바지할 수 있다. 둘째, 원자력 발전은 안정적으로 대규모 전력 공급이 가능하다. 이는 에너지 안보를 강화하고, 전력 수급의 변동성을 줄이는 데 도움이 된다. 셋째, 원자력 발전은 경제적이다. 초기 원자로 건설 비용은 높지만, 운영 비용이 낮아 장기적으로는 경제적 이익을 제공한다. 이러한 이유로 원자력 발전은 지속 가능한 에너지 정책의 핵심 기술로 끊임없이 개발되어야 한다.

① 원자력 발전은 온실가스 배출이 거의 없어 온난화 방지에 기여하지만, 발전소 건설과 유지 과정에서 발생하는 탄소 배출량을 무시할 수 없다.

② 원자력 발전소는 유지 · 보수 과정에서 사고가 많이 발생하여 전력 공급이 안정적이지 않다.

③ 원자력 발전소를 가동하기 위한 핵연료의 수입 의존도가 높아 국제 정세에 따라 에너지 안보가 오히려 불안정해질 수 있다.

④ 원자력 발전의 부산물인 방사성 폐기물 처리와 폐로 비용을 고려하면 장기적으로 경제적이지 않을 수 있다.

⑤ 원자력 발전소는 대량의 냉각수를 필요로 하기 때문에 주로 해안가에만 건설할 수 있다는 단점이 있다.

 다음 글을 바탕으로 다음 〈보기〉를 이해한 것으로 가장 적절한 것을 고르시오.

> 휴리스틱은 복잡한 문제를 해결하기 위한 간단하고 실용적인 방법이다. 최적의 해결 방법을 찾는 것보다는 만족할 만한 해결 방법을 빨리 찾는 것을 목적으로 한다. 휴리스틱은 과거의 경험과 직관을 바탕으로 만들어지며, 유사한 문제를 해결했던 경험을 활용하여 효과적인 해결책을 찾아 복잡한 문제를 더 쉽게 해결할 수 있다. 반면 최적화는 문제의 모든 요소를 고려하여 가장 이상적인 해답을 찾는 것을 의미한다. 최적화 기법은 수학적 모델링과 알고리즘을 사용하여 정확하고 최선의 해결책을 도출하는 것을 목표로 한다.

〈 보 기 〉

> 자동차 제조공장에서 근무 중인 생산 관리자가 차량 생산 계획을 수립하여 실행하였다. 계획을 수립할 때는 다음과 같은 규칙을 적용하였다. 인력을 배치할 때는 가장 숙련도가 높은 작업자부터 배치하였고, 생산에 사용되는 부품은 재고가 가장 많이 남아있는 부품부터 사용하였다. 이와 같은 규칙을 적용하여 복잡한 생산 계획을 빠르게 수립할 수 있었으며, 생산 관리자의 경험과 직관에 기반하였기 때문에 현실적으로 실행 가능한 스케줄을 만들 수 있었다.

① 차량 생산 계획을 수립할 때 모든 요소를 고려하는 최적화 기법을 사용하였다.
② 계획을 수립할 때 재고가 가장 많이 남아있는 부품부터 사용하는 것은 생산 계획에 있어 가장 이상적이다.
③ 생산 관리자의 과거 차량 생산 경험에서 가장 숙련도가 높은 작업자부터 배치하였을 때 만족할 만한 결과가 나왔다는 것을 예상할 수 있다.
④ 생산 관리자는 차량 생산 계획을 수립할 때 수학적인 알고리즘을 사용하였다.
⑤ 생산 관리자가 가장 이상적인 계획을 수립하였기 때문에 현실적으로 실행 가능한 스케줄을 만들 수 있었다.

결정론적 관점을 대표하는 물리학자 라플라스는 '현재의 상태가 주어지면 과거와 미래의 모든 상태를 완벽하게 결정할 수 있다.'라고 말했다. 반면, 양자역학의 창시자 하이젠베르크는 입자의 위치와 운동량을 동시에 정확히 측정할 수 없다는 '불확정성 원리'를 제시했다. 이는 사건의 발생이 불확실성과 우연성을 내포하고 있다는 확률론적 관점을 보여준다. 결정론과 확률론은 자연 현상을 바라보는 상반된 관점을 대변한다. 결정론은 모든 사건이 선행 원인에 의해 필연적으로 결정된다고 보는 반면, 확률론은 사건의 발생에 불확실성이 존재한다고 주장한다.

〈 보 기 〉

자동차 보험의 경우 운전자의 나이, 성별, 운전 경력, 사고 이력 등 다양한 요인을 고려하여 사고 발생 확률을 추정한다. 예를 들어, 어떤 집단의 과거 사고 데이터를 분석하여 연간 사고 발생 확률을 10%로 추정했다면, 이 사고 확률에 기반하여 보험료가 책정된다. 보험사는 사고 발생 시 지급해야 할 보험금 규모와 사고 확률을 곱하여 적정 보험료를 책정하게 된다.

① 자동차 보험의 보험료 책정 방식은 라플라스의 주장과 일치한다.
② 특정 직업군의 과거 사고 데이터를 고려하여 미래의 사고 발생 가능성을 계산하는 것은 결정론적 접근법이다.
③ 현재 26세 운전자들의 연간 사고 발생 건수가 1만 건이라면 5년 후 31세 운전자들의 연간 사고 발생 건수도 1만 건이라고 확정하여 보험료를 책정하는 것은 〈보기〉와 동일한 보험료 책정법이다.
④ 계산된 확률에 기반하여 보험료가 결정되는데, 실제 사고 발생 여부는 불확실하기 때문에 보험료 계산은 확률론적 접근법을 활용한다고 볼 수 있다.
⑤ 2023년 한 해 동안 30대 남자 운전자가 일으킨 사고로 인해 보험사에서 1,000억 원의 보험금을 지급했다면, 2024년에도 30대 남자 운전자 사고로 인한 보험금은 1,000억 원 수준으로 발생할 것이다.

LEtuiN

2026
상반기

삼성직무적성검사
기출변형 모의고사

정답 및 해설

Chapter 01 수리

01	02	03	04	05	06	07	08	09	10
②	③	⑤	③	①	④	④	③	②	①
11	12	13	14	15	16	17	18	19	20
③	④	⑤	⑤	④	②	①	②	①	⑤

01 ②

[정석 풀이]

세 명의 고객이 구분되어 있으므로 순열(순서가 있는 선택) 상황이다.

(폴드형 선택을 ○, 나머지 모델 선택을 ×라 하자.)

1) **폴드형 1명**: ○××, ×○×, ××○의 경우가 존재한다.

   ○××: $2 \times 7 \times 6 = 84$가지

   ×○×: $7 \times 2 \times 6 = 84$가지

   ××○: $7 \times 6 \times 2 = 84$가지

   이므로, 총 252가지이다.

2) **폴드형 2명**: ○○×, ○×○, ×○○의 경우가 존재한다.

   ○○×: $2 \times 1 \times 7 = 14$가지

   ○×○: $2 \times 7 \times 1 = 14$가지

   ×○○: $7 \times 2 \times 1 = 14$가지

   이므로, 총 42가지이다.

따라서, 세 명 중 한 명 이상이 폴드형을 살펴보는 경우의 수는 모두 294($= 252 + 42$)가지이다.

[치트키] 여사건 풀이

'적어도 한 명'을 확인한 순간 '여사건이네!'를 떠올려야 한다. 따라서, 전체 경우의 수에서 폴드형을 살펴보는 고객이 0명인 상황을 제거하는 연산이 효과적이다.

㉠ 전체 경우의 수: 세 명의 고객이 구분되어 있으므로 순열 선택의 상황이다. 즉, 9개 제품 중 3가지를 고르는 경우의 수는 $_9P_3 = 9 \times 8 \times 7 = 504$가지이다.

㉡ 폴드형 선택 0명 경우의 수: 폴드형 2대를 제외한 7개 제품 중 3가지를 고르는 경우이므로 $_7P_3 = 7 \times 6 \times 5 = 210$가지이다.

㉠ − ㉡하면, $504 - 210 = 294$가지이다.

02 ③

[정석 풀이]

1월 세탁기를 A, 에어컨을 B라 하면,

1월: $A + B = 760$ ⋯ ㉠

2월: $1.45A + 0.6B = 796$ ⋯ ㉡

A를 구하기 위해 $0.6㉠ - ㉡$하면,

$$
\begin{array}{rrcrcr}
 & 0.6A & + & 0.6B & = & 456 \\
- & 1.45A & + & 0.6B & = & 796 \\
\hline
 & -0.85A & & & = & -340
\end{array}
$$

으로 $A = 400$이다. 따라서, 2월 세탁기 판매 수량은 $400 \times 1.45 = 580$천 대이다.

[치트키] 배수판정법

2월 세탁기 $=$ 1월 세탁기 $\times \dfrac{145}{100} =$ 1월 세탁기 $\times \dfrac{29}{20}$이다.

따라서, 2월 세탁기는 29의 배수이며, 이를 만족하는 보기는 ③번 580이 유일하다. 정답으로 선택한다.

03 ⑤

틀린 것 'N' 찾아야 한다.

① 기계산업의 수치들만 2015년 대비 2025년에 감소하였다. Y

② 전자 vs 화학 + 바이오는 2015년 3,420 > 2,840 ($= 1,980 + 860$), 2025년 3,880 > 3,440($= 2,210 + 1,230$)으로 전자산업 기업 수가 더 많았다. Y

③ 전자산업 기업 수 증가율 vs 수출 비중 증가율 $= \left[\dfrac{388}{342} \text{ vs } \dfrac{476}{425} \right]$이다. $\dfrac{388}{342}$의 분모에 80(342의 약 25%)을 더하고 분자에 약 95(388의 약 25%) 정도 더하면 분수식의 비율이 유지될 것 같다. 이를 비교하면,

$\left[\dfrac{(388+95)}{(342+80)} \text{ vs } \dfrac{476}{425}\right] = \left[\dfrac{483}{422} > \dfrac{476}{425}\right]$로 기업 수의 증가율이 더 높음을 알 수 있다. Y

④ 화학산업 기업 수 증가율 vs 수출 비중 증가율 $= \left[\dfrac{221}{198} \text{ vs } \dfrac{326}{284}\right]$이다. $\dfrac{221}{198}$의 분모에 100(198의 약 절반)을 더한다면 분자에는 약 110(221의 약 절반) 정도 더하면 되겠다. 따라서, $\left[\dfrac{(221+110)}{(198+100)} \text{ vs } \dfrac{326}{284}\right] = \left[\dfrac{331}{298} < \dfrac{326}{284}\right]$ 임을 알 수 있다. 기업 수의 증가율이 더 낮음을 알 수 있다. Y

⑤ 4개 산업군의 중소기업 수 합계는 2015년 9,020 → 2025년 9,860으로 증가하였다. 9,020의 10%인 902를 더하면 9,922로 2025년 9,860보다 높으므로 실제 증가율은 10% 미만이다. N(정답)

04 ③

옳은 것 'Y' 찾아야 한다.

① 2030년 반도체와 디스플레이의 매출 비중 합계는 59.5%(= 41.6 + 17.9)으로 60% 미만이다. N

② 가전 + 전장(자동차 전자)의 수치는 2020년 39.8(= 27.6 + 12.2) → 2030년 40.5(= 20.3 + 20.2)로 증가가 예상된다. N

③ 2020년과 2030년의 전체 매출이 같으므로 비중 수치를 값으로 바로 활용하여 증감률을 비교해보자.

  1) 분수식 대소비교

    27.6 → 20.3의 변화가 20% 이상 감소인지 비교하기 위해 $\left[\dfrac{203}{276} \text{ vs } \dfrac{240}{300}\right]$을 비교한다. 276의 분모에 25를 더한다고 할 때, 분자에는 20정도 더하면 비율이 유지된다. 즉, $\left[\dfrac{(203+20)}{(276+25)} \text{ vs } \dfrac{240}{300}\right] = \left[\dfrac{223}{301} < \dfrac{240}{300}\right]$으로 80% 미만의 값이므로 20% 이상 감소하였음을 알 수 있다.

  2) 변화율 적용

    2020년 27.6의 20%는 5.52이다. 이를 27.6에서 빼면(20%를 감소시키면) 22.08로 2030년 20.3보다 높은 수치가 나온다. 즉, 실제 감소량은 20%보다 크다는 것이다. 따라서, 감소율 20% 이상임을 알 수 있다. Y(정답)

④ 2030년 매출 비중 수치에 30%를 증가시켜 2020년의 매출 금액과 비교할 수 있다. [2020년 가전 27.6

vs 2030년 가전 20.3 × 1.3] = [27.6 > 26.4]로 가전의 매출은 감소할 것이다. N

⑤ 2020년 3위 22.4로 디스플레이, 4위 12.2로 전장(자동차 전자)이다. 2030년은 3위 20.2로 전장(자동차 전자), 4위 17.9로 디스플레이이다. 순위 변동이 존재한다. N

05 ①

생산량과 정상품 수량이 주어진 상황이므로 '불량률'을 산출하는 것보다는 '수율'을 산출하는 것이 훨씬 수월하다. 따라서, '불량률이 높은 공장 순서대로 정렬'을 '수율이 낮은 순서대로 정렬'로 인지하자.

P1부터 순서대로 $\left[\dfrac{528}{568}, \dfrac{221}{235}, \dfrac{418}{444}, \dfrac{826}{863}\right]$으로 구성할 수 있다. 이 상태에서 한꺼번에 비교하려는 시도보다는 일대일 비교를 통해 정보를 수집하여 보기에 적용하며 소거하는 것이 효과적이다. 또한, 분수식을 써 나가면서 직관적으로 비교가 가능한 정보가 있다면 곧바로 보기에 적용하자.

P3와 P4는 분모가 약 2배 정도이므로 암산으로도 빠르게 판단할 수 있을 것 같다. [P3 vs P4] $= \left[\dfrac{418}{444} \text{ vs } \dfrac{826}{863}\right]$ ≒ $\left[\dfrac{836}{888} \text{ vs } \dfrac{826}{863}\right]$이다. 분자와 분자가 800 중반 수준으로 비슷한 상황에서 분자는 10 차이인데, 분모는 20 넘게 차이난다. 따라서, $\left[\dfrac{836}{888} < \dfrac{826}{863}\right]$로 [P3 < P4]임을 바로 알 수 있다. 그런데, 우리가 구한 것은 '수율'이므로 불량률이 높은 순서라면 보기 중 ①번, ②번, ④번이 살아남는다.

P2와 P3도 수치가 약 2배 내외이므로 시도해보자. [P2 vs P3] $= \left[\dfrac{221}{235} \text{ vs } \dfrac{418}{444}\right]$이다. $\dfrac{418}{444}$를 2씩 나누면, $\left[\dfrac{221}{235} \text{ vs } \dfrac{209}{222}\right]$인 상황에서 분모를 통분하기 위해 $\dfrac{209}{222}$의 분모에 13을 더하면 분자인 209에는 12.5 정도 더하면 될 것 같다.

따라서, $\left[\dfrac{221}{235} \text{ vs } \dfrac{(209+12.5)}{(222+13)}\right] = [221 < 221.5]$로 P2 < P3이다. 불량률은 P2 > P3이므로 이를 만족하는 ①번을 정답으로 선택한다. (보기가 정렬식으로 주어진 경우 한꺼번에 비교해서 순위를 모두 구하기보다는 비교하기 쉬워보이는 대상들에 대한 정보를 활용하는 것이 효과적이므로 꼭 기억하도록 하자.)

06 ④

옳은 것 'Y' 찾아야 한다.

① 2월에는 1월 대비 부품 생산 수량이 모두 감소하였다. N
② 센서 모듈의 수치에 2를 곱한 수치가 동월의 디스플레이 모듈 수치보다 높은 달이 한 달이라도 있는지 암산으로 살펴보자. 4월, 5월, 6월은 2배 이하임을 알 수 있다. N
③ 850만 대는 8,500천 대이다. 8,500을 기준으로 배터리 팩의 1월, 2월, 3월 편차는 [−160, −380, +460]으로 편차의 합이 음수이다. 따라서, 평균치는 8,500 미만이다. N
④ 4월 대비 5월의 센서 모듈 생산 증가량을 우선 확인한 뒤, 기준점(4월 수치)이 센서 모듈보다 낮거나 증가량이 센서 모듈보다 큰 전자부품이 있는지를 중심적으로 살펴보자. 4월 대비 5월의 센서 모듈 증가량은 2800이며, PCB / 카메라 / 배터리의 증가량은 280보다 적다는 것을 파악할 수 있다. 디스플레이 모듈의 생산 증가량은 2900이지만, 4월의 수치가 센서 모듈의 약 2배이므로 증가율은 센서 모듈이 더 높음을 알 수 있다. Y(정답)
⑤ 1,100만 대는 11,000천 대이다. 11,000을 기준으로 카메라 모듈의 2분기 편차는 [−220, +20, +150]으로 편차의 합이 음수이다. 즉, 평균 생산량은 1,100만 대 미만이다. N

07 ④

옳은 것 'Y' 찾아야 한다.

① 전년비가 음수를 기록하는 구간이 존재하므로 전년 대비 감소했던 시기가 존재한다. N
② 수도권의 전년 대비 에너지 증가율이 가장 높았던 해는 7.1%를 기록한 '25년이며, 강원·제주의 경우 4.3%를 기록한 '22년으로 서로 다르다. N
③ 100을 기준으로 호남권의 에너지 사용량 수치는 '21년부터 [−3, 0, +2, +1, −1]의 편차를 보인다. 편차의 합이 음수이므로 평균값은 100 미만이다. N
④ '22년 호남권의 전년 대비 에너지 사용량 증가율은 3.1%이며, 수도권은 2.3%로 호남권의 증가율이 더 높다. Y(정답)
⑤ '23년 영남권의 전년 대비 에너지 사용량 증가율은 1.6%이며, 충청권은 2.4%로 충청권의 증가율이 더 높다. N

08 ③

틀린 것 'N' 찾아야 한다.

① 2024년과 2025년 모두 1분기 → 4분기 동안 수치가 지속 증가하고 있다. Y
② 관람객 수가 지속 증가하는 경향을 보이고 있지만, 전분기 대비 증가율로만 보면 2024년 2분기의 증가율이 8.5%로 가장 높다. 이에 증가 폭이 크게 나타난 분기들을 중심으로 전분기 대비 증가량을 비교할 필요가 있다. 2024년 2분기는 전분기 대비 70(= 890 − 820) 증가, 2025년 2분기는 전분기 대비 80(= 1,060 − 980)으로 따라서 전분기 대비 관람객 수가 가장 많이 증가한 시기는 2025년 2분기이다. Y
③ 2025년 4분기의 전년 동기 대비 증가율은 $\frac{118}{102}$로 산출할 수 있다. 같은 해에서 관람객 수는 지속 증가하고 있으며, 증가율 역시 큰 차이가 없으므로 트렌드로 판단하기보다는 2025년 1, 2, 3분기 중 아무거나 비교해서 빠르게 판단해야 한다. 수치가 작은 1분기와 비교해보자. 1분기 증가율 vs 4분기 증가율 = [$\frac{98}{82}$ vs $\frac{118}{102}$]이다. $\frac{98}{82}$의 분모에 20을 더하면(82의 약 25%), 분자에는 대략 24(98의 약 25%)를 더하면 비율이 유지된다. 따라서, [$\frac{122}{102} > \frac{118}{102}$]로 4분기의 전년 동기 대비 증가율보다 1분기의 전년 동기 증가율이 더 높음을 알 수 있다. N(정답)
④ 2024년 4분기에 1,000만 명 이상을 처음으로 기록하였다. Y
⑤ 1,000을 기준으로 2025년 각 분기별 편차의 합계가 200 이상이라면 평균값 1,050 이상이다. 편차는 [−20, +60, +130, +180]으로 합계가 200 이상이므로 평균값은 1,050 이상이다. Y

09 ②

역산 상황이다. '23년 4분기 □□□ —— (− 5.0%) —→ '24년 1분기 820인 상황이다.

즉, ['23년 4분기 □□□ —— (× 0.95) —→ '24년 1분기 820]이므로, '23년 4분기 □□□ ←— (÷ 0.95) —— '24년 1분기 820 해야 한다.

$\frac{820}{95}$ ≒ 863.20이므로 ②번 863만 명을 정답으로 선택한다.

만약, 820의 5%에 해당하는 41만큼을 820에 더하는 연
산을 수행했다면 ①번 861만 명을 선택하게 될 것이다.
이는 틀린 산식이다.

10 ①

'옳지 않은' 보기를 선택해야 하므로 주의하자. 표의 최하
단에 표기된 합계가 [이동 전], 최우측에 표기된 합계가
[이동 후] 인원수이다.

가. (거짓) '연구' 부서는 인사이동 전 240명 → 인사이동
　　후 200명으로 감소하였으며, '기획' 부서 역시 인사이동
　　전 110명 → 인사이동 후 100명으로 감소하였다.

나. (거짓) '기획' 부서에서 인사이동 전후 변화가 없었던
　　인원은 85명이다. 하지만, 인사이동 전 '기획' 부서의
　　인원수가 110명이므로 85명은 85%가 아니다.

다. (참) 인사이동 후 '영업' 인원수는 150명이며, 인사이
　　동 전 '연구' → 인사이동 후 '영업' 인원수는 15명으
　　로 10%이다.

라. (참) 인사이동 후 '개발' 인원수는 400명이며, 인사이
　　동 전 '연구' → 인사이동 후 '개발' 인원수는 50명으
　　로 $\frac{1}{8}$ 이다.

11 ③

옳은 것 'Y' 찾아야 한다.

① 자전거 도로의 경우 2025년 1,005건으로 2024년
　1,020건 대비 감소하였다. N

② 전년 대비 전기차 충전소 지원 건수 증가율은 [2024
　년 vs 2025년] $\fallingdotseq [\frac{342}{265}$ vs $\frac{430}{342}]$이다. 분모를 통분

　하기 위해 $\frac{342}{265}$의 분모 265에 80(약 30%)을 더하면,

　분자인 342에는 대략 100(약 30%) 더하면 될 것 같

　다. 즉, $[\frac{(342+100)}{(265+80)}$ vs $\frac{430}{342}]=[\frac{442}{345} > \frac{430}{342}]$로

　2024년의 전년 대비 증가율이 더 높음을 알 수 있다. N

③ 400을 기준으로 수소 충전소의 편차는 [−85, −50,
　−10, +50, +120]으로 편차의 합이 양수이다. 즉, 평
　균값은 400 이상이다. Y(정답)

④ 200% 증가는 2배가 되었다는 뜻이 아닌 2배 만큼의
　값이 더해져 결과적으로 3배가 되었다는 뜻이다. 헷
　갈려서는 안된다. 2025년 대중교통 개선 지원 건수는
　1,820으로 2021년 832 대비 3배 미만(200% 미만
　증가)이다. N

⑤ 2024년 수소 충전소 지원 건수는 450건이며, 20%인
　90건을 증가시키면 540건으로 2025년 520건보다
　많다. 즉, 실제 증가율은 20% 미만이다. N

12 ④

옳은 것 'Y' 찾아야 한다.

① S(사회) 점수는 Y축이며, Y축 80점 이상은 2개(B, F)
　기업이다. N

② S(사회) 점수가 가장 높은 기업은 최상단에 위치한 B
　이며, E(환경) 점수가 가장 높은 기업은 최우측에 위
　치한 A 기업으로 서로 다르다. N

③ 평균 점수 80점 이상은 합계 점수 160점 이상이라는
　뜻이다. 즉, X축 만점 기준으로 (100, 60)인 지점과 Y
　축 만점 기준으로 (60, 100)인 두 점을 잇는 직선이
　합계 점수 160점 기준선이 된다. 따라서, 해당 기준선
　의 우상단 영역에 위치하는 2개(F, A) 기업이 평균 점
　수 80점 이상이다. N

④ X축과 Y축의 차이가 가장 적은(차이가 0인) 지점은 기
　울기가 1인 선분에 위치한 점들이다. 좌하단 (50, 50)
　부터 우상단 (100, 100)을 잇는 기울기 1의 선분에서
　가장 가까이 위치한 기업은 F이다. Y(정답)

⑤ D 기업은 위에서 세 번째로 S(사회) 점수는 3위, 오른
　쪽에서 네 번째로 E(환경) 점수는 4위이다. N

13 ⑤

옳은 것 'Y' 찾아야 한다.

① 미국의 경우 전년비 수치가 2.0%로 양수이다. 또는,
　2023년 150 → 2024년 153으로 증가하였다. N

② 200을 기준으로 한국의 생산량 편차는 2022년부터
　[−8, +15, 0, −20]으로 편차의 합계가 음수이다. 따라
　서, 평균값은 200 미만이다. N

③ 150을 기준으로 미국의 생산량 편차는 2022년부터
　[−33, 0, +3, +20]으로 편차의 합계가 음수이다. 따라
　서, 평균값은 150 미만이다. N

④ 2025년의 경우 일본의 생산량 95에 2를 곱하면 190
　으로 한국 180보다 높다. 즉, 2배 미만인 해가 존재한
　다. N

⑤ 미국을 제외한 4개 국가에서 전년비의 수치가 음수인
　구간이 하나 이상 존재하므로 미국이 유일하다. Y
　(정답)

14 ⑤

2022년의 수치를 합하고, 2025년의 수치를 합하여 증가율을 정직하게 계산하는 수밖에 없다.

2022년 총 생산량 1,160(= 637 + 192 + 122 + 117 + 92)이다.

2025년 총 생산량 1,360(= 780 + 180 + 135 + 170 + 95)이다.

증가율 산출을 위해 $\frac{136}{116}$ → $\frac{34}{29}$이다. 34 ÷ 29 ≒ 1.172이므로 ⑤번 17.2%를 정답으로 선택한다. (2025년 이후 이러한 단순 계산 문제가 한 문제 이상씩 꾸준히 출제되고 있다.)

15 ④

옳지 '않은' 보기를 골라야 한다. GSAT에서 자주 적용하는 형태이므로 주의하자.

a. (참) 매출액 수치는 지속 증가하였다.

b. (거짓) 2023년 영업이익률 15% → 2024년 영업이익률 14%로 감소했던 구간이 존재한다.

c. (거짓) 임상시험 1건당 R&D 투자금액 = $\frac{\text{R\&D 투자}}{\text{임상시험 건수}}$ 이다. 2022년 R&D 투자는 4.2조 원으로 42,000억 원이다. 즉, 2022년 임상시험 1건당 R&D 투자금액 = $\frac{42,000}{175}$ = 240억 원이다.

d. (참) 매년 R&D 투자에 5를 곱했을 때, 같은 해의 매출액보다 낮은 수치가 나오면 옳은 해석이 된다. 매년 이 조건을 만족하므로 R&D 투자가 차지하는 비중은 20% 미만이다.

16 ②

1) 〈표〉에서 승용차의 전체 이용자 수를 구한다.

2) 〈그래프〉에서 승용차가 차지하는 비중을 활용하여 총 인원을 구한다.

위와 같은 순서대로 풀이하자.

〈표〉에서 대형차 ~ 경차의 수치를 모두 더하기보다는 소형차의 비중이 20%인 부분을 활용하면, 승용차 이용자 수는 196 × 5 = 980명임을 알 수 있다.

〈그래프〉에서 승용차의 비중은 14.0%이다. 980 ÷ 14 하면 1%에 해당하는 수치를 산출할 수 있다. $\frac{980}{14}$ = 70이므로 전체 인원은 7,000명임을 알 수 있다.

17 ①

정보 표기량은 적지만, 번분수를 활용해야하는 난이도가 상당히 높은 문제이다. 실제 수험장에서는 '어? 이거 어떻게 계산해야 하지?'라는 생각이 들면 바로 다음 문제로 넘어갈 수 있어야 한다.

옳은 것 'Y' 찾아보자.

① 종합병원에서 의사에게 진료받는 환자의 전체 수 = [종합병원의 전체 의사 수 × 의사 1인당 일평균 진료 환자 수]이다. 〈표〉의 정보를 활용하여 종합병원의 전체 의사 수 = [종합병원 수 × 의료기관 1개소당 의사 수] = [10 × 45] = 450명임을 알 수 있다. 따라서, 하루동안 A 지역의 모든 종합병원에서 의사에게 진료받는 환자의 전체 수 = 450 × 22 = 9,900명이다. Y (정답)

② 의사 수 = [의료기관 수 × 의료기관 1개소당 의사 수]이다. 의원급 전체 의사 수는 360(= 120 × 3), 병원급 전체 의사 수는 420(= 35 × 12)으로 병원급의 의사 수가 더 많다. N

③ 간호사 수 = [의료기관 수 × 의료기관 1개소당 간호사 수]이다. 의원급 720(= 120 × 6), 병원급 1,050(= 35 × 30), 종합병원 1,200(= 10 × 120)으로 종합병원의 간호사 수가 가장 많다. N

④ 간호사가 담당하는 환자의 전체 수 = [간호사 수 × 간호사 1인당 담당 환자 수]이다. 간호사 수(③번 해설 참고)는 의원급 720명, 병원급 1,050명, 종합병원 1,200명이므로 간호사가 담당하는 환자의 전체 수는 의원급 13,680(= 720 × 19), 병원급 14,700(= 1,050 × 14), 종합병원 13,200(= 1,200 × 11)으로 간호사가 담당하는 환자의 전체 수가 가장 많은 의료시설은 병원급이다. N

⑤ 의사 1인당 간호사 수 = [의료기관 1개소당 간호사 수 ÷ 의료기관 1개소당 의사 수]이다. 따라서, 병원급 의사 1인당 병원급 간호사 2.5명(= 30 ÷ 12)이다. 또는, [간호사 수 ÷ 의사 수]로 구할 수도 있으므로, 2.5명(= 1,050 ÷ 420)으로 계산할 수도 있다. 어쨌든 2명이 아닌 2.5명이다. N

18 ②

[정석 풀이]

30분 충전 시 18%이므로

$$18 = -\frac{900}{200} + \frac{30}{100}A + B \rightarrow 3A + 10B = 225 \cdots \text{㉠}$$

60분 충전 시 30%이므로

$$30 = -\frac{3,600}{200} + \frac{60}{100}A + B \rightarrow 6A + 10B = 480 \cdots \text{㉡}$$

이다.

㉡ − ㉠하면, $3A = 255 \rightarrow A = 85$이며, 이를 ㉠에 대입하면 $10B = 225 - 255 = -30$이므로 $B = -3$임을 알 수 있다. 따라서 정답은 ②번이다.

[치트키] 대입법

이차방정식이 주어지며, 보기가 2개 이상의 상수로 주어지는 18번 문제는 '대입법'을 활용하자. 30분 충전 시 18%보다는 60분 충전 시 30%가 암산이 더 빠를 것 같다. 보기에서는 ③번에 100이 있으므로 쉬울 것 같다. (60, 30)에서 ③번을 대입하면,

$$30 = -\frac{3,600}{200} + \frac{100}{100}60 - 3 = -18 + 60 - 3 = 39\text{로}$$

수식이 만족되지 않음과 동시에 A의 값이 너무 크다는 것을 알 수 있다.

A가 60인 ①번을 대입해보자.

$$30 = -\frac{3,600}{200} + \frac{60}{100}60 - 3\text{하는 순간 30보다 작다는}$$

것을 눈치챌 수 있다.

②번을 대입해보자.

$$30 = -\frac{3,600}{200} + \frac{85}{100}60 - 3 = -18 + 51 - 3 = 30\text{으로}$$

만족된다. 바로 정답으로 선택하자. 다소 시간을 손해본 감이 있긴 하지만, 위 과정들은 암산으로도 충분히 가능한 수준이기 때문에 18번 문제는 대입법 활용을 적극적으로 추천한다.

19 ①

면허 보유 비중은 $\left[\dfrac{\text{면허 보유}}{\text{면허 보유} + \text{면허 미보유}}\right]$로 산출해야 한다. 하지만, 면허 보유 비중의 연도별 트렌드를 확인하기 위해서는 $\left[\dfrac{\text{면허 보유}}{\text{면허 미보유}}\right]$만으로도 구분이 가능하다.

(단조 증가 함수 상황임)

분자와 분모의 트렌드를 통해 비중의 연도별 트렌드를 파악하자.

2020년을 기준으로 매년 분자(면허 보유)는 [+ − − + +], 분모(면허 미보유)는 [− + + − −]의 변화를 보였다. 매년 분자와 분모의 변화가 다르므로 $\left[\dfrac{\text{면허 보유}}{\text{면허 미보유}}\right]$는 2020년을 기준으로 매년 [+ − − + +]의 비중 변화를 보일 것이다. 이를 만족하는 보기는 ①번이 유일하다.

20 ⑤

수열이 2세트가 주어졌으며, 보기가 '시점'이 아닌 '수치'로 주어졌다. 즉, 모두 계산하지 않고 끝자리만 계산해서 빠르게 풀 수 있는 가능성이 존재하는 유형이다. 주어진 보기의 끝자리를 봤더니 ①번부터 6, 1, 3, 4, 2로 각기 다르게 주어졌다. 즉, 일의 자리만 계산해도 정답을 골라낼 수 있는 문제이다. 바로 풀자.

A시: 2030년부터 [−3, −5, −7, −9]의 계차수열이다.

B시: 2030년부터 [−0.5, −0.5, −0.5]의 계차수열이다.

A는 2034년 6을 기준으로 2040년까지 [−1, −3, −5, −7, −9, −1]이므로 일의 자리는 [5, 2, 7, 0, 1, 0]이다.

B는 2034년 5를 기준으로 2040년까지 −0.5가 6번이므로 −3하면 일의 자리는 2이다.

따라서, 2040년 A와 B 합계의 일의 자리는 2이므로 정답은 ⑤ 282만 명이다.

연도별 수치는 아래와 같다.

구분	A	B	합계
2030년	320	87.0	407.0
2031년	317	86.5	403.5
2032년	312	86.0	398.0
2033년	305	85.5	390.5
2034년	296	85.0	381.0
2035년	285	84.5	369.5
2036년	272	84.0	356.0
2037년	257	83.5	340.5
2038년	240	83.0	323.0
2039년	221	82.5	303.5
2040년	200	82.0	282.0

01	02	03	04	05	06	07	08	09	10
③	⑤	②	②	①	①	④	⑤	⑤	③
11	12	13	14	15	16	17	18	19	20
⑤	③	①	④	⑤	②	④	②	④	⑤
21	22	23	24	25	26	27	28	29	30
④	③	④	④	④	①	③	②	③	⑤

01~03은 다음의 유형을 따른다.

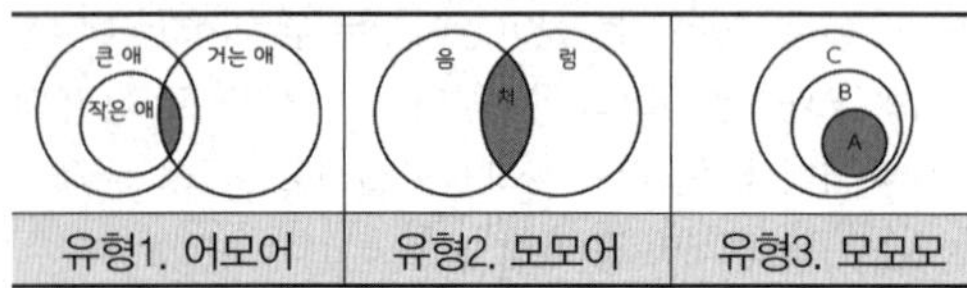

01 ③

두 전제가 모든인 것을 보고 유형3. 모모모로 접근하자. 전제2, 전제1 순서로 두 명제를 이으면 [셔틀을 타는 직원 → 기숙사에 사는 직원 → 아침 식사를 하는 직원]이 된다. 이에 따라 결론은 [셔틀을 타는 직원 → 아침 식사를 하는 직원]이라고 알 수 있다.

02 ⑤

[치트키]

전제의 어떤을 보고 유형1. 어모어로 접근하자. 2번 나온 개념인 사내 카페의 정/부정이 일치한다. 바로 작은 애, 큰 애, 거는 애를 찾으면 되겠다. 전제의 모든에서 앞의 개념이 작은 애고 뒤의 개념이 큰 애다. 작은 애도 큰 애도 아닌 남은 개념은 거는 애다.

작: 사내 카페

큰: 다회용기

거: 봉사활동

결론의 어떤에는 큰 애와 거는 애가 온다. 정답은 '다회용기/어떤/봉사활동' 또는 '봉사활동/어떤/다회용기'이다.

[일반 풀이]

다회용기를 사용하는 사원의 부분집합인 사내 카페를 이용하는 사원이 봉사활동을 선호하는 사원과 교집합을 이룬다. 자연스럽게 사내 카페를 이용하는 사원을 부분집합

으로 삼는 다회용기를 사용하는 사원도 봉사활동을 선호하는 사원과 교집합을 이룬다고 알 수 있다.

03 ②

[치트키]

전제의 어떤을 보고 유형1. 어모어로 접근하자. 전제의 어떤과 결론의 어떤에서 2번 사용한 개념인 의류의 정/부정이 일치한다. 바로 풀이해도 되겠다. 그러면서 의류가 거는 애라고 알 수 있다. 전제의 어떤에서 작은 애, 결론의 어떤에서 큰 애를 찾자.

작: 패션

큰: 유행

거: 의류

전제의 모든은 '작은 애 → 큰 애'의 형태이다. 이를 토대로 정답은 '패션 → 유행'이라고 알 수 있다.

[일반 풀이]

패션에 관심이 있는 사람이 유행에 민감한 사람의 부분집합이라면 패션에 관심이 있는 사람과 교집합을 이루는 의류가 많은 사람과 유행에 민감한 사람도 교집합을 이룬다.

04 ②

변수의 종류가 2가지이고 1:1의 관계를 보인다. 그러면서 선택지에서 묻는 것이 경우의 수이니 가지치기 방법이 효율적일 것으로 예상된다.

고정조건인 A는 소자를 담당한다는 조건을 먼저 정리하자. 이후 C는 AI를 담당하지 않는다는 조건을 토대로 C가 공정을 담당하는 경우와 설계를 담당하는 경우로 나누자. 이후 D와 B가 담당할 수 있는 직무로 경우를 더 나누면 다음과 같다.

A	C	D	B
소자	공정	설계	AI
		AI	설계
	설계	공정	AI
		AI	공정

05 ①

핸드폰의 종류를 기준으로 둔 후 사람을 배치하자. B는
플립폰을 사용한다. A와 C는 다른 기종의 핸드폰을 사용
한다. 핸드폰의 종류가 2가지이니 둘 중 1명은 폴더폰을
사용하고 나머지 1명은 플립폰을 사용한다. 이를 토대로
경우를 나눈 후 C와 D는 같은 기종의 핸드폰을 사용한다
는 조건까지 적용하자.

폴더폰: B, A	폴더폰: B, C, D
플립폰: C, D	플립폰: A
Case 1	Case 2

Case 2에서 E와 F는 플립폰을 사용한다. Case 1에서는
E가 폴더폰을 사용하고 F가 플립폰을 사용하는 경우와 E
가 플립폰을 사용하고 F가 폴더폰을 사용하는 경우로 나
뉜다. 실제 풀이에서는 머리로 이해하며 문제를 풀었으면
하지만 해설이기에 정리하면 다음과 같다.

폴더폰: B, A, E/F	폴더폰: B, C, D
플립폰: C, D, F/E	플립폰: A, E, F
Case 1	Case 2

06 ①

A의 사진을 3행 1열 즉 5번 자리에 고정하자. 이후 B와 D
의 사진은 2열에 위치하고, B의 사진이 D의 사진보다 아
래에 위치한다는 조건을 토대로 경우를 나누자. 경우를
나누게 되면 짝수인 자리는 각 경우에서 한 자리 뿐이다.
그 자리에 C를 배치하자.

1	2D		1	2D		1	2C
3	4B		3	4C		3	4D
5A	6C		5A	6B		5A	6B
Case 1			Case 2			Case 3	

E의 사진이 위치한 번호는 C의 사진이 위치한 번호보다
크다. Case 1, 2는 해당 조건을 만족하지 않는다. 소거하
자. Case 3에서 E의 사진은 3번 자리에 위치한다.
자연스럽게 F의 사진이 위치한 번호가 10이라고 알 수 있다.

1F	2C
3E	4D
5A	6B
Case 3	

07 ④

두 번째 자리 수가 7이다. 마지막 자리 수는 1열의 숫자
를 사용한다. 마지막 자리 수가 1인 경우와 4인 경우로
나뉜다.
첫 번째 자리 수와 세 번째 자리 수의 합은 두 번째 자리
수다. 즉 첫 번째 자리 수와 세 번째 자리 수의 합이 7이
되게 하는 쌍은 (1, 6), (2, 5), (3, 4)이다. 그런데 마지막
열의 숫자는 사용하지 않는다는 조건에 의해 3, 6, 9 중
하나 이상의 숫자가 포함된 (1, 6), (3, 4)는 조건을 만족하
지 않는다.
첫 번째 자리 수와 세 번째 자리 수가 될 수 있는 숫자는
2와 5 뿐이다. 그러면서 2와 5는 마지막 자리 수가 될 수
있는 숫자가 아니다. 이에 따라 마지막 자리 수로 나뉘는
2가지 경우와 첫 번째 자리 수와 세 번째 자리 수에 2와 5
를 배치하는 2가지 경우를 고려하면 만들 수 있는 비밀번
호는 2 × 2로 총 4가지라고 알 수 있다.

[오답 점검]

문제에서 경우의 수를 묻는다. 만들 수 있는 비밀번호가
무엇인지 꼭 찾을 필요가 없다. 참고로 만들 수 있는 비밀
번호는 2751, 5721, 2754, 5724이다.

08 ⑤

카페 할인혜택을 카페와 같이 간단하게 표현하겠다. 할인
혜택을 기준으로 둔 후 사람을 배치하자. 실수를 줄이기
위해 카페를 선택하는 사람이 1명인 점을 적어두자. B는
백화점을 선택한다.

백화점: B
카페(1)
OTT

D와 E는 OTT를 선택하지 않는다. 각 할인혜택을 선택하
는 사람이 1명 이상이니 A만 OTT를 선택하거나 C만
OTT를 선택하거나 A와 C 둘 다 OTT를 선택한다. 그런데
A와 C는 서로 다른 할인혜택을 고르니 A와 C 중 1명만
OTT를 선택한다고 알 수 있다. 이를 A/C와 같이 표기하
겠다.

백화점: B
카페(1)
OTT(1): A/C

백화점을 선택하는 사람은 3명이다. 정답을 찾았다.

문제의 상황과 〈보기〉를 만족하는 모든 경우를 찾으면 다음과 같다. A/C와 C/A는 A와 C가 서로 할인혜택을 바꿀 수 있다는 점을 의미한다.

백화점: B, D, E	백화점: B, C/A, E
카페(1): C/A	카페(1): D
OTT(1): A/C	OTT(1): A/C
Case 1	Case 2

| 백화점: B, C/A, D |
| 카페(1): E |
| OTT(1): A/C |
| Case 3 |

09 ⑤

D가 2번째로 퇴근하고 라지 사이즈를 입는다. 같은 사이즈인 실험복끼리 인접하지 않고 실험복은 두 종류라는 점을 고려하면 2, 4번째로 퇴근하는 사람의 실험복 사이즈가 라지이고 1, 3, 5번째로 퇴근하는 사람의 실험복 사이즈가 스몰이라고 알 수 있다.

B, E는 다른 사이즈의 실험복을 입는다. D를 제외하면 라지 사이즈의 실험복을 입는 사람은 4번째로 퇴근하는 사람이다. B가 4번째로 퇴근하는 경우와 E가 4번째로 퇴근하는 경우로 나누자. 그 후 B가 E보다 먼저 퇴근하도록 추가로 경우를 나누면 다음과 같다.

| | S | L | S | L | S |
Case	1	2	3	4	5
1		D		B	E
2.1	B	D		E	
2.2		D	B	E	

A는 D의 실험복과 인접하게 실험복을 걸지 않는다. Case 1은 A가 1번째로 퇴근하는 경우와 3번째로 퇴근하는 경우 모두 D의 실험복과 인접하게 실험복을 걸게 된다. Case 1을 소거하자. Case 2.1과 2.2에 A가 D의 실험복과 인접하게 실험복을 걸지 않도록 정리하면 다음과 같다.

| | S | L | S | L | S |
Case	1	2	3	4	5
2.1	B	D	C	E	A
2.2	C	D	B	E	A

10 ③

변수의 종류가 2가지이고 다대다의 구조를 보인다. 한 축에는 취미의 값, 다른 한 축에는 사람의 값을 채운 후 표 안을 O, ×로 채우자.

수영은 3명이 선택하고 영화는 1명이 선택한다. 이를 적어 실수를 줄이자. D는 영화를 선택하고 C는 수영을 선택하지 않는다.

	A	B	C	D
독서				
영화(1)				O
수영(3)			×	
러닝				

영화를 선택하는 사람이 1명이다. 그 1명은 D이니 A, B, C는 영화를 선택하지 않는다. 수영을 선택하는 사람은 3명이다. C가 수영을 선택하지 않으니 A, B, D는 수영을 선택한다.

인당 2가지 취미를 선택한다. D는 영화와 수영을 선택하기에 독서와 러닝은 선택하지 않는다. C는 영화와 수영을 선택하지 않는다. C는 독서와 러닝을 선택한다.

	A	B	C	D
독서			O	×
영화(1)	×	×	×	O
수영(3)	O	O	×	O
러닝			O	×

A가 독서와 러닝 중 무엇을 선택하는지, B가 독서와 러닝 중 무엇을 선택하는지는 확정할 수 없다. 즉 경우가 나뉜다. 이를 머리 속으로 기억하며 선택지를 확인하자.

11 ⑤

[치트키]

C의 진술을 토대로 C와 E의 진술이 모순관계라고 알 수 있다. 문제에서 1명만 거짓을 말한다고 하니 문제의 상황을 만족하는 경우에서는 C나 E 중 1명이 거짓을 말하고 A, B, D는 반드시 진실을 말한다고 알 수 있다.

A, B, D의 진술을 종합하면 A, B, D가 오픈형 이어폰을 사용한다고 알 수 있다. E는 A 또는 B가 커널형 이어폰을 사용한다고 한다. E의 진술이 거짓이다.

문제에서 커널형 이어폰을 사용하는 사람이 거짓을 말한다고 한다. 거짓을 말하는 E가 커널형 이어폰을 사용하는 사람이다.

A가 커널형 이어폰을 사용하는 경우부터 E가 커널형 이어폰을 사용하는 경우까지의 경우에서 A, B, C, D, E의 진술의 진실/거짓 여부를 파악하면 다음과 같다.

진술 커널형	A	B	C	D	E	거짓말 인원
A	T	F	F	T	T	2
B	T	T	F	F	T	2
C	T	T	T	T	F	1
D	F	T	T	T	F	2
E	T	T	T	T	F	1

C가 커널형 이어폰을 사용하는 경우는 거짓말을 하는 사람이 E로 1명이지만 커널형을 사용하는 사람은 거짓을 말한다는 조건을 만족하지 않는다.
E가 커널형 이어폰을 사용하는 경우 거짓말을 하는 사람이 1명이고 그 1명이 커널형을 사용하는 E이다. 조건을 모두 만족한다.

12 ③

선택지를 보면 인접유무만을 묻는다. 아무래도 문제의 상황과 〈보기〉의 조건을 만족하는 경우가 여럿이 나올 것으로 보인다. 긴장하며 풀이하자.
트리에 장식을 배치할 수 있는 곳은 4행 2열로 8곳이다. 그 중 3행 1열에 아무것도 장식하지 않는다. 장식이 6개이고 눈사람은 2개를 장식한다는 조건을 보면 눈사람을 제외한 나머지 장식은 1개씩 장식하고 3행 1열 외 다른 곳은 모두 장식한다고 알 수 있다.
루돌프와 산타는 2행에 장식한다. 서로 장식하는 위치를 바꿀 수 있으니 빗금으로 처리하자. 장식의 앞글자만 따서 정리하겠다.

루/산	산/루

눈사람은 2개를 장식하며 2개의 눈사람을 같은 열에 장식한다. 이를 토대로 경우를 나누자.

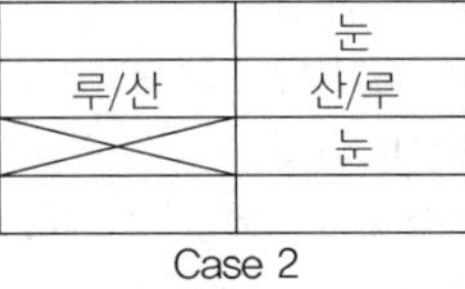

Case 1

Case 2

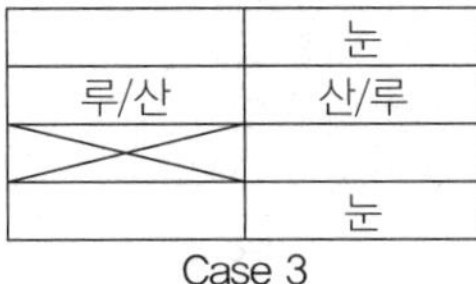

Case 3

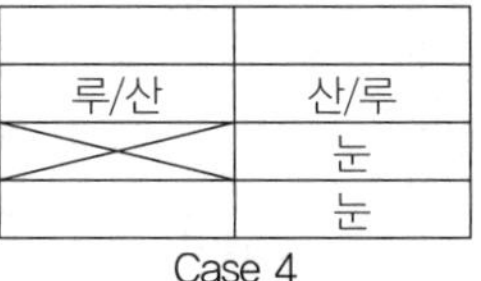

Case 4

전구와 양말은 인접하게 장식한다. Case 3에서는 전구와 양말을 인접하게 장식할 수 없다. 소거하자. Case 1, 2, 4에서 아직 장신구를 배치하지 않았으며 인접한 두 곳에 전구와 양말을 배치하자. 전구와 양말도 장식하는 위치를 바꿀 수 있다.

Case 1

Case 2

Case 4

Case 1, 2, 4에서 아직 채우지 않은 남은 한 곳은 썰매를 장식할 곳이다.

13 ①

인당 한 곳의 워크샵만 가며 각 워크샵을 가는 사람이 최소 1명, 최대 3명이다. 각 워크샵을 가는 인원이 3명, 2명, 1명이거나 2명씩이라고 알 수 있다. 이를 참고하여 문제를 풀이하자.
워크샵을 기준으로 둔 후 사람을 배치하자. D는 안전과로 워크샵을 간다. A는 혼자 워크샵을 간다. A가 설치과로 워크샵을 가는 경우와 시공과로 워크샵을 가는 경우로 나뉜다.
C와 F는 다른 곳으로 워크샵을 간다. A가 가지 않는 2곳의 워크샵을 C와 F가 간다. 둘이 가는 워크샵을 바꿀 수 있기에 C/F 또는 F/C로 표기했다.

설치: A 안전: D, C/F 시공: F/C	설치: C/F 안전: D, F/C 시공: A
Case 1	Case 2

B와 E는 같은 곳으로 워크샵을 간다. 한 워크샵을 최대 3명이 간다는 점을 고려하여 정리하면 다음과 같다.

설치: A 안전: D, C/F 시공: F/C, B, E	설치: C/F, B, E 안전: D, F/C 시공: A
Case 1	Case 2

14 ④

[치트키]

E는 C가 진실을 말하지 않는다고 한다. E의 진술이 진실이면 C의 진술은 거짓이고 E의 진술이 거짓이면 C의 진술은 진실이다. 모든 경우에서 둘 중 1명은 진실을 말하고 나머지 1명은 거짓을 말한다.

선택지에서 거짓을 말하는 2명을 짝지은 쌍을 제시했다. C와 E 중 1명만 선택지에 있어야 한다. C와 E가 둘 다 없는 ① A, B를 소거하자.

A는 B가 1주차에 요리한다고 하고 D는 B가 4주차에 요리한다고 한다. A의 진술이 진실이면 D의 진술은 거짓이고 D의 진술이 진실이면 D의 진술은 거짓이다. A와 D의 진술은 모든 경우에서 둘 다 진실일 수 없다. A와 D의 진술이 모순관계인 것처럼 보이지만 B가 5주차에 요리하는 경우처럼 A와 D 둘 다 거짓을 말하는 경우가 존재한다. 그런데 문제에서 짝수 주에 요리하는 사람이 거짓을 말한다고 한다. 즉 2명이 거짓을 말한다. 거짓을 말하는 2명 중 1명은 C이거나 E이다. A와 D가 둘 다 거짓을 말하는 경우는 존재하지만 문제에서 제시한 짝수 주에 요리하는 사람이 거짓을 말한다는 조건을 만족하지 않는다. A와 D의 진술은 특수하게 모순관계처럼 활용할 수 있다.

남은 선택지에서 A와 D 중 1명만 선택지에 있어야 한다. ③ B, E를 소거하자.

② A, C ④ C, D ⑤ D, E가 남았다. 남은 선택지 모두 B를 언급하지 않는다. B의 진술은 진실이다. B의 진술이 진실이니 A가 1주차에 요리하거나 5주차에 요리한다고 알 수 있다. 짝수 주에 요리하는 사람이 거짓을 말하니 A의 진술은 진실이라고 알 수 있다. ② A, C를 소거하자.

A, B의 진술이 진실이다. 이를 토대로 B가 1주차에 요리하고 A가 5주차에 요리한다고 알 수 있다. C는 AND 조건을 말하며 E가 5주차에 요리한다고 한다. C의 진술이 거짓이다. 정답을 ④ C, D로 고르자.

[일반 풀이]

진술관계를 확인했지만 어떻게 활용해야 할지 모를 수 있다. 선택지에서 제시한 5가지 경우를 토대로 조건을 만족하는지 확인하자. 단 선택지에서 제시한 2명 중 누가 2주차에 요리하는지는 확정할 수 없다.

① A, B

C, D, E의 진술이 진실이다. C의 진술이 진실이면 D는 2주차에 요리하고 D의 진술이 거짓이어야 한다. A, B에 D까지 거짓을 말한다. 짝수 주에 요리하는 사람이 거짓을 말한다는 조건을 만족하지 않는다.

② A, C

B, D, E의 진술이 진실이다. D의 진술이 진실이면 B는 4주차에 요리하고 B의 진술이 거짓이다. A, C에 B까지 거짓을 말한다. 문제의 조건을 만족하지 않는다.

③ B, E

A, C, D의 진술이 진실이다. A의 진술이 진실이면 B는 1주차에 요리하고 B의 진술은 진실이다. B, E가 거짓을 말한다는 가정과 충돌된다. 소거하자.

④ C, D

A, B, E의 진술이 진실이다. A, B의 진술을 토대로 B가 1주차에 요리하고 A가 5주차에 요리한다고 알 수 있다. AND 조건이며 E가 5주차에 요리한다고 하는 C의 진술이 거짓이고 B가 4주차에 요리한다고 하는 D의 진술도 거짓이다. 모든 조건을 만족한다.

E의 진술은 진실이다. E는 1, 3, 5주차 중 한 주차에 요리한다. 1주차에 B, 5주차에 A가 요리하니 E는 3주차에 요리한다. C가 2주차에 요리하는 경우와 D가 2주차에 요리하는 2가지 경우가 문제의 조건을 모두 만족한다.

1주차	2주차	3주차	4주차	5주차
B	C	E	D	A
B	D	E	C	A

⑤ D, E

정답이 나왔지만 풀어보자. A, B, C의 진술이 진실이다. A, B의 진술을 토대로 B가 1주차에 요리하고 A가 5주차에 요리한다고 알 수 있다. 그런데 C는 AND 조건이며 E가 5주차에 요리한다고 한다. A, B가 진실일 때 C의 진술은 거짓이다. 가정과 충돌된다. 소거하자.

[오답 점검]

'A : B가 1주차에 요리한다.'를 보고 A와 B의 진술을 동일 관계처럼 쓸 수 있다고 착각할 수 있다. A의 진술이 진실이면 B는 1주차에 요리하고 진실을 말한다. 하지만 A의 진술이 거짓이면 B는 1주차에 요리하지 않는다. 즉 B가 2주차에 요리하는 경우, 3주차에 요리하는 경우, 4주차에 요리하는 경우, 5주차에 요리하는 경우로 나뉜다. A의 진술이 거짓일 때 B의 진술이 거짓인 경우도 있고 진실인 경우도 있다. A와 B의 진술을 동일관계처럼 쓸 수 없다. 'D: B는 4주차에 요리한다.'를 보고 D와 B의 진술을 모순 관계처럼 쓸 수 있다고 착각할 수 있다. D의 진술이 거짓일 때 B는 4주차에 요리하지 않는다. B가 1주차에 요리하는 경우, 2주차에 요리하는 경우, 3주차에 요리하는 경우, 5주차에 요리하는 경우로 나뉜다. D의 진술이 거짓일 때 B가 진실을 말하는 경우도 있지만 거짓을 말하는 경우도 있다.

15 ③

[세로규칙] 이동
우(→)로 1칸씩 이동

16 ②

[세로규칙] 연산
첫 번째 도형과 두 번째 도형을 겹쳤을 때 같은 색이 만나면 흑색, 다른 색이 만나면 백색으로 세 번째 도형에 표현 (= 같검다흰)

17 ④

[세로규칙] 2in1
회전하듯 이동 + 반전
안: 시계방향(↷)으로 1칸씩 이동 후 색 반전(흑 ↔ 백)
밖: 반시계방향(↶)으로 2칸씩 이동 후 색 반전(흑 ↔ 백)

[18~21]

하나의 규칙을 적용한 흐름을 먼저 살피어 규칙 찾기의 물꼬를 트자.
[85DX ⇨ ★ ⇨ XD58]
★: 4321

이어서 ★의 규칙을 활용하여 다른 규칙도 찾아보자.
[FOLD ⇨ ★ ⇨ ▲ ⇨ CNLJ]
[DLOF ⇨ ▲ ⇨ CNLJ]
▲: −1 +2 −3 +4

같은 맥락으로 ▲의 규칙을 적용하여 다른 규칙도 찾자.
[K19W ⇨ ▲ ⇨ ♣ ⇨ 6AJ3]
[J36A ⇨ ♣ ⇨ 6AJ3]
♣: 3412
마지막으로 ♣의 규칙을 사용하여 나머지 규칙도 확인하자.

[XD58 ⇨ ♣ ⇨ ◎ ⇨ 56ZD]
[58XD ⇨ ◎ ⇨ 56ZD]
◎: 0 −2 +2 0

> ★: 4321
> ▲: −1 +2 −3 +4
> ♣: 3412
> ◎: 0 −2 +2 0

18 ②

[치트키]
◎, ▲의 규칙 모두 증감규칙이다. 두 규칙을 더한 뒤 한 번에 계산하는 방법도 편리하다. 5X7D에 [◎ + ▲ = −1 0 −1 +4]를 적용하자. 앞의 세 자리만으로 정답을 찾을 수 있다.

[일반 풀이]
[5X7D ⇨ ◎ ⇨ ▲ ⇨ ?]
[5V9D ⇨ ▲ ⇨ ?]
[4X6H]

19 ③

[9FS6 ⇨ ♣ ⇨ ★ ⇨ ?]
[S69F ⇨ ★ ⇨ ?]
[F96S]

20 ⑤

[? ⇨ ★ ⇨ ◎ ⇨ 2J8K]
[? ⇨ ★ ⇨ 2L6K]
[K6L2]

21 ④

[? ⇨ ▲ ⇨ ◎ ⇨ ★ ⇨ T3O4]
[? ⇨ ▲ ⇨ ◎ ⇨ 4O3T]
[? ⇨ ▲ ⇨ 4Q1T]
[5O4P]

참고로 [◎ + ▲ = −1 0 −1 +4]의 규칙을 활용하여 ★을 적용한 뒤 [+1 0 +1 −4]를 적용해도 무방하다.

22 ③

이 글은 ESG 경영의 개념 제시 → 기업들의 실행 흐름 → 한계 지적 → 제도적 대응 강화 순으로 전개된다. 먼저 (B)에서는 ESG 경영의 의미와 CSR과의 차이를 설명하며 주제를 도입한다. 이어 (D)는 (B)에서 언급한 필수적 지표로의 변화를 '이러한 흐름'으로 받아, 실제 기업들의 선언과 투자자들의 움직임을 구체화한다. 다음 (D)의 긍정적 흐름에 대해 '하지만'이라는 역접의 접속사를 사용하여, 선언적 활동의 한계와 '그린워싱'이라는 부작용을 지적한다. 마지막 (C)는 (A)에서 제기된 검증 체계 마련의 필요성에 대해 '이에 따라'라는 인과관계를 통해 '공시 의무화'라는 구체적인 규제 흐름을 설명하며 마무리한다.

23 ④

이 글은 디지털 기술 발전으로 인해 노년층이 겪는 디지털 소외 문제에 관한 글로, (C)에서 노년층을 중심으로 정보 접근 격차가 심화되고 있음을 제시하며 주제를 도입한다. 이어 (D)는 이러한 격차를 해소하기 위해 스마트폰 보급과 와이파이 설치 등 하드웨어 중심의 초기 대응이 이루어졌음을 설명한다. 다음 (A)는 하드웨어 보급만으로는 심리적 장벽과 복잡한 용어 문제를 해결하기 어렵다는 한계를 지적한다. 마지막으로 (B)는 노년층 눈높이에 맞춘 디지털 문해력 교육이 실질적인 대안으로 추진되고 있음을 제시하며 글을 마무리한다.

24 ④

지문에서는 양자 컴퓨터의 성능은 큐비트 수가 증가할수록 기하급수적으로 향상된다고 설명한다. 따라서 단순히 더해지는 방식인 '산술적인 합'으로 증가한다는 설명은 옳지 않다.

[오답 점검]
① 기존 컴퓨터가 0과 1의 이진수 상태를 가지는 비트 단위를 사용한다는 내용은 지문과 일치한다.
② 큐비트가 중첩 원리를 통해 0과 1의 상태를 동시에 유지할 수 있다는 설명은 지문에 제시되어 있다.
③ 양자 컴퓨터가 병렬적 계산을 수행할 수 있다는 장점은 지문의 핵심 내용과 부합한다.
⑤ 양자 상태가 외부 간섭으로 인해 쉽게 파괴되는 결어긋남 문제가 상용화의 핵심 과제로 제시되어 있다.

25 ④

지문은 시성비가 확산되는 흐름을 설명하면서도, 모든 소비 상황에서 긍정적으로 작동하지는 않는다고 밝힌다. 특히 정교한 기술력이 요구되는 '신뢰 기반 제품군'에서는 시성비 중심의 빠른 서비스가 오히려 검증 과정이 생략된 것처럼 보이며 불신을 유발할 수 있다고 했다. 따라서 시성비 전략을 강화할수록 고객 신뢰가 정비례로 상승한다는 ④의 진술은 지문 내용과 반대이므로 반드시 옳지 않다.

[오답 점검]
① 시성비는 단순한 시간 단축이 아니라 시간 대비 경험의 밀도를 극대화하려는 경향으로 정의된다.
② 유희적 소비군에게 효율성 위주의 서비스는 쇼핑의 재미를 반감시켜 브랜드 충성도를 저해할 수 있다.
③ 기업은 인공지능 기반 수요 예측 시스템을 통해 서비스 지연율을 낮추고 있다.
⑤ 모든 고객 응대를 자동화할 경우 심리적 대기 시간이 오히려 길게 체감되는 역설적 현상이 발생할 수 있다.

26 ①

본문에서는 하이브리드 본딩이 칩 간 직접 접합을 통해 성능과 전력 효율을 향상시키지만, 접합 정밀도가 충분히 확보되지 않거나 열 관리 기술이 뒷받침되지 않을 경우 신뢰성 문제가 발생할 수 있으며, 고집적 구조에서는 열 집중으로 장기 구동 안정성 확보가 어렵다고 설명하고 있다. 따라서 접합 정밀도가 확보되지 않으면 열 집중으로 장기 안정성이 저하될 수 있다는 ①의 진술은 본문 내용을 종합적으로 이해한 설명이므로 반드시 참이다.

[오답 점검]
② 세 번째 문단에서 열필름은 단독 적용만으로는 고집적 패키지의 모든 발열 문제를 해결하기 어렵다고 언급되어 있다.
③ 두 번째 문단에서 하이브리드 본딩은 범프 없이 직접 접합하여 신호 전달 거리를 줄이는 기술이라고 설명하고 있으므로, 신호 전달 거리가 길어진다는 진술은 반대 내용이다.
④ 세 번째 문단에서 고집적 반도체에서 접합 기술과 열 관리 기술을 동시에 고려한 통합적 설계가 필요하다고 했으므로, 접합 기술이 우선 고려된다는 진술은 본문과 다르다.
⑤ 네 번째 문단에서 하이브리드 본딩 도입 시 열필름 적용 가능성까지 함께 검토해야 한다고 했으므로, 두 기술이 별개로 판단된다는 설명은 본문과 반대이다.

27 ③

지문은 할루시네이션을 줄이기 위한 방법으로 외부 지식
자원과의 연동, 불확실성 표시, 질문 구체화 등을 제시하
면서, 이들 방법이 발생 가능성을 낮추는 데 기여할 수 있
으나 한계가 존재한다고 설명한다. 즉, 해당 접근법들이
근본적 해결책이 아니라 보완적 대응 방안임을 분명히 밝
히고 있다. ③은 외부 지식 자원과의 연동이 할루시네이
션의 구조적 원인을 근본적으로 해결하는 방식이라고 서
술하고 있으므로 지문의 내용과 일치하지 않는다.

[오답 점검]
① 할루시네이션이 언어 모델이 사실 판단보다 언어적
   패턴에 기반해 응답을 생성하는 구조적 특성과 관련
   된다는 설명은 지문과 일치한다.
② 의료, 법률, 학술 등 정확성이 중요한 분야일수록 잘
   못된 정보가 의사결정에 미치는 영향이 크다고 설명
   하고 있어 지문과 부합한다.
④ 사용자 질문을 구체화하는 방식이 할루시네이션 발생
   가능성을 낮추는 접근으로 제시되어 있다.
⑤ 인공지능 응답 활용 시 인간의 검토가 병행되어야 한
   다는 인식이 확산되고 있다고 지문에서 언급한다.

28 ②

전기차 보조금 확대 정책은 전기차 보급이 지연되는 주된
원인이 초기 구매 비용이라는 전제를 바탕으로, 가격 장
벽을 낮추면 보급이 빠르게 확산될 수 있다는 논리를 중
심으로 전개된다. 따라서 이 주장에 대한 비판은 '구매
결정 요인이 가격만이 아니다'라는 점을 지적해야 한다.
②는 전기차 구매에 비가격적 요인이 작용함을 제시하여,
글의 결론인 '보조금 확대가 핵심 정책 수단'이라는 주장
에 대한 가장 적절한 비판이 된다.

[오답 점검]
① 보조금 확대가 가격 경쟁력을 높일 수 있다는 내용으
   로, 지문의 주장에 동의하는 진술이다.
③ 보조금 이후 판매 증가 사례를 긍정적으로 해석하고
   있어 정책 효과를 뒷받침한다.
④ 전기차 보조금의 부수적 산업 효과를 언급한 것으로,
   보조금 정책의 타당성이나 전기차 보급의 제약 요인
   을 비판하지 않는다.
⑤ 정책 성과를 계량화하기 쉽다는 내용으로, 지문과 관
   련이 없다.

29 ③

〈보기〉에서는 비휘발성 저장 기반 메모리가 대기 전력을
줄이고 대용량 데이터를 저비용으로 유지할 수 있지만,
응답 속도 측면에서는 한계가 존재한다고 설명한다. 반면
③은 비휘발성 저장 기반 메모리가 응답 속도가 가장 빠
르므로 연산 메모리로 최적화되어 있다고 서술하여 〈보
기〉의 내용과 일치하지 않는다.

[오답 점검]
① HBM이 D램 기반 적층 구조로 고속 연산을 지원한다
   는 설명은 지문과 일치한다.
② HBF가 비휘발성 특성을 활용해 대기 전력 절감에 유
   리하다는 내용은 지문과 〈보기〉를 종합한 이해와 부
   합한다.
④ HBM이 상시 전력 공급과 단위 용량당 비용 부담을
   가진다는 설명은 지문과 〈보기〉의 설계 관점과 일치
   한다.
⑤ 메모리 계층 설계에서 성능, 전력, 비용 간 균형이 필
   요하다는 내용은 〈보기〉의 핵심 요지에 해당한다.

30 ⑤

지문과 〈보기〉에서는 링커가 암세포에 도달한 이후 특정
환경에서 절단되어 독소가 분리·활성화되도록 설계되
었다고 설명한다. 이는 치료 성분이 표적 부위에서만 작
용하도록 하기 위한 것이다. 그러나 ⑤는 링커가 암세포
에 도달하기 전 미리 독소를 방출하여 약효를 극대화하기
위함이라고 서술하여 지문의 설명과 반대된다.

[오답 점검]
① 융합 단백질은 유전자 조작을 통해 두 가지 이상의 기
   능을 하나의 분자에 통합한 형태로 지문과 일치한다.
② 〈보기〉에서는 링커의 길이가 너무 짧을 경우 두 단백
   질이 서로 엉키면서, 그 결과 암세포 수용체와의 결합
   력이 떨어지는 문제가 발생했다고 설명하고 있다.
③ 링커의 길이가 충분하지 못하면 두 단백질이 엉켜 표적
   인식 기능이 저하될 수 있다고 〈보기〉에서 제시된다.
④ 〈보기〉의 치료제는 단독 독소 단백질보다 체내 잔류
   시간이 증가했다고 설명되어 있다.

제 01회 기출변형 모의고사 SELF 분석표

시간 체크	시간 남음	시간 적절	조금 부족	매우 부족
체감 난이도	쉬움	보통	어려움	매우 어려움

영역별 실력 점검표

영역	맞은 개수	틀린 문제 번호	풀지 못한 문제 번호
수리	/20		
추리	/30		
합계	/50		

시험 전체 총평

내가 가장 잘한 3가지		내가 가장 부족한 3가지	
1		1	
2		2	
3		3	

Chapter 01 수리

01	02	03	04	05	06	07	08	09	10
④	①	③	①	④	②	③	②	③	⑤
11	12	13	14	15	16	17	18	19	20
①	⑤	②	⑤	④	③	④	①	⑤	②

01 ④

[정석 풀이] 시점별 연립방정식

특정 시점 기준 두 값의 '차이'를 구해야 하기 때문에 배수 판정법을 활용할 수 없는 문제이다. 바로 연립방정식을 구성하자.

지난달 냉장고를 A, 세탁기를 B라 하면,

지난달: A + B = 1,700 ⋯ ㉠

이번달: 1.3A + 1.1B = 1,970 ⋯ ㉡

㉡ − 1.1㉠하면,

$$
\begin{array}{rrrcr}
 & 1.3A & + \;1.1B & = & 1,970 \\
- & 1.1A & + \;1.1B & = & 1,870 \\
\hline
 & 0.2A & & = & 100
\end{array}
$$

으로 A = 500이다. 이를 ㉠에 대입하면, B = 1,200임을 알 수 있다. A와 B는 지난달 수치이므로 이번달 A는 30% 증가한 650(= 500 × 1.3), 이번 달 B는 10% 증가한 1,320(= 1,200 × 1.1)이므로 둘의 차이는 670이다. ④번을 정답으로 선택한다.

[치트키] 변화량 연립방정식

지난달 냉장고를 A, 세탁기를 B라 하면,

지난달: A + B = 1,700 ⋯ ㉠

변화량: 0.3A + 0.1B = 270 ⋯ ㉢

㉢ − 0.1㉠하면,

$$
\begin{array}{rrrcr}
 & 0.3A & + \;0.1B & = & 270 \\
- & 0.1A & + \;0.1B & = & 170 \\
\hline
 & 0.2A & & = & 100
\end{array}
$$

으로 A = 500이다. 이후 풀이는 이후 풀이는 [정석 풀이]와 같다. 해당 문제의 경우 [정석 풀이]와 [치트키]의 연산 난이도나 연산량 차이가 크지 않으나, 일반적으로는 [치트키]로 더 빠른 풀이가 가능하므로 [치트키] 활용을 추천한다.

02 ①

각 파트의 일원인 A, B, C가 태스크팀에 선발될 확률은 연구 1파트 중 A × 개발 1파트 중 B × 개발 2파트 중 C가 발생할 확률이다.

1) 연구 1파트 3명 중 A = $\dfrac{1}{3}$

2) 개발 1파트 4명 중 B = $\dfrac{1}{4}$

3) 개발 2파트 4명 중 C = $\dfrac{1}{4}$이다. 각 파트별 선발은

서로 독립이므로, 전체 확률은 $\dfrac{1}{(3 \times 4 \times 4)} = \dfrac{1}{48}$ 이다.

(확률 문제를 무조건 skip하기보다는 일단 읽어보고 긴가민가하면 skip하도록 하자. 해당 문제는 읽는 순간 바로 수식 구성이 가능한 수준이기 때문에 바로 풀이할 수 있는 문제이다.)

03 ③

번분수 형태의 계산 문제는 도표에 주어지는 정보가 간단하기 때문에 쉬워 보일 수 있지만, GSAT 자료해석 중 까다로운 유형이므로 익숙하지 않다면 바로 skip할 수 있도록 하자.

옳은 것 'Y' 찾아야 한다.

① 전체 차량 수 = [노선 수 × 노선 1개당 차량 수]이다. 시내버스는 560(= 70 × 8), 광역버스는 300(= 30 × 10)으로 2배 미만이다. N

② 운전자 수 = [전체 차량 수 ÷ 운전자 1인당 담당 차량 수]이다. 〈표〉에 제시된 항목만을 활용한다면 운전자 수 = [노선 수 × 노선 1개당 차량 수 ÷ 운전자 1인당 담당 차량 수]이므로, 시내버스 280명(= 70 × 8 ÷ 2), 지하철 160명(= 12 × 20 ÷ 1.5), 광역버스 120명 (= 30 × 10 ÷ 2.5)으로 시내버스 운전자 수가 가장 많다. N

③ 1회 운행 시 평균 운행 거리＝[차량 1대당 일평균 운행 거리 ÷ 차량 1대당 일평균 운행 횟수]이다. 시내버스는 5km(＝$\frac{80}{16}$), 광역버스는 30km(＝$\frac{360}{12}$)로 정확히 6배이다. Y(정답)

④ 운전자들의 1일 근무시간 총 합계＝[운전자 수 × 운전자 1인당 일평균 근무시간]이다. 따라서, 지하철 운전자들의 1일 근무시간은 총 1,440시간(＝160 × 9)으로 1,500시간 미만이다. N

⑤ ④번 해설을 참조하여 운전자들의 1일 근무시간을 구하면, 시내버스 2,240시간(＝280 × 8), 광역버스 1,200시간(＝120 × 10)으로 2배 미만이다. N

04 ①

옳지 '않은' 것을 골라야 한다. 헷갈리지 않도록 주의하자.

가. (거짓) TV의 생산 수량 중 가장 높은 수치는 3030이며, 이는 공장 A이다.

나. (거짓) 공장 A의 모니터는 349, 모니터 전체는 783으로 절반 미만이다.

다. (참) 스마트폰 총 생산량은 901이며, 공장 C와 D의 스마트폰 생산량 합계는 5490이다. 901의 60%는 약 5400이므로 C와 D의 합계 549는 60% 이상이다.

라. (참) 노트북 생산 수량 중 가장 높은 수치는 202로 공장 C이며, 스마트폰 역시 공장 C가 300으로 가장 높다.

05 ④

틀린 것 'N' 찾아야 한다.

① 20대부터 60대 이상까지 브랜드의 수치는 11.2 → 14.3 → 18.8 → 23.1 → 26.0으로 지속 증가하였다. Y

② 5가지 연령대 중 디자인의 수치는 22.8%로 20대에서 가장 높았다. Y

③ 5가지 연령대 중 성능의 수치는 34.6%로 30대에서 가장 높았다. Y

④ 40대의 설문 결과 5가지 항목 중 가장 높은 수치를 기록한 항목은 33.2%인 성능이다. N(정답)

⑤ 20대부터 60대 이상까지 가격의 수치는 26.4 → 28.9 → 31.5 → 35.2 → 37.6으로 지속 증가하였다. Y

06 ②

도표에서는 불량품 수량으로 주어졌지만, 계산은 수율의 차이를 구해야 한다. 따라서, [생산 수량 － 불량품 수량]으로 각 장비마다 정상품 수량을 구한 뒤 이를 생산 수량

으로 나누어 각 장비별 수율을 구해야 하지만, 이러면 시간이 오래 걸리게 된다. 수율이 가장 높은 장비와 가장 낮은 장비의 수율 차이를 구하라고 했으므로 불량률이 가장 높은 장비와 가장 낮은 장비의 불량률 차이를 구해도 같은 결과가 된다.

따라서, 각 장비별 불량률을 산출하자. 장비 C와 D는 계산이 쉬워보인다. 장비 C의 불량률은 10%(＝$\frac{13,460}{134,600}$)이며, 장비 D의 불량률은 12.5%(＝$\frac{20}{160}＝\frac{1}{8}$)이다. 나머지 장비 A와 B를 구해보자.

장비 A＝$\frac{1,851}{12,340}$인데, 주어진 보기를 보면 0.5%p 수준이므로 A의 수율(불량률) 또한 0.5% 수준으로 딱 떨어지는 값일 것 같다. 10%인 1,234를 우선 1,851에서 빼면 617인데 이는 1,234의 절반이다. 즉, 15%임을 알 수 있다. 물론, $\frac{1,851}{12,340}$을 직접 연산하거나 약분하며 계산해도 된다. 다만, 시간이 걸릴 뿐이다.

장비 B＝$\frac{2,295}{12,750}$이다. 12,750의 20%가 2,550이며 2,295와는 255 차이가 난다. 즉, 2,295는 20%(2,550)에서 2%(255)를 뺀 값으로 18%이다. 이 역시 $\frac{2,295}{12,750}$을 직접 연산해도 된다.

장비 A부터 D까지의 불량률이 [15.0%, 18.0%, 10.0%, 12.5%]이므로 가장 높은 18.0%와 가장 낮은 10%의 차이는 8.0%p이다.

수율을 기준으로 계산하면 장비 A부터 D까지 [85.0%, 82.0%, 90.0%, 87.5%]일 것이며, 가장 높은 값과 낮은 값의 차이는 8.0%p로 동일하다.

07 ③

옳은 것 'Y' 찾아야 한다.

① 상품 A 그래프의 수치는 2024년 Q3 206 → Q4 202로 감소했던 구간이 존재한다. N

② 2025년 Q1의 경우 상품 B는 82, 상품 C는 105로 역전되었던 구간이 존재한다. N

③ 상품 A는 200 → 212, 상품 B는 100 → 112로 각각 12씩 증가했지만, 상품 B의 기준값이 더 낮으므로 증가율은 상품 B가 더 높다. 상품 C는 수치가 감소했으므로 고려하지 않아도 된다. Y(정답)

④ 2025년 Q1에서 상품 B는 전분기 대비 감소, 상품 C는 전분기 대비 증가로 증감 경향이 달랐다. N

⑤ 전체 평가금액은 2024년 Q1 350(= 200 + 100 + 50)
→ 2025년 Q4 367(= 212 + 112 + 43)이다. 350의
5%인 17.5만큼을 증가시키면 367.5로 367보다 높
다. 즉, 실제 증가율은 5%에 미치지 못함을 알 수 있
다. N

08 ②

1) 2024년 수량 = $\left[\dfrac{2025년\ 수량}{1 + 2025년\ 변화율}\right]$

2) 2023년 수량 = [2024년 수량 + 2024년 변화량]

3) 2022년 수량 = $\left[\dfrac{2023년\ 수량}{1 + 2023년\ 변화율}\right]$

의 순서대로 계산해야 한다. 계산의 결과는 연도별로 아
래 도표와 같으며, 2022년 판매 수량이 많은 제품은 순서
대로 B 6,000 > A 4,800 > C 4,000이다.

구분	'22년	'23년	'24년	'25년
제품 A	4,800	5,280	4,480	5,600
제품 B	6,000	5,400	5,500	6,600
제품 C	4,000	4,800	5,000	4,500

09 ③

옳은 것 'Y' 찾아야 한다.

① 미진급자 = [진급 대상자 − 진급자] 이다. '사원 → 대
리' 미진급자는 6,040명(= 19,220 − 13,180), '대리
→ 과장' 미진급자는 7,270명(= 12,480 − 5,210)으로
'대리 → 과장' 미진급자가 더 많다. 다른 유형은 미진
급자가 6,000명 이하임을 바로 알 수 있으므로 검토
하지 않아도 된다. N

② 차장 → 부장의 진급률 19.9%가 $\dfrac{1}{5}$ 보다 높은지를

묻는 지문이다. $\dfrac{1}{5}$ 는 20%이므로 19.9%는 5명 중 1명

미만이다. N

③ 부장 → 임원의 진급률 6.5%가 $\dfrac{1}{16}$ 보다 높은지를 묻

는 지문이다. 만약, $\dfrac{1}{16}$ = 6.25%임을 알고 있었다면

읽는 즉시 '옳음'이라고 판단할 수 있다. 그렇지 않다
면, 1÷16을 계산하며 0.625를 산출하고 나서 정답
이라고 선택할 수 있다. Y(정답)

④ 과장 → 차장의 진급률 29.4%는 $\dfrac{1}{3}$ 인 33.3%보다

적다. 따라서, 진급자는 3명 중 1명 미만이다. N

⑤ 미진급률 70% 이상은 진급률 30% 미만과 같다. 이를
만족하는 유형은 과장 → 차장 29.4%, 차장 → 부장
19.9%, 부장 → 임원 6.5%로 세 가지 유형이다. N

10 ⑤

옳은 것 'Y' 찾아야 한다.

① 발전 비중이므로 〈그래프〉의 수치를 그대로 활용하
자. 석탄은 2015년 38.0 → 2025년 32.0으로 감소하
였으나, 천연가스는 2015년 23.0 → 2025년 24.5로
증가하였다. N

② 발전 비중을 물었으므로 〈그래프〉에 주어진 수치를
그대로 활용하자. 원자력 발전 비중은 2015년 20.0
→ 2025년 18.0으로 감소하였다. N

③ 2015년은 석탄 > 천연가스 > 원자력 > 재생에너지
순서이며, 2025년은 석탄 > 천연가스 > 재생에너지
> 원자력으로 순위가 바뀌었다. N

④ 400% 증가는 5배가 되었다는 뜻이다. GSAT에서 함
정으로 이따금씩 등장하는 개념이므로 헷갈리지 않도
록 주의하자. 태양광은 2015년 504 → 2025년
2,016으로 정확히 4배가 되었다. 즉, 증가율은 300%
이다. N

⑤ 〈표〉에서 재생에너지 총 발전량은 2015년 2,520 →
2025년 5,400으로 2배 이상이 되었음을 알 수 있다.
즉, 증가율은 100% 이상이다. Y(정답)

11 ①

5개국 전체 발전량 = [〈표〉 재생에너지 총 발전량 ÷ 〈그
래프〉 재생에너지 발생 비중]으로 구할 수 있다. 문제에서
는 수치의 변화량이 아닌 변화율을 물었기 때문에 단위나
자릿수는 굳이 신경쓰지 않아도 된다.

2015년: $\dfrac{2,520}{15}$ = 168

2025년: $\dfrac{5,400}{20}$ = 270

즉, 168 → 270의 증가율을 구하면 된다. $\dfrac{270}{168}$ ≒ 1.607

이므로 61%인 ①번을 정답으로 선택한다.

12 ⑤

틀린 것 'N' 찾아야 한다.

① 막대 그래프의 높이가 지속 상승하는 모습을 통해 라이선스 수가 매년 증가함을 알 수 있다. Y

② 설계자 수 $=[\dfrac{\text{설계 프로그램 라이선스 수}}{\text{설계자 1인당 라이선스 수}}]$이다. 분자가 지속 증가하는 상황에서 설계자 수가 지속 증가하기 위해서는 분모가 감소하거나 분자의 증가율이 분모보다 높은 상황이 계속되어야 한다. 2023년에는 분모가 전년 대비 10% 증가(0.60 → 0.66)하였다. 같은 시점의 분자 증가율은 1,080 → 1,386으로 10%인 108명보다 더 증가했기 때문에 분자의 증가율이 더 높음을 알 수 있다. 2026년의 경우 분모는 전년 대비 동일, 분자는 증가했으므로 설계자 수 역시 증가했을 것이다. 즉, 매년 설계자 수가 증가하는 조건을 만족하고 있다. Y

③ 설계자 수 $=[\dfrac{\text{설계 프로그램 라이선스 수}}{\text{설계자 1인당 라이선스 수}}]$이다. 설계자 수는 2020년 1,200명$(=\dfrac{840}{0.7})$ → 2021년 1,500명$(=\dfrac{960}{0.64})$로 25%가 증가하였다. Y

④ ③번 해설과 마찬가지로 설계자 수는 2021년 1,500명$(=\dfrac{960}{0.64})$ → 2022년 1,800명$(=\dfrac{1,080}{0.6})$으로 정확히 20% 증가하였다. Y

⑤ ③번 해설과 마찬가지로 설계자 수는 2022년 1,800명$(=\dfrac{1,080}{0.6})$ → 2023년 2,100명$(\dfrac{1,386}{0.66})$으로 증가했다. 1,800의 20%인 360만큼을 증가시키면 2,160명으로 실제 2023년 2,100명보다 많다. 즉, 실제 증가율은 20%에 미치지 못함을 알 수 있다. N(정답)

13 ②

가. (거짓) 의류 및 신발의 경우 수치가 매년 감소하고 있다.

나. (참) 2015년 주택 가격을 100이라 하면 9채를 구매할 수 있는 금액은 900이다. 2023년 주택 가격은 112.50이므로 $\dfrac{900}{112.5}=8$로 8채를 구매할 수 있다.

다. (참) 2025년 식료품 물가지수는 130으로 2015년 물가 100 대비 30%가 증가하였다.

라. (거짓) 교통 물가지수는 2023년 124.5% → 2025년 131.5%로 7%p 증가하였지만 실제 증가율은 7%가 아니다.

14 ⑤

옳은 것 'Y' 찾아야 한다.

① 다섯 종류의 판매 채널 중 9월 이후 전월비 수치가 음수를 기록하는 달이 한달 이상 존재한다. N

② 32만 건은 320천 건이다. 320을 기준으로 직영 매장의 10월, 11월, 12월 편차는 [+10, −11, −3]으로 편차의 합이 음수이다. 즉, 평균값은 320 미만이다. N

③ 68만 건은 680천 건이다. 8월 온라인이 682이며, 전월 대비 +2.7%이므로 7월은 680보다 낮음을 직관적으로 알 수 있다. N

④ B2B의 경우 8월 296 → 12월 283으로 감소하였다. N

⑤ 35만 건은 350천 건이다. 350을 기준으로 유통점의 매월 편차는 [−3, +21, +9, −7, +15]로 편차의 합이 양수이다. 즉, 평균값은 350 이상이다. Y(정답)

15 ④

옳은 것 'Y' 찾아야 한다.

① 50대의 평일 값은 163, 60대의 평일 값은 171로 증가했던 구간이 존재한다. N

② 30대의 주말 값은 312, 40대의 주말 값은 358로 증가했던 구간이 존재한다. N

③ 70대 이상의 경우 주말 96, 평일 129로 주말 평균 사용시간이 평일보다 짧았다. N

④ 30대의 주말 평균 사용시간은 312분이며, 이는 5시간 이상이다. 즉, 토요일과 일요일 각각 5시간 이상씩 사용하므로 총 10시간 이상이다. Y(정답)

⑤ 20대의 평일 평균 사용시간은 334분이며, 평일은 5일이므로 5를 곱하면 총 1,670분이다. $\dfrac{167}{6}<30$이므로 평일 총 사용시간은 30시간 미만이다. N

16 ③

옳은 것 'Y' 찾아야 한다.

① 2022년에는 전년 대비 감소하였다. N

② 개발 완료 제품 1개당 투입된 연구개발비 $=[\dfrac{\text{연구개발비}}{\text{개발 완료 제품}}]$이다. 2019년 $=\dfrac{345}{2}<200$으로 200억 원 미만이다. N

③ 연구원 1인당 평균 특허 출원 건수 $= [\dfrac{\text{특허 출원}}{\text{연구원}}]$이

다. 각 연도의 값을 구하기 전에 분자와 분모의 2022
년 → 2023년 변화 트렌드를 먼저 확인하자. 분자는
260 → 245로 감소, 분모는 2,555 → 2,735로 증가
했다. 분모와 분자의 증감 트렌드가 다르므로 해당 분
수식의 변화 트렌드는 분자의 트렌드와 같다. 따라서,
연구원 1인당 평균 특허 출원 건수가 2022년과
2023년에 몇 건인지는 모르겠지만 '감소했다'라는 사
실은 알 수 있다. Y(정답)

④ 증가율이 아닌 건수를 물었으므로 수치의 차이를 바
로 암산해보자. 2019년부터 매년 [+20, −15, +40,
−15, +30, +20]으로 변화했다. 값을 머리로 훑어 나
가다보면 2024년보다 증가량이 더 많았던 해가 존재
함을 알아차릴 수 있다. N

⑤ 2025년 연구원 증가율 vs 연구개발비 증가율 $=$

$[\dfrac{311}{292}$ vs $\dfrac{608}{542}]$이다. $\dfrac{311}{292}$에 2배 하면, $[\dfrac{622}{584}$ vs

$\dfrac{608}{542}]$이다. 분자와 분모가 약 600 내외로 비슷한 수

준인 상황에서 연구원 대비 연구개발비의 분자는 15
정도 적은데, 분모는 40 정도로 크게 줄어들었다. 즉,

분모의 감소율이 더 크기 때문에 $[\dfrac{622}{584} < \dfrac{608}{542}]$임을

알 수 있다. 2025년 연구원의 증가율은 연구개발비의
증가율보다 더 낮았다. N

17 ④

옳은 것 'Y' 찾아야 한다.

① 가전 역시 2020년 15.2 → 2025년 12.7로 감소하였
다. N

② 2020년 순위는 [반도체 > 통신 > 가전 > 디스플레
이]이며, 2025년 순위는 [반도체 > 통신 > 디스플레
이 > 가전]으로 3위와 4위가 바뀌었다. N

③ 2020년 → 2025년 전체가 20% 증가했으므로 2025
년의 비중값에 1.2를 곱하면 2020년 비중값과 1:1로
비교할 수 있다. 통신의 매출 규모는 2020년 20.0 →
2025년 20.4(= 17.0 × 1.2)로 증가하였다. N

④ 2조 4천억은 24,000억이다. 2020년 디스플레이
14.8%와 가전 15.2%의 차이는 0.4%p이며, 이는
24,000 × 0.004 = 96이므로 두 사업의 매출액 차이
는 96억 원이다. Y(정답)

⑤ 2020년 반도체 매출 비중은 44.7%로 절반에 미치지
못한다. N

18 ①

[정석 풀이]

$(5, 14) \rightarrow 14 = \dfrac{(5-A)^2}{5} - 1 + B$

$\rightarrow \dfrac{(5-A)^2}{5} + B = 15 \cdots \text{㉠}$

$(10, 18) \rightarrow 18 = \dfrac{(10-A)^2}{5} - 2 + B$

$\rightarrow \dfrac{(10-A)^2}{5} + B = 20 \cdots \text{㉡}$

㉡$-$㉠하면, $\dfrac{(10-A)^2 - (5-A)^2}{5} = 5$

$\rightarrow (A^2 - 20A + 100) - (A^2 - 10A + 25) = -10A + 75 =$
25이므로 A = 5이다. 이를 ㉠이나 ㉡에 대입하면, B =
15임을 알 수 있다.
(제발 이렇게 풀이하지 않았기를 바랄 뿐이다.)

[치트키] 대입법

18번 문제에 수식(이차방정식 또는 일차방정식)이 주어
지고, 보기가 2개 이상의 상수로 주어지는 경우 대입법을
바로 적용하여 객관식 보기에서 정답을 골라내자.
(5, 14)나 (10, 18) 중 계산(암산)이 쉬워보이는 조건을 하
나 선택하고, 보기에서도 대입했을 때 연산이 쉬운 보기
를 선택하자. (5, 14)인 상황에서 ②번이 쉬워보인다. 대입

해보면, $\dfrac{(5-5)^2}{5} - \dfrac{5}{5} + 20 = 0 - 1 + 20 = 19$로 14를

만족하지 않는다. 그런데, 해당 연산을 수행하다보니 5가
더 많음을 알 수 있고, 그렇다면 B가 20보다 5 적은 15임
을 알 수 있다. 따라서, 정답은 ①번 A = 5, B = 15를 선택
한다. 여기서 ①번을 바로 선택하는 것이 불안하다면,
(10, 18)의 상황에 대입하여 맞는지 확인하여 검산하자.

19 ⑤

2021년 380을 기준으로 매년 변화율을 적용하며 수치를
계산하는 방법보다는 변화율의 양수(증가)인지 음수(감소)
인지를 통해 트렌드를 맞춰보는 것이 선행되어야 하겠다.
2021년 380을 기준 2022년부터 신입사원 채용 인원은
전년 대비 [+ − − − +]의 변화를 보였다. 이를 만족하는
그래프는 ①번, ⑤번 그래프이다. 두 그래프에서 수치가
다른 2026년 한 해만 어림산 해보자. 2025년 230에서
증가율은 30.4%이므로 ①번 400보다는 ⑤번 300에 가
깝다고 판단할 수 있다. ⑤번을 정답으로 선택한다.

20 ②

수열이 2 세트 주어진 상황이다. 보기를 봤더니 수치가 아닌 '시점'으로 주어졌다. 필시 수열을 확장해나가며 조건을 만족할 때까지 계속 연산을 수행해야 하는 문제일 것이다. 즉, 풀이가 어렵지는 않지만 다른 수험자들보다 빠르게 푸는 방법이 존재하기는 어려운 유형이다. 이때는 '지금 당장 풀 것인가' or '나중에 한숨 돌릴 겸 풀 것인가'를 빠르게 결정해야 한다.

수입: 매년 [−0.6, −0.6, −0.6, −0.6]의 등차수열이다.

수출: 매년 [+0.8, +1.0, +1.2, +1.4]의 계차수열이다.

2024년 이후 값을 써 내려가며 보기에 주어진 최소 2028년부터는 수입과 수출 배율도 계산하는 것이 가장 타당한 방법이다. 매년 수입과 수출, 수입 대비 수출의 비율은 아래의 표와 같으며 '수출이 수입의 5배 이상을 기록하는 첫 해'는 2029년이다. 각 시점별 수치와 배율은 아래와 같다.

구분	수입	수출	배율
'20	14.5	32.6	2.25
'21	13.9	33.4	2.40
'22	13.3	34.4	2.59
'23	12.7	35.6	2.80
'24	12.1	37.0	3.06
'25	11.5	38.6	3.36
'26	10.9	40.4	3.71
'27	10.3	42.4	4.12
'28	9.7	44.6	4.60
'29	9.1	47.0	5.16
'30	8.5	49.6	5.84
'31	7.9	52.4	6.63
'32	7.3	55.4	7.59

Chapter 02 추리

01	02	03	04	05	06	07	08	09	10
②	③	②	②	②	④	④	⑤	④	③
11	12	13	14	15	16	17	18	19	20
①	①	④	③	⑤	③	④	⑤	⑤	⑤
21	22	23	24	25	26	27	28	29	30
①	①	④	③	④	④	⑤	②	④	④

01~03은 다음의 유형을 따른다.

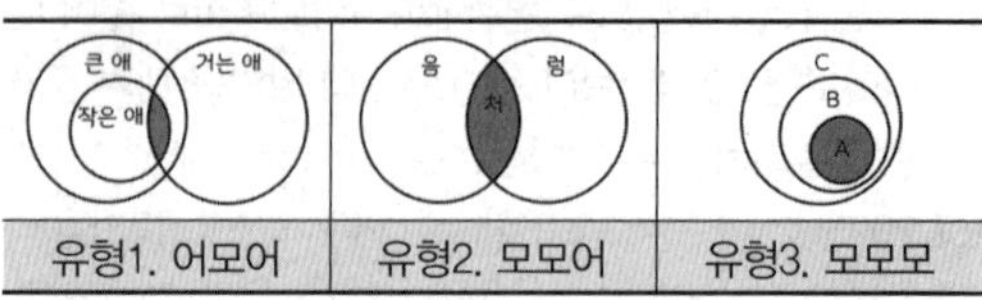

01 ②

두 전제가 모든이다. 두 전제를 이을 수 있으면 유형3. 모모모이고 이을 수 없다면 유형2. 모모어이다. 전제2, 전제1 순으로 이을 수 있다. 유형3. 모모모로 접근하자.

두 전제를 이으면 [멘토링에 참여하는 사원 → 사내교육을 듣는 사원 → 신입인 사원]이 된다. 이를 통해 결론은 [멘토링에 참여하는 사원 → 신입인 사원]이라고 알 수 있다.

02 ③

[치트키]

전제가 모든이고 결론이 어떤인 형태인 문제는 유형1. 어모어, 유형2. 모모어, 유형3. 모모모가 모두 가능하다. 출제 트렌드를 고려하면 어모어일 가능성이 높다. 어모어로 먼저 접근하자.

2번 나온 개념인 실험의 정/부정이 일치한다. 대우 등의 작업 없이 문제를 바로 풀이하자. 전제의 모든에서 앞에 있는 장갑이 작은 애, 뒤에 있는 실험이 큰 애라고 알 수 있다. 자연스럽게 연구는 거는 애라고 알 수 있다.

작: 장갑

큰: 실험

거: 연구

찾아야 하는 전제는 전제의 어떤 자리이다. 이를 토대로 정답은 '장갑/어떤/연구' 또는 '연구/어떤/장갑'이라고 알 수 있다.

[일반 풀이]
대표적인 정답은 다음과 같다.

1. 장갑을 낀 사람과 연구하는 사람이 교집합

   장갑을 낀 사람과 연구하는 사람이 교집합을 이룬다면
   장갑을 낀 사람을 부분집합으로 삼는 실험하는 사람과
   연구하는 사람 역시 교집합을 이룬다. (유형1. 어모어)

2. 장갑을 낀 사람이 연구하는 사람의 부분집합

   연구하는 사람과 실험하는 사람 둘 다 장갑을 낀 사람
   을 부분집합으로 삼는다. 이를 토대로 연구하는 사람
   과 실험하는 사람은 장갑을 낀 사람만큼 교집합을 이
   룬다고 알 수 있다. (유형2. 모모어)

3. 연구하는 사람이 장갑을 낀 사람의 부분집합

   [연구하는 사람 → 장갑을 낀 사람 → 실험하는 사람]
   으로 두 전제를 이어줄 수 있다. 이를 토대로 [연구하
   는 사람 → 실험하는 사람]의 결론을 얻을 수 있다. 연
   구하는 사람은 실험하는 사람의 부분집합이다. 이를
   토대로 연구하는 사람만큼 연구하는 사람과 실험하는
   사람이 교집합을 이룬다고 알 수 있다. (유형3. 모모모,
   변형)

03 ②

[치트키]
전제의 어떤을 보고 유형1. 어모어로 접근하자. 선택지에
서 '어떤'을 활용한 명제는 하나뿐이다. 답이 나왔지만 실제
시험에서는 이렇게 나올 가능성이 적기에 작은 애, 큰 애,
거는 애를 찾는 연습을 이어가자.
작: 신용카드
큰: 쇼핑
거: 카페

결론의 어떤에는 큰 애와 거는 애가 온다. 이에 따라 정답이
'쇼핑/어떤/카페' 또는 '카페/어떤/쇼핑'이라고 알 수 있다.

[일반 풀이]
신용카드를 쓰는 사람은 쇼핑을 좋아하는 사람의 부분집
합이다. 그러면서 신용카드를 쓰는 사람과 카페를 사랑하
는 사람이 교집합을 이룬다. 자연스럽게 신용카드를 쓰는
사람을 포함하는 쇼핑을 좋아하는 사람과 카페를 사랑하
는 사람도 교집합을 이룬다고 알 수 있다.

04 ②

항상 참인 것을 고르는 문제이며 선택지에서 누가 몇 번
째로 줄을 서는지를 묻는다. 문제의 상황과 〈보기〉의 조
건을 만족하는 경우가 100가지가 나오더라도 누군가는
항상 같은 순서로 줄을 선다. 고정조건까지 있으니 눈으
로만 풀 수 있을 정도의 문제로 보인다.
A를 2번째에 고정하자. 이후 B와 D가 연속으로 줄을 선다
는 조건을 토대로 경우를 나누면 다음과 같다. D와 B가 줄을
서는 순서를 바꿀 수 있기에 D/B 또는 B/D로 정리했다.

1	2	3	4	5
	A	B/D	D/B	
	A		B/D	D/B

C는 E보다 먼저 줄을 선다. 모든 경우에서 C는 1번째로
줄을 선다.

1	2	3	4	5
C	A	B/D	D/B	E
C	A	E	B/D	D/B

05 ②

경우의 수를 묻는 문제다. 문제의 상황과 〈보기〉를 만족
하는 모든 경우를 찾아보자. A는 소형 배터리를 담당한
다. B는 혼자 배정되기에 B가 중형 배터리를 담당하는 경
우와 대형 배터리를 담당하는 경우로 나뉜다. B를 기준으
로 나눈 두 경우 모두 아직 사람을 배정하지 않은 배터리
가 있다. 아무도 담당하지 않는 종류의 배터리는 없기에
같은 종류의 배터리를 담당하는 C와 D가 아직 배정하지
않은 배터리를 담당한다. 따라서 A, B, C, D가 배터리를
담당하는 경우가 2가지라고 알 수 있다.

[오답 점검]
눈으로만 풀 수 있는 난이도의 문제다. 다음과 같이 적으
며 풀어도 되지만 시간이 조금 아깝다고 생각된다.

소형: A	소형: A
중형: B	중형: C, D
대형: C, D	대형: B
Case 1	Case 2

06 ④

인당 한 곳으로 출장을 간다. 그리고 세 지역 모두 1명 이상이 출장을 간다. 사람이 4명이고 지역이 3곳이니 어딘가는 2명이 출장을 간다고 알 수 있다.

출장지를 기준으로 두고 사람을 배치하는 풀이도 좋고 가지치기의 방식도 좋겠다. 깊은 생각을 하지 않고 손만 바쁘면 되는 가지치기로 풀이하겠다.

B는 북미로 출장을 간다. 고정하자. C는 유럽으로 출장을 가지 않는다. C가 북미로 출장을 가는 경우와 아시아로 출장을 가는 경우로 나누자.

B	C
북미	북미
	아시아

A와 D는 각자 다른 지역으로 출장을 간다. C가 북미로 출장을 가는 경우 아시아와 유럽으로 출장을 가는 사람을 아직 정하지 않았다. A와 D 중 1명은 아시아로 출장을 가고 나머지 1명은 유럽으로 출장을 간다. C가 아시아로 출장을 가는 경우 아시아로 출장을 가는 사람이 1명이니 A와 D는 아시아로 출장을 가지 않는다. 유럽으로 출장을 가는 사람을 아직 정하지 않았다. A와 D 중 1명은 유럽으로 출장을 가고 나머지 1명은 북미로 출장을 간다.

B	C	A	D
북미	북미	아시아	유럽
		유럽	아시아
	아시아	북미	유럽
		유럽	북미

문제의 상황과 〈보기〉의 조건을 만족하는 4가지 경우 모두 북미로 출장을 가는 사람은 2명이다.

07 ④

변수의 종류가 2가지이고 다대다의 구조를 보인다. 손이 좀 가더라도 누가 어디를 가는지 가지 않는지를 파악하기 쉬운 O, ×로 채우는 풀이방법으로 접근하자. 한 축에는 사람의 값을 놓고 다른 한 축에는 출장지를 놓자. E는 거제로 출장을 가고 D는 대덕으로 출장을 가지 않는다는 정보를 정리하자.

	거제	부산	대덕
A			
B			
C			
D			×
E	O		

거제, 대덕, 부산 순으로 출장을 가는 사람이 많고 A의 출장지와 출장지가 겹치는 사람은 없다. 부산에 출장을 가는 사람이 0명인 경우, 1명인 경우 등으로 나눠 고민해보자. 부산으로 출장을 0명이 가면 A는 대덕으로 출장을 간다. 그런데 B는 두 곳으로 출장을 가기에 거제와 대덕으로 출장을 가야 한다. A의 출장지와 출장지가 겹치는 사람은 없다는 조건을 만족하지 않는다. 부산으로 출장을 0명이 가지 않는다. 부산으로 출장을 가는 사람은 1명이고 그 1명은 A이다. 참고로 부산으로 출장을 가는 사람이 2명이면 A가 혼자 출장을 갈 곳이 없다.

부산으로 A만 출장을 간다. B, C, D, E는 부산으로 출장을 가지 않는다는 정보도 적어 정보처리를 조금 더 쉽게 할 수 있는 환경을 만들자. B는 두 곳으로 출장을 가기에 거제와 대덕으로 출장을 간다.

	거제	부산	대덕
A	×	O	×
B	O	×	O
C		×	
D		×	×
E	O	×	

5명 모두 한 곳 이상으로 출장을 가기에 D는 거제로 출장을 간다고 알 수 있다. C는 한 곳으로 출장을 간다. C가 출장을 가는 한 곳이 거제인 경우와 대덕인 경우로 나뉜다.

	거제	부산	대덕
A	×	O	×
B	O	×	O
C	O	×	×
D	O	×	×
E	O	×	

Case 1

	거제	부산	대덕
A	×	O	×
B	O	×	O
C	×	×	O
D	O	×	×
E	O	×	

Case 2

거제, 대덕, 부산 순으로 출장가는 사람이 많다. Case 1에 서 E가 대덕으로 출장을 가야만 부산으로 출장을 가는 사람보다 대덕으로 출장을 가는 사람이 많아진다. Case 2 에서 E가 대덕으로 출장을 가지 않아야만 대덕으로 출장을 가는 사람이 거제로 출장을 가는 사람보다 적어진다.

	거제	부산	대덕
A	×	○	×
B	○	×	○
C	○	×	×
D	○	×	×
E	○	×	○

Case 1

	거제	부산	대덕
A	×	○	×
B	○	×	○
C	×	×	○
D	○	×	×
E	○	×	×

Case 2

08 ⑤

금요일에 키즈복 할인행사를 하는 경우가 몇가지인지를 묻는다. 금요일에 키즈복을 고정한 후 문제를 풀이하자. 또한 경우의 수를 묻는 문제이니 문제의 상황과 〈보기〉의 조건을 만족하는 모든 경우가 몇가지인지에만 집중하며 풀어보자. 세 종류의 옷가지를 모두 2일씩 할인하며 월요일과 목요일은 동일한 종류를 할인한다. 월요일과 목요일에 남성복을 할인하는 경우와 여성복을 할인하는 경우로 나눠보자. 편의상 옷가지의 앞 글자만 따서 정리했다.

Case	월	화	수	목	금	토
1	남			남	키	
2	여			여	키	

여성복은 연속 이틀동안 할인하지 않는다. Case 1에서 토요일에 여성복을 할인해야만 해당 조건을 만족한다. 이후 화요일에 키즈복, 수요일에 여성복을 할인하는 경우와 화요일에 여성복, 수요일에 키즈복을 할인하는 두 경우로 나뉜다.
Case 2에서는 키즈복을 화요일에 할인하는 경우, 수요일에 할인하는 경우, 토요일에 할인하는 경우로 나뉜다. 정답을 찾았다.

[오답 점검]

문제의 상황과 〈보기〉의 조건을 만족하는 경우가 몇가지인에만 집중한 풀이가 효율적이다. 아래와 같이 모든 경우를 적어 시간을 더 소모하지 않았으면 한다.

Case	월	화	수	목	금	토
1	남	여/키	키/여	남	키	여
2.1	여	키	남	여	키	남
2.2	여	남	키	여	키	남
2.3	여	남	남	여	키	키

09 ④

B는 짝수이다. A와 D 사이의 수이니 B가 2인 경우과 4인 경우로 나눌 수 있다. 이후 A는 D보다 작으며 A와 D의 합이 C가 되게 하는 비밀번호를 찾으면 다음과 같다.

A	B	C	D
1	2	4	3
1	2	5	4
1	2	6	5
1	4	6	5

10 ③

각 열에 샘플을 놓지 않는 칸이 한 칸씩 있으며 각 행에도 샘플을 놓지 않는 칸이 한 칸씩 있다. A를 5번에 고정한 뒤 샘플을 놓지 않는 칸을 토대로 경우를 나누면 다음과 같다. 샘플을 놓지 않는 칸은 ×로 표기했다.

×	2	3
4	A	×
5	×	9

1	×	3
×	A	6
7	8	×

1	×	3
4	A	×
×	8	9

1	2	×
×	A	6
7	×	9

C와 F를 같은 층인 칸에 놓고 D와 E는 같은 열인 칸에 놓는다. 두 조건을 고려하여 C, F, D, E가 들어갈 수 있는 칸을 ✓로 체크하면 다음과 같다. C, F, D, E를 적지 않고 ✓로 체크하는 이유는 문제에서 묻는 것이 B를 놓을 수 없는 칸의 번호이기 때문이다. C, F, D, E를 정확히 몇 번 칸에 놓는지는 중요하지 않다.

×	✓	✓
✓	A	×
✓	×	9

1	×	✓
×	A	✓
✓	✓	×

✓	×	3
✓	A	×
×	✓	✓

✓	✓	×
×	A	✓
7	×	✓

11 ①

5명 중 몇 명이 원바디를 선택하는지 알 수 없다. 원바디를 선택하는 사람이 거짓을 말한다. 즉 거짓을 말하는 사람이 몇 명인지 알 수 없다. 0명이 원바디를 선택하는 경우부터 5명이 원바디를 선택하는 경우까지 가정하며 문제를 풀어보자.

Case 1. 0명이 원바디를 선택하는 경우(= 거짓을 말하는 사람이 0명)
5명 모두 콤보를 선택한다. B와 A가 원바디를 선택한다고 말하는 B의 진술이 거짓이다. 5명 모두 진실을 말할 수 없다.

Case 2. 1명이 원바디를 선택하는 경우(= 거짓을 말하는 사람이 1명)
콤보를 선택하는 사람이 4명이다. 5명 중 콤보를 선택하는 사람이 1명이라고 말하는 D의 진술은 원바디를 선택하는 사람이 누구든 항상 거짓이다.
A의 진술이 진실이면 B의 진술은 거짓이다. B의 진술이 진실이면 A의 진술은 거짓이다. A와 B는 둘 다 진실일 수 없다. 둘 중 1명 이상의 진술이 거짓이다. 거짓을 말하는 사람이 2명 이상이다. 거짓을 말하는 사람이 1명일 수 없다.

Case 3. 2명이 원바디를 선택하는 경우(= 거짓을 말하는 사람이 2명)
콤보를 선택하는 사람이 3명이다. 5명 중 콤보를 선택하는 사람이 1명이라고 말하는 D의 진술은 원바디를 선택하는 2명이 누구든 항상 거짓이다.
D가 거짓이니 D는 원바디를 선택한다. C는 D가 콤보를 선택한다고 한다. C의 진술도 거짓이다.
B는 본인과 A가 원바디를 선택한다고 한다. B의 진술이 진실이면 B는 원바디를 선택한다. 그런데 원바디를 선택하는 사람이 거짓을 말한다는 조건과 부딪힌다. B의 진술은 진실일 수 없다. B의 진술은 거짓이다.
현재까지 거짓을 말하는 사람을 3명이라고 확인했다. 3명 이상의 진술이 거짓이다. 거짓을 말하는 사람이 2명일 수 없다.

Case 4. 3명이 원바디를 선택하는 경우(= 거짓을 말하는 사람이 3명)
콤보를 선택하는 사람이 2명이다. D의 진술은 거짓이다. D의 진술이 거짓이기에 D가 원바디를 선택한다고 알 수 있다. 이를 토대로 C의 진술도 거짓이라고 알 수 있다.
B의 진술이 진실이면 A, B가 원바디를 선택한다. 그런데 문제에서 원바디를 선택하는 사람이 거짓을 말한다고 한다. B의 진술은 진실일 수 없다. B의 진술은 거짓이다.
문제의 조건을 만족하려면 A, E의 진술이 진실이어야 한다. E는 B가 원바디를 선택한다고 한다. B는 거짓을 말하기에 원바디를 선택한다. E의 진술은 진실이다.
A의 진술은 A가 원바디를 선택하는 경우 거짓이고 A가 콤보를 선택하는 경우 진실이다. A가 거짓인 경우는 문제의 조건을 만족하지 않지만 A의 진술이 진실인 경우는 문제의 조건을 만족한다.
A, E가 콤보를 선택하고 B, C, D가 원바디를 선택한다. 문제에서 묻는 건 항상 참인 선택지다. 만족하지 않는 경우 즉 반례를 찾은 ②, ③, ④, ⑤를 소거하자.

[오답 점검]
정답은 나왔지만 남은 두 경우도 고민하면 다음과 같다.

Case 5. 4명이 원바디를 선택하는 경우(= 거짓을 말하는 사람이 4명)
콤보를 선택하는 사람이 1명이다. 콤보를 선택하는 사람이 A, B, C, D, E 중 누구든 D의 진술은 진실이다. D는 진실을 말하기에 콤보를 선택한다. C는 D가 콤보를 선택한다고 한다. C의 진술도 진실이다. 진실을 말하는 사람이 1명이어야 하는데 이미 진실을 말하는 2명을 찾았다. 진실을 말하는 사람이 2명 이상이기에 진실을 말하는 사람이 1명일 수 없다.

Case 6. 5명이 원바디를 선택하는 경우(= 거짓을 말하는 사람이 5명)
Case 3, 4에서 설명한 것처럼 B의 진술은 거짓이다. B는 거짓을 말하니 원바디를 선택한다.
E는 B가 원바디를 선택한다고 한다. E의 진술은 진실이다. 거짓을 말하는 사람이 5명일 수 없다.

12 ①

A, B, C, D, E, F가 게이트 '가', '나', '다' 중 한 개의 게이트를 지난다. 그러면서 게이트에 대한 조건이 없다. 사람이 통과하지 않는 게이트도 있을 수 있다는 점을 염두하며 풀이하자.

각 게이트를 기준으로 두고 사람을 배치하자. D는 '나' 게이트를 지난다는 조건을 제일 먼저 적용하자. '나' 게이트를 지나는 사람은 4명이라는 조건도 적어두어 실수를 줄이자. 이후 같은 게이트를 지나는 A와 C가 '가', '나', '다' 게이트를 각각 지나는 경우로 경우를 나누면 다음과 같다.

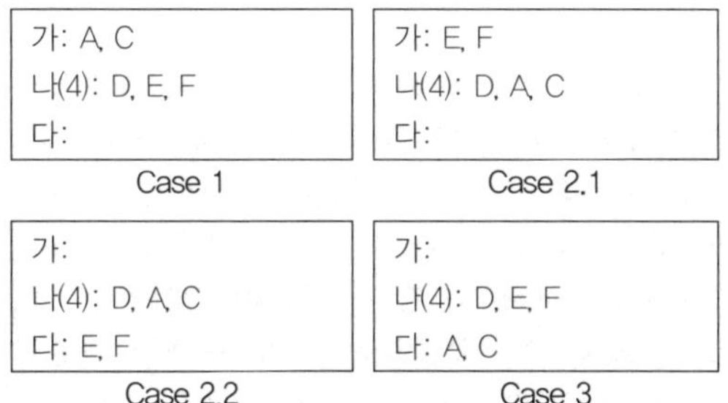

E와 F도 같은 게이트를 지난다. '나' 게이트를 지나는 사람이 4명이고 전체 인원이 6명이라는 점을 고려하면 Case 1, 3에서 E와 F는 '나' 게이트를 지난다. Case 2에서는 E와 F가 '가' 게이트를 지나는 경우와 '다' 게이트를 지나는 경우로 나뉜다.

Case 1, 2.1, 2.2, 3에서 '나' 게이트를 지나는 사람이 4명이 되도록 하려면 B가 '나' 게이트를 지나야 한다. 이렇게 B를 배치하면 Case 2.1과 2.2는 A와 B는 다른 게이트를 지난다는 조건을 만족하지 않는다. Case 2.1과 2.2를 소거하자.

13 ④

각 등수의 점수를 먼저 정리하자. 2등은 90점 이상이고 5명의 시험 점수는 각기 다르다. 2등이 95점이고 1등이 100점인 경우, 2등이 90점이고 1등이 100점인 경우, 2등이 90점이고 1등이 95점인 경우로 나뉜다.

이후 3등과 5등의 점수 차이를 10점이 나도록 경우를 더 나누면 다음과 같다.

Case	1등	2등	3등	4등	5등
1.1	100	95	90		80
1.2	100	95	85		75
1.3	100	95	80		70
2.1	100	90	85		75
2.2	100	90	80		70
3.1	95	90	85		75
3.2	95	90	80		70

C의 점수는 A의 점수보다 20점이 높다. 그리고 4등은 A이다. 4등의 점수를 정리하자. 다음과 같이 Case 1.1 ~ 3.2의 모든 Case에서 4등의 점수는 한 가지뿐이다.

Case	1등	2등	3등	4등	5등
1.1	100	95	90	85	80
1.2	100	95	85	80	75
1.3	100	95	80	75	70
2.1	100	90	85	80	75
2.2	100	90	80	75	70
3.1	95	90	85	80	75
3.2	95	90	80	75	70

A보다 20점이 높은 점수가 존재하는지 확인하자. Case 1.1, 2.2, 3.1은 4등인 A보다 20점 높은 점수가 없다. 소거하자. 이후 남은 Case에 A와 C를 배치하면 다음과 같다.

Case	1등	2등	3등	4등	5등
1.2	100 C	95	85	80 A	75
1.3	100	95 C	80	75 A	70
2.1	100 C	90	85	80 A	75
3.2	95 C	90	80	75 A	70

E의 점수는 D의 점수보다 15점이 높다. A, C를 배치하지 않은 세 점수 중 15점 차이가 나는 두 점수가 있는지 확인하자. Case 2.1만 15점 차이나는 두 점수가 남아있고 나머지 Case는 없다. Case 1.2, 1.3, 3.2를 소거한 후 E와 D를 배치하면 다음과 같다.

Case	1등	2등	3등	4등	5등
2.1	100 C	90 E	85	80 A	75 D

B의 점수는 85점이다.

14 ③

A는 C가 거짓을 말한다고 한다. A의 진술이 진실이면 C의 진술은 거짓이고 A의 진술이 거짓이면 C의 진술은 진실이다. A와 C의 진술은 모든 경우에서 둘 중 1명의 진술만 진실이고 나머지 1명의 진술은 거짓인 모순관계.

B는 C의 생일이 짝수 달이라고 한다. 문제에서 생일이 홀수 달인 사람은 거짓을 말하고 생일이 짝수 달인 사람은 진실을 말한다고 한다. 이 조건을 만족하는 경우에서 B의 진술이 진실이면 C의 진술도 진실이고 B의 진술이 거짓이면 C의 진술도 거짓이다. B와 C의 진술은 발문에서 제시한 조건을 만족하는 경우에서 동일관계처럼 쓸 수 있다. 'A vs B, C'의 구도를 보인다. 홀수 달이 3개인 점을 고려하면 A, D, E가 거짓인 경우, B, C, D가 거짓인 경우, B, C, E가 거짓인 경우로 나눌 수 있다. 경우를 나누어 풀이하자.

Case 1. A, D, E가 거짓

B, C의 진술이 진실이다. C는 E의 생일이 2월이라고 한다. 그런데 문제에서 생일이 짝수 달인 사람은 진실을 말한다고 한다. E는 거짓을 말하기에 E의 생일은 홀수 달이어야 한다. C의 진술이 거짓이 된다. 즉 문제의 조건을 만족하지 않는다.

Case 2. B, C, D가 거짓

A, E의 진술이 진실이다. E의 진술이 진실이니 C의 생일이 3월이라고 알 수 있다. C의 생일이 3월인 경우 B, D의 진술은 거짓이다.

E의 생일이 2월이라 말하는 C의 진술이 거짓인 경우를 찾아보자. E는 진실을 말하니 E의 생일은 짝수 달이다. 그러면서 E의 생일이 2월인 경우와 4월인 경우로 나뉘는데 E의 생일이 4월일 때 C의 진술이 거짓이다.

진실을 말하는 A의 생일은 2월이다.

1월	2월	3월	4월	5월
	A	C	E	

B와 D가 남았다. B의 생일이 1월인 경우와 D의 생일이 1월인 두 경우로 나뉜다.

1월	2월	3월	4월	5월
B	A	C	E	D
D	A	C	E	B

선택지를 확인하자. 감사하게도 ①, ②, ④, ⑤를 소거할 수 있다.

Case 3. B, C, E가 거짓

이미 정답이 나왔기에 확인할 필요가 없지만 설명하자면 다음과 같다. A, D의 진술이 진실이다. D의 진술이 진실이기에 A의 생일이 3월이라고 알 수 있다. 그런데 생일이 홀수 달인 사람은 거짓을 말한다. D의 진술이 진실이면 A의 생일이 거짓이어야 한다. 문제의 조건을 만족하지 않는다.

[오답 점검]

D와 E의 진술을 모순관계로 볼 수 없다. B의 생일이 3월인 경우와 같이 D, E의 진술이 둘 다 거짓인 경우도 존재한다.

C의 진술을 보고 C와 E를 동일관계처럼 활용할 수 있다고 착각할 수 있다. C의 진술이 거짓인 경우 E의 생일은 2월이 아니다. E의 생일이 1월인 경우, 3월인 경우, 4월인 경우, 5월인 경우로 나뉜다. E의 진술이 진실인 경우도 있고 거짓인 경우도 있기에 동일관계처럼 활용할 수 없다.

D의 진술을 보고 D와 A의 진술을 모순관계처럼 활용할 수 있다고 오해할 수 있다. D의 진술이 거짓인 경우 A의 생일은 3월이 아니다. A의 생일이 1월인 경우, 2월인 경우, 4월인 경우, 5월인 경우로 나뉜다. A의 진술이 진실인 경우도 있고 거짓인 경우도 있기에 모순관계처럼 활용할 수 없다.

E의 진술을 보고 E와 C의 진술을 모순관계처럼 활용할 수 있다고 실수할 수 있다. 이에 대한 설명은 D, A의 진술을 모순관계처럼 활용할 수 없다고 바로 위에서 전한 바와 같다.

15 ⑤

[세로규칙] 이동
위(↑)로 1칸씩 이동

16 ③

[가로규칙] 연산
첫 번째 도형과 두 번째 도형을 겹쳤을 때 흰색끼리 만나면 백색, 그 외는 흑색으로 세 번째 도형에 표현(= 흰 + 흰 = 흰, 나머지는 검)

17 ④

[가로규칙] 회전하듯 이동
안: 반시계방향(↶)으로 1칸씩 이동
밖: 시계방향(↷)으로 1칸씩 이동

[18~21]

하나의 규칙을 적용한 [D6N7 ⇨ ★ ⇨ F5P6]의 규칙을 먼저 확인하자. 바로 ★의 규칙을 찾을 수 있다.
[D6N7 ⇨ ★ ⇨ F5P6]
★: +2 −1 +2 −1

이어서 ★의 규칙을 다음의 흐름에 적용하여 ♠의 규칙을 찾아보자.
[0MI9 ⇨ ★ ⇨ ♠ ⇨ 82KL]
[2LK8 ⇨ ♠ ⇨ 82KL]
♠: 4132

위와 같은 접근으로 ♠의 규칙을 활용하여 다른 규칙도 찾자.
[LW28 ⇨ ♠ ⇨ ■ ⇨ 9J5S]
[8L2W ⇨ ■ ⇨ 9J5S]
■: +1 −2 +3 −4

마지막으로 다음의 흐름에 ■의 규칙을 적용하며 나머지 규칙도 찾자.
[F5P6 ⇨ ■ ⇨ ▲ ⇨ 3G2S]
[G3S2 ⇨ ▲ ⇨ 3G2S]
▲: 2143

> ★: +2 −1 +2 −1
> ♠: 4132
> ■: +1 −2 +3 −4
> ▲: 2143

18 ⑤

[O4X9 ⇨ ★ ⇨ ▲ ⇨ ?]
[Q3Z8 ⇨ ▲ ⇨ ?]
[3Q8Z]

19 ⑤

[91YC ⇨ ♠ ⇨ ▲ ⇨ ?]
[C9Y1 ⇨ ▲ ⇨ ?]
[9C1Y]

20 ⑤

[치트키]
■, ★의 규칙 모두 증감 규칙이다. 두 규칙을 더한 뒤 계산해도 된다. [■ + ★ = +3 −3 +5 −5]이기에 5GS3에 [−3 +3 −5 +5]를 계산하는 방법으로 접근도 가능하다. 두 번째 자리에서 계산을 멈출 수 있다.

[일반 풀이]
[? ⇨ ■ ⇨ ★ ⇨ 5GS3]
[? ⇨ ■ ⇨ 3HQ4]
[2JN8]

21 ①

[? ⇨ ♠ ⇨ ■ ⇨ F6X2]
[? ⇨ ♠ ⇨ E8U6]
[86UE]

22 ①

이 글은 딥페이크 범죄 증가 문제에 관한 글로, 기술의 개념에서 출발해 범죄 확산, 대응 방안, 그리고 한계 인식 순으로 전개된다. 먼저 (D)는 딥페이크 기술의 정의와 활용 배경을 제시하며 주제를 도입한다. 이어 (C)는 기술 발전으로 범죄가 증가하고 피해 사례가 확산되고 있음을 설명한다. 다음 (A)는 이러한 문제에 대응하기 위한 정부와 플랫폼 기업의 법·기술·교육적 대책을 제시한다. 마지막 (B)는 기존 대응의 한계를 지적하며 윤리 의식과 사회적 인식 개선의 필요성을 강조한다. 따라서 가장 적절한 문단 배열은 (D) – (C) – (A) – (B)이다.

23 ④

이 글은 반도체 경기 회복 기대에 관한 글로, 산업의 중요성에서 출발해 최근 업황 변화, 기업 대응, 남은 불확실성 순으로 전개된다. 먼저 (D)는 반도체 산업이 글로벌 제조업과 경제 전반에 큰 영향을 미치는 기반 산업임을 제시한다. 이어 (A)는 신산업 수요 확대를 바탕으로 업황 회복 기대가 형성되고 있음을 설명한다. 다음 (B)는 이러한 기대를 반영해 기업들이 투자와 생산 확대 움직임을 보이고 있음을 나타낸다. 마지막 (C)는 대외 변수로 인해 회복 속도가 지연될 수 있다는 우려를 제기하며 글을 마무리한다. 따라서 가장 적절한 문단 배열은 (D) – (A) – (B) – (C)이다.

24 ③

완성차 기업들은 EV 캐즘 국면에서 가격 경쟁력 확보, 보급형 모델 출시, 배터리 효율 개선 등을 통해 소비자 진입 장벽을 낮추려는 전략을 추진하고 있다고 본문에 제시되어 있다. ③은 완성차 기업들이 고급형 모델 중심의 수익성 강화 전략을 우선한다고 하여, 본문에서 제시한 보급 확대, 가격 장벽 완화의 기조와 일치하지 않는다.

[오답 점검]
① EV 캐즘은 전기차가 초기 수요층에서 대중 시장으로 확산되는 과정에서 나타나는 일시적 정체 현상이라고 본문에서 설명하고 있다.
② 전기차의 높은 가격과 충전 인프라 부족이 소비자들이 전기차 구매를 망설이게 만드는 주요 요인이라고 언급되어 있다.
④ 각국 정부는 충전 인프라 확대, 구매 보조금 지급, 친환경 규제 강화 등을 통해 전기차 보급을 유도하고 있다고 제시되어 있다.
⑤ 전기차 시장은 장기적 성장 가능성에도 불구하고, 당분간 조정 국면이 이어질 것이라는 전망이 본문에 나타난다.

25 ④

이 글은 무인점포 확산이 비용 절감, 운영 효율성, 소비자 편의성 측면에서 긍정적이며, 나아가 장기적으로 소비자와 기업 모두에게 이익이 되는 방향이라고 결론짓는다. ④는 무인점포 확대가 모든 소비자층의 이용 편익을 동일하게 보장하는지에 대한 검토가 필요하다고 제기하며, 글의 결론에 대한 직접적인 문제 제기이므로 가장 적절한 비판이다.

[오답 점검]
① 무인점포가 인건비 절감과 운영 자동화를 통해 비용 효율성을 높인다는 내용은 지문 1문단의 주장과 일치한다.
② 비대면 구매 선호 확산으로 무인 서비스 수요가 증가한다는 진술은 지문 2문단의 소비자 측면 설명과 같은 방향이다.
③ 무인점포를 산업 구조 변화에 따른 자연스러운 흐름으로 보는 관점은 지문의 핵심 결론을 그대로 반복한 것이다.
⑤ 초기 설비 투자 비용에 따른 단기적 부담은 도입 과정의 문제를 지적한 것으로, 무인점포 확대의 필요성이라는 지문의 주장과는 어긋나지 않는다.

26 ④

지문은 DRAM 집적도 향상만으로는 데이터센터 에너지 효율 문제를 해결하기 어렵다고 지적하며, FDVFS 같은 전력 제어 기술을 안정적으로 통합하는 것이 향후 경쟁력을 좌우할 것이라고 결론짓는다. 따라서 데이터센터 반도체 경쟁력이 DRAM 성능 향상만으로 충분하다는 ④의 진술은 지문의 결론과 반대이므로 반드시 거짓이다.

[오답 점검]
① DRAM 집적도 증가가 전력 소모와 발열 증가를 동반한다는 내용은 첫 문단과 일치한다.
② FDVFS가 개별 칩 환경에서 전력 절감 효과가 검증되었다는 설명은 두 번째 문단에 제시되어 있다.
③ 대규모 데이터센터에서는 FDVFS 적용 시 시스템 신뢰성과 전력 효율 개선 간의 균형 설계가 필요하다는 내용은 두 번째 문단에 명시되어 있다.
⑤ 향후 경쟁력이 전력 제어 기술 통합에 달려 있다는 진술은 마지막 문단의 결론과 부합한다.

27 ⑤

본문에서는 후공정 패키징이 칩을 외부 환경으로부터 보호하는 역할에 그치지 않고, 전기적 연결을 완성하고 Fan-out 등 첨단 기술을 통해 전력 효율과 성능 개선에도 기여한다고 설명하고 있다. 따라서 후공정 패키징이 칩 보호를 넘어 전력 효율과 성능 개선에 핵심적인 공정이라는 ⑤는 본문 내용과 일치하므로 반드시 참이다.

[오답 점검]
① 후공정 패키징은 외부 환경으로부터 보호할 뿐 아니라 전기적 연결을 완성하는 공정이라고 설명하고 있

다. 따라서 전기적 연결이 전공정에 해당한다는 ①의
설명은 본문과 다르다.
② 첨단 패키징 기술은 공정 난이도가 높고 열 방출과 신
뢰성 확보가 중요한 과제로 남아 있다고 언급한다. 따
라서 공정 난이도가 낮아 해당 문제에서 자유롭다는
②는 본문과 반대된다.
③ Fan-out 패키징은 기판을 사용하지 않고 배선 영역
을 확장한다고 하였다. 따라서 기판을 사용해 배선을
형성한다는 ③은 본문과 일치하지 않는다.
④ Chiplet 기술은 여러 개의 소형 칩을 조합해 하나의 시
스템처럼 동작하며 수율과 설계 유연성을 높인다고
설명한다. 따라서 대형 단일 칩을 집적하는 방식이라
는 ④는 본문과 다르다.

28 ②

지문은 원자재를 해외에서 조달하는 비중이 높은 산업은
환율 상승 시 비용 부담이 커질 수 있다고 명시한다. 따라
서 환율 상승이 해당 산업의 생산비 상승 압력으로 작용
할 수 있다는 ②의 진술은 반드시 참인 설명이다.

[오답 점검]
① 지문은 개방도가 높은 경제에서는 환율 변동이 국내
경제 전반에 빠르게 파급될 수 있다고 설명하므로, 국
내 경제에 거의 영향을 미치지 않는다는 진술은 지문
과 반대된다.
③ 지문은 자국 통화 가치 하락 효과가 산업별 구조에 따
라 다르게 나타난다고 설명하므로, 산업 구조와 무관
하게 비용 부담이 줄어든다는 진술은 옳지 않다.
④ 지문은 단기적으로 수출 증가 가능성을 언급하지만,
장기적으로는 수입 물가 상승으로 소비 여력이 약화
될 수 있다고 설명한다. 따라서 장기적으로도 수출 증가
효과가 지속된다는 진술은 지문과 일치하지 않는다.
⑤ 지문은 장기적으로 수입 물가 상승이 소비 여력을 약
화시킬 가능성을 언급하므로, 소비 여력에 영향이 없
다는 진술은 지문과 배치된다.

29 ④

지문은 스마트 의류가 센서와 전도성 섬유를 결합해 데이
터를 수집할 수 있지만, 의류 형태를 유지하면서 센서 성
능을 안정적으로 확보하는 데 기술적 난이도가 존재한다
고 설명한다. 따라서 스마트 의류의 센서 성능 안정화와
구조적 완성도가 이미 낮은 난이도로 해결되어 상용화가
용이하다는 ④번 진술은 지문 내용과 반대이므로 옳지 않
은 설명이다.

[오답 점검]
① 웨어러블 기기와 스마트 의류가 모두 생체 데이터를
수집해 건강 관리 분야에 활용된다는 내용은 본문과
〈보기〉의 공통된 설명과 일치한다.
② 스마트 의류가 별도의 기기를 착용하지 않아도 데이
터를 수집할 수 있어 편의성이 높다는 내용은 〈보기〉
에서 제시된 장점과 부합한다.
③ 웨어러블 기기가 피부 밀착도, 측정 오차, 개인정보
보호 문제를 해결 과제로 남겨두고 있다는 본문 내용
과 일치한다.
⑤ 웨어러블 기기가 센서 정밀도와 배터리 효율 개선을
통해 장시간 사용이 가능해지고 있다는 진술은 본문
에서 언급된 기술 발전 방향과 부합한다.

30 ④

지문과 〈보기〉는 C 기업이 수소 연료전지를 이용해 전기
를 생산하고, 공정에서 발생하는 이산화탄소를 CCUS 설
비를 통해 포집·저장함으로써 전체 탄소 배출량을 줄이
는 친환경 에너지 운영 체계를 구축했다고 설명한다. 따
라서 CCUS 설비를 활용해 공정에서 발생하는 탄소 배출
을 저감하는 운영 체계를 구축하고 있다는 ④의 진술은
〈보기〉의 내용을 정확히 이해한 옳은 설명이다.

[오답 점검]
① 〈보기〉에서는 발전 과정에서 발생하는 열을 회수해
난방에 공급한다고 했으므로, 열을 외부로 방출한다
는 진술은 지문과 반대된다.
② CCUS는 기존 화석연료 기반 산업에서 배출되는 이산
화탄소를 줄이기 위한 감축 기술로 제시되었으며, 화
석연료 산업을 완전히 대체하는 신에너지 발전 방식
이라고 설명하지 않았다.
③ 수소 연료전지는 연소 과정 없이 전기를 생산해 이산
화탄소 배출이 거의 없다고 했으므로, 연소가 필수라
는 진술은 지문과 일치하지 않는다.
⑤ 열병합 시스템은 발전 과정의 열을 재활용해 에너지
효율을 높이는 방식이므로, 효율을 낮춘다는 진술은
지문과 반대된다.

제 02회 기출변형 모의고사 SELF 분석표

시간 체크	시간 남음	시간 적절	조금 부족	매우 부족
체감 난이도	쉬움	보통	어려움	매우 어려움

영역별 실력 점검표

영역	맞은 개수	틀린 문제 번호	풀지 못한 문제 번호
수리	/20		
추리	/30		
합계	/50		

시험 전체 총평

내가 가장 잘한 3가지		내가 가장 부족한 3가지	
1		1	
2		2	
3		3	

Chapter 01 수리

01	02	03	04	05	06	07	08	09	10
④	③	③	③	⑤	②	④	④	⑤	①
11	12	13	14	15	16	17	18	19	20
④	①	②	⑤	②	①	⑤	①	②	③

01 ④

[치트키] 배수판정법

작년 B = 올해 B $\times \dfrac{115}{100}$ = 올해 B $\times \dfrac{23}{20}$ 이다. 따라서,

올해 B는 23이 곱해진 정수일 것이므로 23의 배수이다. 주어진 다섯 가지 선택지 중 23의 배수는 ④ 69명이 유일하므로 정답으로 선택한다.

[연립방정식_정석]

작년: A + B = 140 … ⓐ

올해: 1.25A + 1.15B = 169 … ⓑ

B를 구해야 하므로 A를 삭제하기 위해 1.25ⓐ − ⓑ하면,

$$
\begin{array}{r}
1.25A + 1.25B = 175 \\
-\ \underline{1.25A + 1.15B = 169} \\
0.1B = 6
\end{array}
$$

B = 60이다. 이는 작년 B팀 인원이므로 올해 B팀 인원수는 작년 60명에서 15% 증가된 60 × 1.15 = 69명이다.

[연립방정식_변화량]

작년: A + B = 140 … ⓐ

변화: 0.25A + 0.15B = 29 … ⓒ

B를 구해야 하므로 A를 삭제하기 위해 0.25ⓐ − ⓑ하면,

$$
\begin{array}{r}
0.25A + 0.25B = 35 \\
-\ \underline{0.25A + 0.15B = 29} \\
0.1B = 6
\end{array}
$$

B = 60이다. 이는 작년 B팀 인원이므로 올해 B팀 인원수는 작년 60명에서 15% 증가된 60 × 1.15 = 69명이다.

02 ③

[조합공식 활용 풀이]

월~금 중 화요일에 A를 고정하면, 월−수−목−금 4일 동안 A 1개, B 2개, 휴일 1개를 배치하는 상황이다. 조합공식을 활용하면, 4! ÷ (1! × 2! × 1!) = 12가지이다.

[순열공식 활용 풀이]

4일 동안 A 1개, B 2개, 휴일 1개를 배치하는 상황이다. B 2개를 우선 다른 종류라고 생각하면, 월 − 수 − 목 − 금에 각자 다른 상황을 배치하는 것이므로 경우의 수는 4! = 24가지이다. 그런데, 24가지 경우의 수에는 B가 서로 자리를 바꾸는 경우까지 포함되어있으므로 이를 고려하면, 24가지를 2로 나눈 12가지이다.

03 ③

틀린 것 'N' 찾아야 한다.

① 3개년 동안 타 권역 대비 인천의 사업체와 근로자 숫자가 매년 가장 높았다. Y

② 광양만권의 입주사업체 수는 2023년 645 → 2024년 712로 증가하였다. Y

③ 부산진해의 입주사업체 1개당 평균 근로자 수는

[2023년 vs 2024년] ≒ $\left[\dfrac{567}{189} \text{ vs } \dfrac{580}{195}\right]$ 이다. 분모를

통분하기 위해 2023년의 분모 189에 6을 더하고 분모 567에는 약 18(567 : 189는 약 3 : 1의 비중이므로)을 더하자.

즉, $\left[\dfrac{567}{189} \text{ vs } \dfrac{580}{195}\right] ≒ \left[\dfrac{585}{195} > \dfrac{580}{195}\right]$ 로 2023년의

수치가 더 높음을 알 수 있다. N(정답)

④ 입주사업체 1개당 평균 근로자 수는 $\left[\dfrac{\text{근로자}}{\text{사업체 수}}\right]$ 이

다. 분모에 해당하는 동해안권의 사업체 수는 3개년 동안 3개로 매번 동일하였다. 따라서, 분자인 근로자 수가 지속 증가하였으므로 입주사업체 1개당 평균 근로자 수 역시 매년 증가하였음을 알 수 있다. Y

⑤ 울산의 입주사업체 1개당 평균 근로자 수는 [2022년

vs 2023년] = [$\frac{2,079}{75}$ vs $\frac{2,096}{74}$]이다. 분자는 증가

했고 분모는 감소했으므로 해당 수치는 증가하였을
것이다. Y

04 ③

옳지 않은 것 'N' 찾아야 한다.
① 미충원 인원 max는 소프트웨어 1,927명이며, min은
   디스플레이 212명이다. 212 × 9 = 1,908명으로 1,927명
   보다 적기 때문에 소프트웨어의 미충원 인원은 디스
   플레이의 9배 이상임을 알 수 있다. Y
② 신입 + 외국인(대졸)이 50% 이상인지 검토하기 위해
   서는 [경력자 vs 신입 + 외국인(대졸)] = [375 > 359]
   로 판정하는 것이 직관적이다. 또는, 경력자 375에
   2를 곱한 7500이 전체 734보다 높다고 판정할 수도
   있다. Y
③ 자동차와 철강의 경우 신입의 수치가 경력자보다 높
   았다. N(정답)
④ 반도체 전체는 3100이며, 신입은 1070이다. 신입 107
   에 3을 곱하면 321로 전체 310보다 많으므로 신입이
   차지하는 비중은 3명 중의 1명 이상이다. Y
⑤ 경력자, 신입, 외국인(대졸)에서의 미충원 인원 수치가
   가장 높은 산업은 소프트웨어이다. Y

05 ⑤

옳은 것 'Y' 찾아야 한다.
① 2022년 81.1로 전년 81.4 대비 감소하였다. N
② 호주의 경우 2023년에 2022년 대비 증가하였다. N
③ 호주와 미국 그래프의 차이가 가장 큰 것으로 예상되
   는 해는 2023년과 2024년이다. 호주 − 미국이 2023
   년은 82.3 − 77.4 = 4.9이며, 2024년은 82.5 − 77.7
   = 4.8로 2023년의 차이가 더 컸다. N
④ 78을 기준으로 매년 미국 기대수명의 편차를 살펴
   보면 [+0.4, +0.8, +1.0, +1.1, −0.6, −0.3]으로 편차
   의 합이 양수이다. 즉, 평균값은 78 이상임을 알 수 있
   다. N
⑤ 한국과 미국의 기대수명은 2019년을 기준으로 2020
   년부터 전년 대비 [+ + + − +]로 동일한 변화 트렌드
   를 보였다. Y(정답)

06 ②

대중교통을 이용하는 2020년 인원과 2024년을 구해야
한다.
2020년: 2020년 대비 12% 증가된 값이 560명이다. 즉,
'20년 × 1.12 = 560이므로   '20년 = 560 ÷ 1.12 = 500
명이다. 혹시 560명의 12%에 해당하는 67.2명을 560명
에서 뺀 492.8(493명)이라고 계산했다면 변화율 역산에
대한 개념을 다시 잡도록 하자. 이 경우, ①번 17명을 정
답으로 선택하는 실수를 저지르게 된다.
2024년: 595명에서 20% 감소된 값이다. 595의 20%는
595 ÷ 5 = 119명이므로 '24년 = 595 − 119 = 476명이다.
따라서, 2020년과 2024년의 차이는 500 − 476 = 24명
으로 정답은 ②번이다.

07 ④

틀린 것 'N' 찾아야 한다.
① 8월의 강수량과 강수일수가 가장 많다. Y
② 202 ÷ 8는 25.25로 25 이상이다. 또는, 8 × 25는
   2000이므로 202 ÷ 8는 25 이상임을 알 수 있다. Y
③ 10월 vs 11월 = $\frac{124}{5}$ vs $\frac{85}{4}$이다. 어떠한 수를 5로

   나누라고 할 때는, 0.2를 곱하면 쉽다. 어떠한 수를 4로

   나누라고 할 때는, ÷ 2를 두 번 하는 것이 쉽다. 즉,

   $\frac{124}{5}$ vs $\frac{85}{4}$ ≒ 24.8 vs 21.25로 10월 > 11월임을

   알 수 있다. Y
④ 12월에는 전월 대비 강수량은 85 → 14로 감소, 강수
   일수는 4 → 9로 증가했다. 트렌드가 서로 달랐다. N
   (정답)
⑤ 7월부터 12월의 강수일수를 모두 더하면 59(= 14 +
   19 + 8 + 5 + 4 + 9)이고 59 ÷ 6 ≒ 9.83이다. 따라
   서, 하반기 월평균 강수일수는 10일 미만이다. Y

08 ④

옳은 것 'Y' 찾아야 한다.
① 2021년에는 1,395로 2020년 1,502보다 감소하였다. N
② 조사기간 4개년 동안 농산품류 역시 매년 3위 이내의
   생산량을 기록하였다. N
③ 면류 생산량은 2019년 1,660 → 2020년 1,930으로
   증가하였다. 1,660의 20%는 332(= 1,660 ÷ 5)이며,
   이를 2019년 1,660에 더하면 1,992로 2020년 1,930
   보다 많다. 따라서, 실제 증가율은 20% 미만일 것이
   다. N

④ 음료류 생산량은 2021년 2,100 → 2022년 2,650으로 증가하였다. 2,100의 25%는 525(= 2,100 ÷ 4)이며, 이를 2021년 2,100에 더하면 2,625로 2022년 2,650보다 적다. 따라서, 실제 증가율은 25% 이상일 것이다. Y(정답)

⑤ 2020년부터 전년 대비 생산량 변화 트렌드는 농산품류 [+ + −]이며, 음료류 [+ + +]로 변화 트렌드가 서로 다르다. N

09 ⑤

옳은 것 'Y' 찾아야 한다.

① 주어진 기간 동안 수치가 지속 증가했던 국가는 없다. N

② 13.00을 기준으로 매년 싱가포르의 편차는 [+ 0.01, + 0.15, − 0.27, − 0.19, − 0.97]로 편차의 합계가 음수이므로 평균값은 13 미만이다. N

③ 2019~2022년까지는 터키의 수치가 가장 높았으나 2023년에는 대한민국의 수치가 18.45로 가장 높았다. N

④ $\frac{1}{9}$는 11.1%이다. 2021년 말레이시아의 중앙정부세수는 10.89로 11.1 이하를 기록하였으므로 매년 $\frac{1}{9}$ 이상을 활용하지는 않았다. N

⑤ 8개 국가 중 터키의 수치만 2020년에서 2021년에 증가하였고, 나머지 국가는 모두 하락하였다. Y(정답)

10 ①

옳은 것 'Y' 찾아야 한다.

① 업체 1개당 종사자 수는 [종사자 ÷ 업체]이다. [2022년 vs 2023년] ≒ [$\frac{380}{977}$ vs $\frac{410}{1,161}$] ≒ [$\frac{3,800}{977}$ vs $\frac{4,100}{1,161}$] 처럼 가분수 형태로 정리하는 것이 계산 시 더 편한 구성이다. [$\frac{3,800}{977}$ vs $\frac{4,100}{1,161}$] ≒ [4배보다 조금 적음 > 3.5배 정도 됨]으로 2022년의 수치가 더 크다는 것을 알 수 있다. Y(정답)

② 종사자 1인당 영업이익은 [영업이익 ÷ 종사자]이다. [2021년 vs 2022년 × 3배] = [$\frac{695}{450}$ vs $\frac{609}{380}$]이다. 2022년에서 분모 380에 70을 더하면 분자 609에는 약 110(61:38 ≒ 1.6:1의 비율)을 더하면 되겠다. 즉, [$\frac{695}{450}$ vs $\frac{609}{380}$] ≒ [$\frac{695}{450}$ < $\frac{719}{450}$]로 2022년에 3배

한 값이 더 크다. 따라서, 2021년 종사자 1인당 영업이익은 2022년의 3배 미만임을 알 수 있다. N

(대소비교를 위해서는 [$\frac{695}{45}$ vs $\frac{609}{38}$] 보다는 [$\frac{695}{450}$ vs $\frac{609}{380}$]처럼 분자와 분모의 자릿수가 동일한 것이 더욱 직관적인 계산이 가능하다.)

③ 종사자 1인당 매출액은 [매출액 ÷ 종사자]이다. 또한, 지문에서 150백만 원이라는 특정 수치를 언급했기 때문에 계산 시 자릿수를 고려하는 것이 좋다. [매출액 ÷ 종사자]의 단위만 고려하면, [십억 ÷ 천] = $\frac{1,000,000,000}{1,000}$ = 1,000,000 = '백만'이므로 도표에서 주어진 수치를 그대로 활용해도 된다. [$\frac{75,580}{450}$ vs 150] = [$\frac{75,580}{450}$ vs $\frac{150 \times 450}{450}$] = [$\frac{75,580}{450}$ > $\frac{67,500}{450}$] 으로 2021년 종사자 1인당 매출액은 150백만 원 이상임을 알 수 있다. N (영미식 표기법에 따라 콤마(,)가 찍힐 때마다 한국 기준으로는 천 → 백만 → 십억의 단위가 된다는 것은 상식적으로도 알고 있는 것이 좋다.)

④ 2022년 종사자 수 380의 8%는 30.40이다. 즉, 8% 증가된 값은 380 + 30.4 = 410.4로 2023년 410보다 크다. 따라서, 실제 증가율은 8% 미만임을 알 수 있다. N

⑤ 2022년 내수 47,410의 20%는 9,482이다. 즉, 20% 증가된 값은 47,410 + 9,482 = 56,892로 2023년 56,800보다 크다. 따라서, 실제 증가율은 20% 미만임을 알 수 있다. N

(이번 문제는 계산량이 많고, 계산의 난이도가 상당히 높은 문제였다. 실제 GSAT에서 출제될 수 있는 수준에서 가장 높은 수준의 난이도라고 볼 수 있다. 이러한 문제를 수험장에서 맞닥뜨리게 되면 '풀지 말지'를 빠르게 결정할 수 있어야 한다.)

11 ④

옳은 것 'Y' 찾아야 한다.

① 2022년의 경우 33.5 + 9.3 = 42.8%로 50% 미만이었다. N

② 2012년의 경우 '보통'의 응답 비중은 23.8%로 4명 중 1명인 25%보다 낮았다. N

③ 2022년에는 '전혀 불안하지 않음' 10.2%, '매우 불안함' 9.3%로 '매우 불안함'의 비중이 더 낮았다. N

④ 2012년과 2022년 모두 '약간 불안함'의 응답 비중은 3명 중 1명인 33.3%보다 높았다. Y(정답)
⑤ '별로 불안하지 않음'의 수치 차이는 12.0 → 18.2로 6.2%p이며, '약간 불안함'의 수치 차이는 47.1 → 33.5로 −13.6%p이다. '약간 불안함'의 비중 차이가 가장 컸다. N

12 ①

'매우 불안함'의 비중은 2012년 12.6%와 2022년 9.3% 이다. 2022년의 전체 응답자가 2012년의 2배라고 했으므로 2022년의 비중값에 2를 곱하면 2012년의 비중과 1:1 비교가 가능하다.

즉, 2012년의 응답 인원수를 100%라 하면 2022년 '매우 불안함'의 비중 9.3%는 2012년에는 18.6%에 해당하는 수치이다. 따라서, 2012년 100% 기준 2012년 인원수 12.6%와 2022년 인원수만큼의 비중인 18.6%의 차이인 6%가 120명이라는 것이다.

이를 통해 2012년 전체 인원은 6%가 120명이므로 1%는 20명이며 100%는 2,000명임을 알 수 있다. 정답은 ①번. 이를 수식으로 표현하면 2012년 전체 응답자 수를 x라고 할 때, $(0.093 \times 2x) - (0.126 \times x) = 120 \rightarrow 0.186$ $x - 0.126x = 0.06x = 120 \rightarrow x = 2,000$명이다.

13 ②

옳은 것 'Y' 찾아야 한다.
① 타 지역으로 이동한 인원은 해당 지역에서의 '이동 전' 인원 합계이다. 평택부터 차례대로 [280, 245, 150, 170]이므로 평택에서 타 지역으로 이동한 인원이 가장 많았다. N
② 각 도시별 이동 전과 이동 후의 차이값은 [이동 후 − 이동 전] = [−170, −90, +40, +220]으로 화성에서의 인원 변동이 가장 적었다. Y(정답)
③ 온양으로 인사이동 오게 된 인원은 총 390명이다. 이 중, 인사이동 전 평택 → 이동 후 온양 인원은 140명 이므로 50%가 아니다. N
④ 평택 → 온양 인원은 140명, 화성 → 평택 인원은 20 명으로 서로 다르다. N (온양 → 평택 인원과 평택 → 화성 인원은 60명으로 같다. 이를 헷갈렸다면 오답을 선택했을 것이다.)
⑤ 천안에서 타 지역으로 이동한 인원은 모두 245명이 며, 이 중 평택으로 이동한 인원은 30명이므로 절반 이하이다. N

14 ⑤

옳은 것 'Y' 찾아야 한다.
① 정보 검색의 비중은 20대부터 차례대로 [4, 1, 1, 2, 2] 위의 순위로 모든 연령대에서 두 번째는 아니다. N
② 20대의 전체 스마트폰 사용시간이 2배이므로 20대의 정보 검색 비중 15.0의 2배인 30.0과 30대의 34.0은 1:1로 수치를 비교할 수 있다. 30대의 정보 검색 사용 시간이 더 길다. N
③ 정보 검색 목적의 사용 비중은 20대부터 40대까지 증가 하였지만, 40대부터 60대 이상까지는 감소하였다. N
④ 게임 등 여가 목적의 사용 비중은 20대 29.7 → 30대 31.1로 증가하는 구간이 존재한다. N
⑤ SNS 등 커뮤니케이션의 사용 비중은 20대 30.4 → 60대 이상 3.4까지 매 연령대에서 지속 감소하였다. Y(정답)

15 ②

1) 이공계 전공 2학년: 전기/전자 30%가 120명이므로, 10%는 40명이고 2학년 전체는 400명이다.
2) 이공계 전체 인원: 2학년 400명이 이공계 전체의 25%이므로 이공계 전체는 400×4 = 1,600명이다.
3) 이공계 1학년: 이공계 전체 1,600명 중 1학년 12%는 1,600×0.12 = 192명이다.

16 ①

옳은 것 'Y' 찾아야 한다.
① 주어진 도표의 수치는 각 국가별 2017년 생산량을 100으로 설정하여 환산한 수치이다. 따라서, 100 초 과인 경우 2017년보다 높은 생산량이며 100 미만인 경우 2017년의 생산량보다 낮다. 주어진 도표의 수치 는 모두 100 미만이다. Y(정답)
② 노르웨이 역시 2020년부터 2024년까지 수치가 지속 증가하였다. N
③ 이탈리아의 2017년이 100이며, 2022년이 97.30이므 로 2.7% 감소하였다. N
④ 독일의 근무시간당 생산량은 2023년 98.1 → 2024 년 99.4로 1.3만큼 증가하였다. 해당 증가량이 1.5% 이상의 증가율 이상인지를 판단하기 위해 $[\frac{13}{981} <$ $\frac{15}{1,000}]$의 대소비교를 해도 되고, 98.1 × 0.015 ≒ 1.47로 1.3보다 높으니 증가율은 1.5% 이하라고 판 단해도 되겠다. N

⑤ 각 국가별 수치 중 2024년의 수치가 가장 높은지 확
   인하자. 이탈리아의 경우 2020년에 98.9로 가장 높은
   수치를 기록하였다. N

17 ⑤

a. (거짓) 3개년 동안 '초졸 이하'의 평균 독서권수가 가장
   많았다.
b. (참) 가중평균 연산을 수행해야 한다. 여성을 10명, 남
   성을 15명이라 하면 여성의 총 독서량은 10 × 13 =
   130, 남성의 총 독서량은 15 × 16 = 240이다. 총 독
   서량은 130 + 240 = 370이며, 총 독서인원은 10 +
   15 = 25명이므로 2019년 평균 독서량은 370 ÷ 25
   = 14.8권이다. (또는, 370 ÷ 25 = 370을 5로 2번 나
   눈 값이며, 5로 나누는 연산은 0.2를 곱하는 연산과 같
   으므로 370 × 0.04 = 14.8이다.)
c. (참) 3개년 동안 남성의 수치가 여성의 수치보다 높았다.
d. (참) 2021년 독서량 수치는 2019년 대비 전 구간에서
   모두 증가하였다.

18 ①

'23년 이후 18번 문제로 출제되고 있는 이차방정식의 최
댓값, 최솟값을 활용해 계수를 도출하는 문제이다. 별도
의 필기 없이 암산만으로도 풀 수 있는 쉬운 난이도의 문
제들이 출제되고 있으므로 꼭 풀어보도록 하자.

최댓값을 기록하기 위해서는 $-\dfrac{(B-x)^2}{2}$이 0이어야 한

다. x가 6일 때, 최댓값이라 했으므로 B = 6이다. 그리고,
이때 10A = 최댓값 = 100이므로 A = 10이다. (충분히 암
산으로 풀 수 있다. 매번 이러한 난이도로 출제되는 것은
아니지만 이차방정식 문제 유형은 별도의 준비가 필요치
않을 정도로 비교적 쉬운 문제가 출제되고 있다.)

19 ②

65인치의 비중은 [65인치 ÷ 전체]이다. 하지만, 이를 매
년 계산하여 확인하는 것보다는 분자와 분모의 트렌드를
먼저 파악하여 비중의 변화 트렌드를 유추하는 것이 효과
적이다.
(분자) 65인치의 전년 대비 트렌드는 2020년을 기준으로
[+ − + + −]이다.
(분모) 전체의 전년 대비 트렌드는 2020년을 기준으로
[+ + − − +]이다.
따라서, 65인치의 비중은 2020년을 기준으로 [? − + + −]
의 트렌드로 변화함을 알 수 있다.

전체 구간을 구하지는 못했더라도 우선은 알고 있는 정보
를 기준으로 5개 보기에서 주어진 기간 동안 값의 변화가
[? − + + −]인 그래프를 찾으면, ②번과 ③번 두 그래프
가 조건을 만족한다.
두 그래프의 수치 차이가 가장 큰 2024년(②번 35.8%와
③번 34.2%)의 65인치 비중을 주어진 표에서 값을 어림
하여 224 ÷ 626 하면 약 36%이다. 따라서, 정답은 ②번
이라고 판단할 수 있다.

20 ③

[정석 풀이]
DRAM: 5씩 증가하는 등차수열
NAND: [3, 6, 9 …]로 3씩 증가하는 계차수열이다.
DRAM은 2030년에 80, NAND는 2030년에 260임을 각
각 산출한다.
따라서, 2030년 합계는 80 + 260 = 340임을 알 수 있다.

[요령 풀이]
DRAM과 NAND의 합계를 하나의 수열로 치환한다.
2020년의 합계 125에서 매년 [8, 11, 14, 17 …]로 증가
하는 계차수열로 인식하게 되면 매해 반복되는 연산량을
줄일 수 있다. 이후 2030년 340까지 계산한다.

구분	디램		낸드		합계	
20년	30		95		125	
21년	35	5	98	3	133	8
22년	40	5	104	6	144	11
23년	45	5	113	9	158	14
24년	50	5	125	12	175	17
25년	55	5	140	15	195	20
26년	60	5	158	18	218	23
27년	65	5	179	21	244	26
28년	70	5	203	24	273	29
29년	75	5	230	27	305	32
30년	80	5	260	30	340	35

[치트키]
특정 시점의 합계를 구하는 문제이기 때문에 끝자리(일의
자리) 숫자만 구해도 정답을 골라낼 수 있는지 판단하기
위해 보기를 바로 확인하자. 주어진 다섯 가지 보기의 끝
자리(일의자리) 숫자가 모두 다르다.
즉, 모든 연산을 수행하는 것보다는 일의 자리 숫자만 구
해도 정답이 무엇인지를 선택할 수 있다.

2020년 합계 125의 끝자리 5에서 [8, 1, 4, 7, 0, 3, 6, 9, 2, 5]를 더하면 2030년의 끝자리가 0임을 알 수 있다. 이를 만족하는 보기는 ③번 3400이다. 정답으로 선택한다. 또는, 2024년 합계 175의 끝자리 5에서 [0, 3, 6, 9, 2, 5]를 더하면 2030년의 끝자리가 0임을 알 수 있다.

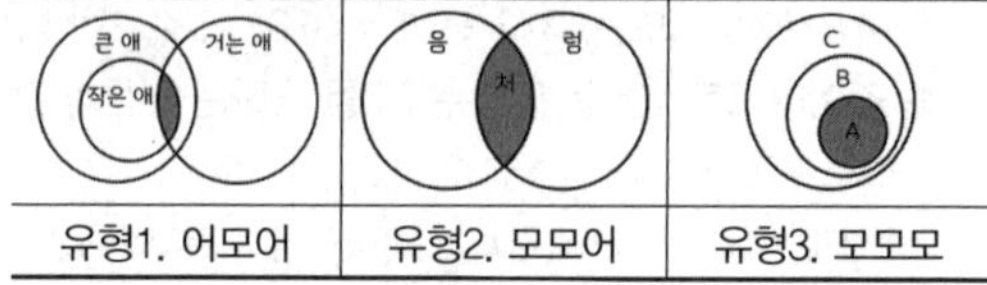

Chapter 02 추리

01	02	03	04	05	06	07	08	09	10
①	⑤	④	⑤	①	③	④	⑤	②	⑤
11	12	13	14	15	16	17	18	19	20
①	②	③	①	③	②	②	②	③	①
21	22	23	24	25	26	27	28	29	30
③	④	⑤	③	②	①	③	⑤	④	⑤

01~03은 다음의 유형을 따른다.

01 ①

[치트키]

전제의 어떤을 보고 유형1. 어모어로 접근하자. 전제의 어떤과 결론의 어떤에 모두 쓰인 개념이 거는 애다. 전제의 어떤에서 거는 애를 제외한 나머지 개념이 작은 애, 결론의 어떤에서 거는 애가 아닌 개념이 큰 애다.

작: 냉장고

큰: 에어컨

거: 카메라

전제2는 전제의 모든 자리이며 [작은 애 → 큰 애]의 형태를 보인다. 즉 [냉장고 → 에어컨]이 정답이다.

[일반 풀이]

카메라를 판매하는 매장과 냉장고를 판매하는 매장이 교집합을 이룬다. 이를 토대로 카메라를 판매하는 매장과 에어컨을 판매하는 매장이 교집합을 항상 이룬다고 보장하는 명제는 냉장고를 판매하는 매장이 에어컨을 판매하는 매장의 부분집합이라는 내용이다.

02 ⑤

결론의 모든을 보고 유형3. 모모모로 접근하자. 결론은
[농구를 좋아하는 사람 → ◇ → 축구를 좋아하는 사람]
의 형태이다. 결론을 만드는 두 전제는 [농구를 좋아하는
사람 → ◇]와 [◇ → 축구를 좋아하는 사람]이다. [◇ →
축구를 좋아하는 사람]의 형태가 전제2와 같다. ◇에 들
어갈 개념을 전제2와 비교해 보자. 전제2는 [야구를 좋아
하는 사람 → 축구를 좋아하는 사람]이다. 이를 토대로 ◇에
들어갈 개념이 야구를 좋아하는 사람이라고 알 수 있다.
전제1은 [농구를 좋아하는 사람 → 야구를 좋아하는 사
람]이다.

03 ④

[치트키]
전제의 어떤을 보고 유형1. 어모어로 접근하자. 전제의 모
든에서 작은 애와 큰 애를 먼저 찾은 후 전제의 어떤에서
작은 애가 아닌 남은 개념을 거는 애로 확인하자.

작: 지속

큰: 경쾌

거: 진한

결론에 큰 애와 거는 애가 어떤으로 만난다. 즉 '경쾌/어
떤/진한' 또는 '진한/어떤/경쾌'가 정답이다.

[일반 풀이]
향의 지속력이 좋은 향수는 향이 경쾌한 향수의 부분집합
이다. 향의 지속력이 좋은 향수가 향이 진한 향수와 교집
합을 이루기 때문에 향의 지속력이 좋은 향수를 부분집합
으로 삼는 향이 경쾌한 향수와 향이 진한 향수도 교집합
을 이룬다.

04 ⑤

〈보기〉의 조건의 수가 적으며 선택지에서 묻는 칸의 범위
가 넓다. 쉬운 문제일 확률이 높다.
고정조건을 먼저 살피자. A를 1행 1열의 칸에 놓자. 이후
B와 C를 같은 행의 칸에 놓는다는 조건을 토대로 B와 C
를 2행의 칸에 놓는 경우와 3행의 칸에 놓는 경우로 나눠
보자. B와 C를 바꾸어 놓는 경우도 있기에 편의상 B/C 또
는 C/B로 표현했다.

A	
B/C	C/B

A	
B/C	C/B

D와 E는 같은 열의 칸에 놓는다. 1열은 A와 B/C 중 하나
로 이미 3개 칸 중 2개 칸이 찼다. D와 E는 2열의 칸에 놓
는다. D와 E를 바꾸어서 놓는 경우도 있기에 D/E 또는
E/D로 표현했다.

A	D/E		A	D/E
B/C	C/B			E/D
	E/D		B/C	C/B

빈칸에 F를 놓으며 풀이를 마치자.

05 ①

줄을 세우는 문제이기에 기준을 줄을 서는 순서로 잡아
정보를 정리하자. 고정조건을 먼저 살피자. D를 3번째에
고정하자. 이어서 B는 D보다 입사 시험점수가 높으니 B
가 1번째로 줄을 서는 경우와 B가 2번째로 줄을 서는 경
우로 나눌 수 있다.

Case	1번째	2번째	3번째	4번째	5번째
1	B		D		
2		B	D		

C와 E의 시험점수는 A의 입사 시험점수보다 낮다. Case
1, 2에서 남은 3개의 칸 중 맨 왼쪽(점수가 가장 높은) 칸
에 A를 고정하자. Case 1, 2 모두 C와 E는 4번째와 5번
째로 줄을 선다. 둘 중 누가 4번째로 줄을 서는지 확정할
수 없으니 편의상 C/E 또는 E/C로 정리했다.

Case	1번째	2번째	3번째	4번째	5번째
1	B	A	D	C/E	E/C
2	A	B	D	C/E	E/C

06 ③

[치트키]
문제에서 제시한 조건을 만족하는 경우에서 이벤트에 당
첨되지 않은 사람은 진실을 말하고 이벤트에 당첨된 사람
은 거짓을 말한다. B는 D가 이벤트에 당첨되지 않았다고
한다. B의 진술이 진실이면 D가 이벤트에 당첨되지 않았
고 D가 이벤트에 당첨되지 않았기에 D의 진술은 진실이
다. B의 진술이 거짓이면 D가 이벤트에 당첨됐고 D가 거
짓을 말한다. B의 진술과 D의 진술은 동시에 진실을 말하
거나 동시에 거짓을 말한다. 문제에서 1명만 거짓을 말한
다고 했으니 B와 D는 진실을 말한다. 즉 B와 D는 이벤트
에 당첨되지 않았다.

D의 진술이 진실이다. B와 D의 진술관계와 마찬가지로 D의 진술이 진실이기에 A의 진술도 진실이다. A의 진술이 진실이기에 A와 E도 이벤트에 당첨되지 않았다고 알 수 있다. B, D, A, E가 이벤트에 당첨되지 않았다. 이벤트에 당첨된 사람은 C이다.

[일반 풀이]

A가 이벤트에 당첨된 경우부터 E가 이벤트에 당첨된 경우까지 5가지로 경우를 상정한 후 각 경우에서 5명의 진술이 진실인지 거짓인지 각기 판별하면 다음과 같다.

진술 당첨	A	B	C	D	E
A	F	T	T	F	T
B	T	T	F	T	F
C	T	T	F	T	T
D	T	F	T	T	F
E	F	T	T	T	F

C가 이벤트에 당첨된 경우 1명만 거짓을 말한다. 그러면서 거짓을 말하는 1명이 C라고 알 수 있다.

07 ④

변수가 제품과 테스트로 2가지다. 두 변수가 다대다의 구조를 띠기에 한 축에는 제품의 값, 다른 한 축에는 테스트의 값을 두고 표 안을 O, ×로 채워보자. 테스트에 합격하면 O, 불합격하면 ×이다.

방열 테스트에 합격한 제품이 2개뿐, 침수 테스트에 합격한 제품이 1개뿐이라는 정보와 B는 3개 중 2개 테스트만 합격했다는 정보를 기입하여 시각적으로 정보를 이해할 수 있도록 하자.

아쉽게도 어떤 제품이 어떤 테스트에 합격했는지를 직관적으로 표현하는 정보가 없다. 3개 테스트에 모두 합격한 제품을 고민해 보자. B는 2개 테스트만 합격했으니 3개 테스트에 모두 합격한 제품은 아니다. C는 D가 합격한 테스트에 모두 합격했다. D가 3개 테스트에 모두 합격했으면 C도 3개 테스트에 모두 합격하게 되는데 3개 테스트에 모두 합격한 제품이 1개뿐이라는 〈보기〉의 조건을 만족하지 않게 된다. 따라서 3개 테스트에 모두 합격한 제품이 될 수 있는 제품은 A와 C이다. 이를 토대로 2개 경우로 나눠보자.

C가 3개 테스트에 모두 합격한 경우 침수 테스트에 합격한 제품은 C뿐이다. 즉 A, B, D는 침수 테스트에 불합격했다. B는 2개 테스트만 합격했기에 침수 테스트를 제외

한 방열, 성능 테스트에 합격했다. 이를 다음의 Case 1에 정리했다. A가 3개 테스트에 모두 합격한 경우(Case 2)도 Case 1을 정리한 과정과 같이 B, C, D는 침수 테스트에 불합격했고 B는 방열, 성능 테스트에 합격했다.

	A	B(2)	C	D
방열(2)		O	O	
침수(1)	×	×	O	×
성능		O	O	

Case 1

	A	B(2)	C	D
방열(2)	O	O		
침수(1)	O	×	×	×
성능	O	O		

Case 2

방열 테스트에 합격한 제품은 2개뿐이다. Case 1, 2 모두 방열 테스트에 합격한 2개 제품을 알고 있으니 방열 테스트에 합격했는지 아닌지 모르는 두 제품 즉 방열 테스트 행에서 빈칸으로 둔 두 칸에 X를 적자.

	A	B(2)	C	D
방열(2)	×	O	O	×
침수(1)	×	×	O	×
성능		O	O	

Case 1

	A	B(2)	C	D
방열(2)	O	O	×	×
침수(1)	O	×	×	×
성능	O	O		

Case 2

Case 1, 2에서 아직 채우지 못한 칸들은 합격했는지 아닌지 확정할 수 없다.

[참고]

상세한 설명을 위해 Case 1, 2로 나누어 풀이했지만 특정 칸을 묻는 선택지의 특성상 다음과 같이 Case를 나누지 않고 채울 수 있는 칸만 채워도 답을 구할 수 있다.

	A	B(2)	C	D
방열(2)		O		×
침수(1)		×		×
성능			O	

'③ C는 성능 테스트에 합격했다.'를 정답으로 고른 분도
계실 것이라 생각한다. 문제에서 각 제품이 최소 1개 이
상의 테스트에 합격했다는 정보가 없다. 즉 3개 테스트
모두 불합격했을 수 있다.
③번을 정답으로 고른 예상되는 또 다른 이유는 C는 D가
합격한 테스트에 모두 합격했다는 〈보기〉의 조건이다. D
가 3개 테스트 모두 불합격했을 경우, C 또한 3개 테스트
모두 불합격했을 수 있다. 이를 Case 2에 적용하면 다음
과 같다.

	A	B(2)	C	D
방열(2)	○	○	×	×
침수(1)	○	×	×	×
성능	○	○	○/×	×

08 ⑤

줄을 세우는 문제는 순차성을 띠는 줄을 서는 순서를 기
준변수로 두고 정리하는 편이 수월하다. 1번째로 줄을 서
는 사람을 여자로 고정한 뒤 2, 4번째로 줄을 서는 사람
이 남자인 경우와 여자인 경우로 나눠보자.

Case	1	2	3	4	5	6
1	여	남		남		
2	여	여		여		

남자끼리 이웃하게 줄을 서지 않는다. Case 1에서 3, 5번
째로 줄을 서는 사람은 여자다. 여자끼리는 3명 이상이
연달아 이웃하게 줄을 서지 않는다. Case 2에서 3번째로
줄을 서는 사람은 남자다.

Case	1	2	3	4	5	6
1	여	남	여	남	여	
2	여	여	남	여		

Case 1에서 6번째로 줄을 서는 사람은 여자일 수도 있고
남자일 수도 있다. 2가지 경우로 나눠보자. Case 2에서 5
번째로 줄을 서는 사람은 남자 또는 여자이다. 5번째로
줄을 서는 사람이 남자인 경우 남자끼리 이웃하게 줄을
서지 않는다는 조건에 의해 6번째로 줄을 서는 사람은 여
자다. 5번째로 줄을 서는 사람이 여자인 경우 여자끼리는
3명 이상이 연달아 이웃하게 줄을 서지 않는다는 조건에
의해 6번째로 줄을 서는 사람은 남자다.

Case	1	2	3	4	5	6
1.1	여	남	여	남	여	남
1.2	여	남	여	남	여	여
2.1	여	여	남	여	남	여
2.2	여	여	남	여	여	남

09 ②

변수가 사람, 관리자 유무, 조(=공정)로 3가지이다. 한 축에
관리자 유무의 값을 놓고 다른 한 축에는 공정의 값을 둔
뒤 표 안을 사람으로 채워보자. A는 화성 공정의 이슈를 조
사하고 관리자가 아니라는 고정조건을 먼저 정리하자.

	전극	조립	화성
관리자			
관리자 ×			A

C는 조립 공정의 이슈를 조사한다. 이 정보를 공정은 알
지만 관리자 유무를 모르는 미정인 칸에 정리하자. 조립
공정을 조사하는 2명 중 1명은 C이고 화성 공정을 조사
하는 2명 중 1명은 A이다. 같은 조를 이루는 D와 F는 전
극 공정을 조사한다. 관리자와 관리자가 아닌 인원끼리
조를 이루기 때문에 둘 중 1명이 관리자이고 나머지 1명
은 관리자가 아니라고 알 수 있다. D와 F 중 누가 관리자
인지 모르기에 D/F 또는 F/D로 정리하자.
B는 관리자가 아니다. 관리자 유무는 알지만 공정을 모르
는 미정인 칸을 두어 정리하자.

	전극	조립	화성	미정
관리자	D/F			
관리자 ×	F/D		A	B
미정		C		

미정으로 둔 값들을 정리해 보자. 관리자가 아닌 사람은
3명이고 관리자와 관리자가 아닌 인원끼리 조를 이룬다.
즉 관리자가 아닌 3명이 조사하는 공정은 각기 다르다. B
는 조립 공정을 조사한다. C는 자연스럽게 관리자라고 알
수 있다.
아직 채우지 않은 E는 화성 공정을 조사하며 관리자라고
알 수 있다.

	전극	조립	화성
관리자	D/F	C	E
관리자 ×	F/D	B	A

10 ⑤

E는 1행 3열에 배치된 의자에 앉고 2행 2열의 의자는 빈 의자라는 정보를 정리하자.

		E	
	×		

D는 C보다 무대에 가까운 의자에 앉는다는 조건을 확인해 보면 D는 1행, C는 2행에 배치된 의자에 앉는다고 알 수 있다. 하지만 D가 몇 열에 배치된 의자에 앉는지, C가 몇 열에 배치된 의자에 앉는지 확정할 수 없기에 경우가 많이 나뉜다. A는 F와 같은 행에 배치된 의자에 앉는다는 조건을 확인해 보면 A와 F가 앉는 각 의자의 후보가 많다. 즉 경우가 많이 나뉜다. B가 앉는 의자와 같은 열에 배치된 의자는 빈 의자라는 조건을 먼저 확인해 보자.

B가 바로 1행 2열에 배치된 의자에 앉는다고 판단할 수 있지만 빈 의자는 8개의 의자 중 2개다. B가 앉는 의자를 판별해 보자.

B는 2행 3열에 배치된 의자에 앉지 않는다. 3열에 배치된 의자에 이미 E가 앉는다고 알고 있기 때문이다.

B가 1행 1열에 배치된 의자에 앉거나 1행 4열에 배치된 의자에 앉으면 D는 C보다 무대에 가까운 의자에 앉는다는 조건과 A는 F와 같은 행에 배치된 의자에 앉는다는 조건 중 1가지를 만족하지 못하게 된다. 다음의 예시는 A는 F와 같은 행에 배치된 의자에 앉는다는 조건은 만족하나 D는 C보다 무대에 가까운 의자에 앉는다는 조건을 만족하지 못하는 경우다.

B		E	
×	×	A/F	F/A

B, 1행 1열 불가 이유

		E	B
A/F	×	F/A	×

B, 1행 4열 불가 이유

B가 2행 1열에 배치된 의자에 앉거나 2행 4열에 배치된 의자에 앉으면 앞선 정리와 마찬가지로 D는 C보다 무대에 가까운 의자에 앉는다는 조건과 A는 F와 같은 행에 배치된 의자에 앉는다는 조건 중 1가지를 만족하지 못하게 된다. 다음의 예시는 D는 C보다 무대에 가까운 의자에 앉는다는 조건은 만족하나 A는 F와 같은 행에 배치된 의자에 앉는다는 조건을 만족하지 못하는 경우다.

×		E	D
B	×	C	

B, 2행 1열 불가 이유

	D	E	×
C	×		B

B, 2행 4열 불가 이유

B는 1행 2열에 배치된 의자에 앉는다.

[오답 점검]

1. 빈 의자를 빈칸으로 두고 풀다 보면 빈 의자여서 빈칸인지 값을 아직 모르기에 빈칸인지 헷갈리는 경우가 생긴다. 빈 의자가 확실한 칸은 × 등으로 표기하여 혼란을 줄이자.

2. 항상 참인 것을 묻기에 만족하지 않는 1가지 경우라도 찾으면 반례가 된다. 오답인 선택지의 반례를 들면 다음과 같다.

D	B	E	×
C	×	F	A

①②③④의 반례

11 ①

변수가 사람과 합격한 회사로 2가지다. 한 축에는 사람, 다른 한 축에는 합격한 회사의 값을 두고 표 안을 O, × 로 채워보자.

B는 두 회사 모두 합격했다. 이를 먼저 채우자. E와 D는 한 곳의 회사에만 합격했으며 서로 합격한 회사는 다르다. 이를 O/× 또는 ×/O로 정리했으며 '/'를 기준으로 앞의 경우와 뒤의 경우로 나눌 수 있다.

	A	B	C	D	E
S		O		O/×	×/O
T		O		×/O	O/×

S사에 합격한 인원이 T사에 합격한 인원보다 많다. 그러면서 A는 C보다 많은 회사에 합격했다. C가 2개 회사에 합격한 경우, 1개 회사에 합격한 경우, 0개 회사에 합격한 경우로 나누어 고민하자.

C가 2개 회사에 합격한 경우 A는 C보다 많은 회사에 합격했다는 조건을 만족할 수 없다.

C가 1개 회사에 합격한 경우 A는 2개 회사에 합격했다. C가 S사에 합격한 경우와 T사에 합격한 경우로 나뉘며 두 경우 모두 A는 S사와 T사 모두 합격했다. 그런데 S사에 합격한 인원이 T사에 합격한 인원보다 많기 때문에 C가 1개 회사에 합격한 경우 C가 합격한 회사는 T사가 아니고 S사이다.

C가 0개 회사에 합격한 경우 A가 2개 회사에 합격한 경우와 A가 1개 회사에 합격한 경우로 나뉜다. A가 2개 회사에 합격했다는 말은 S사, T사 모두 합격했다는 말이다. A가 1개 회사에 합격했다면 S사에 합격한 인원이 T사에 합격한 인원보다 많다는 조건을 만족시켜야 하기에 A가 합격한 회사가 S사라고 알 수 있다.

결과적으로 문제의 상황과 조건을 만족하는 경우에서 A는 항상 S사에 합격했다고 알 수 있다.

12 ②

[치트키]

C의 진술을 보면 A와 C의 진술이 모순관계라고 알 수 있다. 둘 중 1명이 거짓을 말하고 나머지 1명은 참을 말한다. 문제에서 2명이 참을 말한다고 했으니 A와 C를 제외한 B, D, E 중 1명이 참을 말한다고 알 수 있다.

D의 진술을 확인해 보자. D는 E가 파리에 있었다고 말한다. D의 진술이 참이면 E는 파리에 있었고 E는 파리에 있었기에 참을 말한다. D의 진술이 거짓이면 E는 뉴욕에 있었고 E는 뉴욕에 있었기에 거짓을 말한다. D와 E는 정답이 되는 경우에서 둘 다 참을 말하거나 둘 다 거짓을 말한다. 앞선 정리에서 B, D, E 중 1명이 참을 말한다고 알고 있다. 이에 따라 정답이 되는 경우에서 D와 E의 진술은 거짓이고 둘 다 뉴욕에 있었다고 알 수 있다.

B, D, E 중 1명이 참을 말하는데 D와 E는 정답이 되는 경우에서 거짓을 말한다. 정답이 되는 경우에서 B의 진술은 참이고 B가 파리에 있었다고 알 수 있다. B의 진술에 의해 A와 D는 뉴욕에 있었다고 알 수 있다. A, D, E가 뉴욕에 있었다고 밝혀졌다. B와 C가 파리에 있었다.

[참고]

위의 치트키 풀이보다 소거법이 더 빠르다. 소거법이 치트키여야 하지만 기초가 탄탄하지 않으면 이해하기 어려울 수 있으니 참고로 설명하는 점을 양해해 주었으면 한다. A와 C가 모순관계인 점을 토대로 ⑤ D, E를 소거하자. D와 E의 진술이 정답이 되는 경우에서 동일관계처럼 쓸 수 있기에 ③ C, D ④ C, E를 소거하자. ① A, B ② B, C가 남았다. 공통적으로 언급한 B가 파리에 있었고 참을 말한다. B의 진술에 의해 ① A, B를 소거하자.

[일반 풀이]

5명 중 2명이 파리에 있던 경우를 상정하여 표를 그리는 풀이가 정석이지만, 10가지 경우를 모두 판별하기보다는 선택지에서 제시한 5가지 경우를 판별하는 것이 효율적이라 판단된다. 선택지에서 제시한 5가지 경우에서 A, B, C, D, E의 진술의 참/거짓 여부를 판별하면 다음과 같다.

파리＼진술	A	B	C	D	E
① A, B	F	F	T	F	F
② B, C	F	T	T	F	F
③ C, D	F	F	T	F	T
④ C, E	T	T	F	T	T
⑤ D, E	F	F	T	T	T

B, C가 파리에 있었던 경우와 C, D가 파리에 있었던 경우 2명만 참을 말한다. 그런데 C, D가 파리에 있었던 경우는 참을 말하는 사람이 C와 E로 파리에 있던 2명이 참을 말한다는 문제의 상황을 만족하지 않는다. B와 C가 파리에 있었던 경우 B와 C만 참을 말한다.

13 ③

A와 D는 서로 마주 보고 앉는다는 조건을 토대로 A와 D를 고정할 수 있는 것처럼 보이지만 자리에 번호가 있어 고정조건처럼 쓸 수 없다. 보다 확실한 정보를 먼저 기입하자. B를 3이 적힌 의자에 앉히자.

F가 앉는 의자의 번호는 B가 앉는 의자의 번호보다 작다. F가 1이 적힌 의자에 앉는 경우와 2가 적힌 의자에 앉는 경우로 나뉠 수 있다. 그런데 F가 2가 적힌 의자에 앉는 경우 E는 F와 인접한 의자에 앉는다는 조건에 의해 E가 1이 적힌 의자에 앉게 되는데 A와 D가 서로 마주 보고 앉을 의자가 없다. F는 1이 적힌 의자에 앉는다.

E는 F와 인접한 의자에 앉는다. E는 2가 적힌 의자에 앉거나 6이 적힌 의자에 앉는다. E가 2가 적힌 의자에 앉으면 A와 D가 서로 마주 보고 앉을 의자가 없다. E는 6이 적힌 의자에 앉는다. 서로 마주 보고 앉는 A와 D는 2가 적힌 의자와 5가 적힌 의자에 앉는다. 둘 중 누가 2가 적힌 의자에 앉는지 확정할 수 없기에 AD 또는 DA로 표기했다.

4가 적힌 의자는 자연스럽게 C가 앉는 자리다.

14 ①

변수가 사람, 순서, 메뉴로 3가지다. 줄 세우기 문제는 기준이 되는 변수를 순서로 두고 정리하는 것이 가장 직관적이기에 순서를 기준으로 두고 한 행에는 사람, 또 다른 행에는 메뉴를 표기하자.

E는 4번째로 줄을 서며 양식을 택한다는 고정조건을 먼저 정리하자. 양식을 택하는 인원끼리 이웃하게 줄을 서지 않고 메뉴는 한식과 양식으로 이분법적으로 제시됐다. 3, 5번째로 줄을 서는 사람은 한식을 먹는다.

순서	1	2	3	4	5
사람				E	
메뉴			한	양	한

A와 C는 서로 이웃하게 줄을 선다. A와 C가 1, 2번째로 줄을 서는 경우와 2, 3번째로 줄을 서는 경우로 나눌 수 있다. 그런데 A, C가 1, 2번째로 줄을 서게 되면 양식을 먹는 D가 줄을 설 곳이 없다. A와 C는 2, 3번째로 줄을 서고 D는 1번째로 줄을 선다. A와 C는 자리를 바꿀 수 있기에 편의상 A/C 또는 C/A로 표기했다.

순서	1	2	3	4	5
사람	D	A/C	C/A	E	
메뉴	양		한	양	한

언급하지 않은 B는 5번째로 줄을 선다. 2번째로 줄을 서는 사람은 양식을 택하는 인원끼리 이웃하게 줄을 서지 않는다는 조건에 의해 한식을 택한다고 알 수 있다.

순서	1	2	3	4	5
사람	D	A/C	C/A	E	B
메뉴	양	한	한	양	한

15 ③

[가로규칙] 이동
위(↑)로 1칸씩 이동

16 ②

[세로규칙] 연산
첫 번째 그림과 두 번째 그림을 겹쳤을 때 같은 색이 만나면 백색, 다른 색이 만나면 흑색으로 세 번째 그림에 표현
(= 같흰다검)

17 ②

[세로규칙] 회전하듯 이동
안: 반시계방향(↶)으로 1칸씩 이동
밖: 시계방향(↷)으로 1칸씩 이동

[18~21]

하나의 규칙을 적용한 [SREE ⇨ △ ⇨ RTBI]의 흐름을 토대로 △의 규칙을 먼저 확인하자.
△ : −1 +2 −3 +4
이어서 [WIGH ⇨ △ ⇨ ☆ ⇨ DKLV]의 흐름에 △의 규칙을 적용하여 ☆의 규칙을 찾아보자.
[WIGH ⇨ △ ⇨ ☆ ⇨ DKLV]
[VKDL ⇨ ☆ ⇨ DKLV]
☆ : 3241

☆의 규칙을 [46YG ⇨ ☆ ⇨ ♥ ⇨ X7F5]의 흐름에 적용하여 ♥의 규칙을 찾아보자.
[46YG ⇨ ☆ ⇨ ♥ ⇨ X7F5]
[Y6G4 ⇨ ♥ ⇨ X7F5]
♥ : −1 +1 −1 +1

마지막으로 [RTBI ⇨ ♥ ⇨ ♣ ⇨ UQJA]의 흐름에 ♥의 규칙을 적용하여 ♣의 규칙을 찾아보자.
♣ : 2143

> △ : −1 +2 −3 +4
> ☆ : 3241
> ♥ : −1 +1 −1 +1
> ♣ : 2143

18 ②

[? ⇨ ♣ ⇨ ♥ ⇨ KLSQ]
[? ⇨ ♣ ⇨ LKTP]
[KLPT]

19 ③

[4LJ1 ⇨ ☆ ⇨ ♥ ⇨ ?]
[JL14 ⇨ ♥ ⇨ ?]
[IMO5]

20 ①

[? ⇨ ☆ ⇨ △ ⇨ ♣ ⇨ PE85]

[? ⇨ ☆ ⇨ △ ⇨ EP58]

[? ⇨ ☆ ⇨ FN84]

[4NF8]

21 ③

[VT64 ⇨ ☆ ⇨ △ ⇨ ♥ ⇨ ?]

[6T4V ⇨ △ ⇨ ♥ ⇨ ?]

[5V1Z ⇨ ♥ ⇨ ?]

[4W0A]

22 ④

아쿠아포닉스의 정의와 대략적인 시스템에 대해 설명하고 있는 (D)가 가장 먼저 위치해야 한다. (D)에서 대략적인 시스템을 설명하였으므로 그다음으로는 아쿠아포닉스의 상세한 시스템을 설명하고 있는 (A)가 위치해야 한다. (C)와 (B) 문단 중에서 어떤 것이 먼저 위치할지 확인하기 위해 문단 시작 부분을 보면 (B)에서 '이러한 장점을 바탕으로'라고 작성된 부분이 보인다. 따라서 장점을 설명하는 (C)가 먼저 위치한 후 마지막으로 (B)가 위치해야 한다.

23 ⑤

가장 먼저 위치할 문단은 '디지털 기술의 발전'이라는 주제로 디지털 기술의 전반적인 발전과 생활 변화를 소개하는 (A)가 적절하다. (C)와 (D) 문단 모두 디지털 기술의 장점에 대해 설명하고 있지만 (D)의 도입 부분이 '뿐만 아니라'로 시작하기 때문에 (C) – (D) 순서로 위치하는 것이 적절하다. 마지막으로 앞에서 언급했던 장점과 대비되는 단점을 언급하는 (B)가 위치한다.

24 ③

FO WLP의 주요 장점으로 I/O 핀의 수를 증가시키고 신호 전달 경로를 단축시켜 전기적 성능을 향상시키는 것을 언급하였기 때문에 옳지 않다.

[오답 점검]

① 'FO WLP는 반도체 패키징 기술로, 웨이퍼 수준에서 반도체 칩을 패키징하여 더 얇고 가벼우며 전기적 성능이 뛰어나다'라고 하였기 때문에 옳은 설명이다.

② FO WLP는 주로 스마트폰, 태블릿, 웨어러블 디바이스 등에 사용된다고 언급했다.

④ FO WLP의 제조 공정상 장점으로 'PCB를 사용하지 않는 만큼 재료 사용량이 줄어들어 제조 원가를 낮출 수 있다'라고 하였기 때문에 옳은 설명이다.

⑤ FO WLP 제조 공정의 복잡성과 정밀도가 높아 초기 투자 비용이 증가할 수 있다고 언급했기 때문에 옳은 설명이다.

25 ②

저항막 방식 터치스크린은 내구성이 약하고 멀티터치를 지원하지 않는다고 하였으므로 옳지 않은 설명이다.

[오답 점검]

① 터치스크린 패널은 다양한 현대 전자기기에 사용된다고 하였으므로 옳은 설명이다.

③ 정전용량 방식은 높은 투과율과 멀티터치 지원, 빠른 응답 속도가 장점이라고 하였으므로 옳은 설명이다.

④ 적외선 방식은 높은 내구성과 정확성을 제공하지만, 외부 빛에 민감할 수 있다고 하였으므로 옳은 설명이다.

⑤ 플렉시블 터치스크린은 접이식 스마트폰 등에 적용되고 있다고 하였으므로 옳은 설명이다.

26 ①

하이라이트 레인지는 상판으로 직접 열을 전달하고 사용 후 상판을 냉각시키는 데 시간이 오래 걸린다고 하였으므로 상판이 차갑게 유지되지 않는다는 것을 알 수 있다.

[오답 점검]

② 인덕션 레인지는 전자기 유도로 조리 용기를 직접 가열하고 열효율이 높다고 하였으므로 옳은 설명이다.

③ 인덕션 레인지는 조리 속도가 빠르며, 상판이 비교적 차갑게 유지되어 안전하다고 하였으므로 옳은 설명이다.

④ 하이라이트 레인지는 사용 후 상판을 냉각시키는 데 시간이 오래 걸린다고 하였으므로, 조리가 끝난 직후에 청소하면 화상의 위험이 있을 수 있어 청소하기 어렵다고 추론할 수 있다.

⑤ 하이라이트 레인지는 조리 용기에 제한이 없어 기존에 사용하던 용기 대부분을 사용할 수 있다고 하였으므로 옳은 설명이다.

27 ③

생산 과정에서 발생한 CO_2를 줄이기 위해 포집설비를 이용하는 것은 블루 수소이다.

[오답 점검]

①, ② 그린 수소는 재생에너지에서 생산된 전기로 물을 전기분해하여 얻은 수소이며, CO_2를 생성하지 않는 친환경 에너지원이라고 하였으므로 옳은 설명이다.

④ 그린 수소 생산 방식의 경제적, 기술적 한계로 현재는 주로 그레이 수소를 사용하고 있다고 하였으므로 옳은 설명이다.

⑤ 블루 수소는 그레이 수소와 같이 화석연료를 사용해 수소를 생산하지만, CO_2 포집설비를 이용하여 탄소 배출량을 줄인 친환경적 생산 방식이다.

28 ⑤

지문에서는 비콘 기술의 단점에 대해 이야기하고 있다. 그중 배터리 소모가 크다는 점이 비콘의 효용성을 떨어트린다고 했는데, 다른 기술에 비해 배터리 소모가 크지 않다고 주장하는 것은 이를 반박하게 된다.

[오답 점검]

① 비콘 기술은 물류관리 및 공급망 최적화를 위해 사용된다고 하였으므로 이를 통해 물류관리시스템 구축에도 사용할 수 있을 것이다.

② 비콘이 사용자 위치 데이터를 수집하는 것은 사생활 침해 가능성을 야기한다. 해킹 가능성을 막기 위해서는 보안 취약성을 보완해야 한다.

③ 비콘의 작동 범위에 관한 내용은 주어진 글에서 찾을 수 없다.

④ 해당 주장이 정답이 되려면 주어진 글에 '비콘과 같은 기술이 우리의 삶을 불편하게 만들 것'이라는 내용이 있어야 하는데, 그러한 내용은 찾아볼 수 없다.

29 ④

사회교환이론에 따르면 사람들은 비용과 보상을 계산하여 균형이 이루어진다고 판단하면 행동에 옮기고, 또한 보상을 받을 수 있는 행동을 반복한다. 따라서 자원봉사자들이 포인트라는 보상을 받기 위해 활동하는 것은 사회교환이론으로 설명할 수 있다.

[오답 점검]

① 자원봉사자들은 상대방에게 호의를 베풀면 상대도 보답을 한다는 호혜성의 원리에 의해 봉사 활동을 하고 있다. 따라서 보상이 지급되지 않는다면 봉사 활동을 중단할 것이다.

② 인센티브 프로그램의 도입 목적은 포인트 지급을 통해 자원봉사 활동을 촉진하는 것이다. 포인트 지급 없이도 꾸준히 자원봉사를 하는 것은 호혜성의 원리와 부합하지 않는다.

③ 자원봉사자들은 포인트를 받을 수 있는 기준을 충족하기 위해 열심히 활동하고 있으므로 ③은 〈보기〉에서 나타난 현상과 반대되는 내용이다.

⑤ 호혜성의 원리는 호의적인 행동을 통한 보상을 기대하는 것이다. 보상을 기대하지 않는 활동은 호혜성의 원리와 부합하지 않는다.

30 ⑤

주어진 글에서는 세밀한 디테일을 표현하기 위해 스컬핑 기술을 활용한다고 말했는데, 스컬핑은 렌더링 과정이 아닌 모델링 과정 중 하나이므로 옳지 않다.

[오답 점검]

① 리깅은 자연스러운 움직임을 가능하게 하므로 캐릭터의 움직임을 자연스럽게 구현했다는 것은 리깅을 잘 활용했다고 볼 수 있다.

② 모델링 단계는 3D 객체의 형태와 구조를 만들고, 렌더링은 완성된 3D 모델을 애니메이션으로 변환하는 과정이다. 따라서 〈토이 스토리〉의 캐릭터는 이러한 단계를 통해 만들어졌음을 알 수 있다.

③ 〈토이 스토리〉는 애니메이션 영화로 캐릭터의 자연스러운 움직임과 더불어 현실적인 장면을 만들었다. 이를 통해 모델링과 렌더링 기술을 활용했음을 알 수 있다.

④ 텍스처 맵핑을 통해 사실적인 재질 설정이 가능하다고 하였으므로, 〈토이 스토리〉에서 보여주는 다양한 장난감의 사실적인 재질은 해당 기술을 통해 구현되었을 것이다.

제 03회 기출변형 모의고사 SELF 분석표

시간 체크	시간 남음	시간 적절	조금 부족	매우 부족
체감 난이도	쉬움	보통	어려움	매우 어려움

영역별 실력 점검표

영역	맞은 개수	틀린 문제 번호	풀지 못한 문제 번호
수리	/20		
추리	/30		
합계	/50		

시험 전체 총평

	내가 가장 잘한 3가지		내가 가장 부족한 3가지
1		1	
2		2	
3		3	

Chapter 01 수리

01	02	03	04	05	06	07	08	09	10
③	④	④	③	②	①	②	⑤	⑤	①
11	12	13	14	15	16	17	18	19	20
①	⑤	①	②	③	⑤	④	③	④	②

01 ③

N명을 원형 테이블에 줄 세우는 공식은 (N − 1)! 이다.
총 7명 중 특정 2명이 옆자리에 앉는다고 했으므로 A와
D를 하나로 묶어 한 명으로 인식하자.
즉, 원형 테이블에 7명이 아닌 6명이 둘러앉은 후 A와 D
가 서로 자리를 바꾸는 경우만 고려하면 문제에서 요청한
경우의 수를 구할 수 있다.
1) 6명이 원형 테이블에 착석 = (6 − 1)! = 120
2) 120가지 경우에서 하나로 묶었던 A와 D가 서로 자리
　 를 바꿀 수 있기 때문에 2를 곱하면 A와 D가 나란히
　 앉게 될 경우의 수는 모두 240가지이다.

02 ④

[치트키] 배수판정법

작년 노트북 = 올해 노트북 × $\frac{13}{10}$이므로 작년 노트북

수량은 10으로 나뉘는 정수였을 것이다. 하지만, 주어진
보기가 모두 10의 배수이기 때문에 이러한 경우 빠르게
연립방정식 풀이를 수행하거나 대입법을 활용하여 정답
을 산출해야 한다.

[정석 풀이] 연립방정식

작년: 노 + 데 = 450 ⋯ ⓐ
올해: 1.3노 + 0.8데 = 500 ⋯ ⓑ
노트북을 구해야 하므로 데스크탑을 삭제하기 위해
0.8ⓐ − ⓑ하면,

$$
\begin{array}{rrrrr}
& 0.8노 & + & 0.8데 & = & 360 \\
- & 1.3노 & + & 0.8데 & = & 500 \\
\hline
& -0.5노 & & & = & -140
\end{array}
$$

노 = 280이다. 작년 노트북 판매량을 구하라고 했으므로
바로 정답 ④번 280대를 선택한다.

[연립방정식_변화량]

작년: 노 + 데 = 450 ⋯ ⓐ
변화: 0.3노 − 0.2데 = 50 ⋯ ⓒ
노트북을 구해야 하므로 데스크탑을 삭제하기 위해
− 0.2ⓐ − ⓒ하면,

$$
\begin{array}{rrrrr}
& -0.2노 & - & 0.2데 & = & -90 \\
- & 0.3노 & - & 0.2데 & = & 50 \\
\hline
& -0.5노 & & & = & -140
\end{array}
$$

노 = 280이다. 작년 노트북 판매량을 구하라고 했으므로
바로 정답 ④번 280대를 선택한다.

03 ④

옳은 것 'Y' 찾아야 한다.
① 기타 항목의 경우 감소 구간이 존재하기 때문에 모든
　 국가가 증가한 것은 아니다. N
② 매년 한국이 80% 이상인지를 확인해도 되지만, 중국
　 과 기타의 합계에 5를 곱하여 전체보다 높은지(20%
　 이상인지)를 확인하는 것이 더욱 효과적인 계산이 된
　 다. 2020년 이후 중국의 수치에만 5를 곱해도 매년
　 전체 수치보다 높다. 즉, 중국의 비중이 전체의 20%
　 이상을 차지하므로 한국의 비중이 80% 미만을 기록
　 할 수밖에 없다. N
③ 기타 국가의 2021년 출하 면적은 20년 9 → 21년 38
　 로 약 4.2배 증가하였다. 따라서, 증가율(변화율)은 약
　 + 320%이다. N (2배가 되었다면, 200% 증가가 아닌
　 100% 증가이다. 굳이 표현하자면, 200%로 증가되었
　 다고 표현할 수 있겠다. 증가율과 배율을 헷갈리지 않
　 도록 하자.)
④ [기타 ÷ 전체]의 분수식을 기준으로 분자인 기타의
　 수치가 2018년의 32보다 높거나 분모인 전체의 수치가
　 2018년 1,612보다 낮은 연도를 우선적으로 검토하자.

분모인 전체 출하 면적은 2018년부터 지속 증가하였다. 기타의 수치는 2022년에 47로 가장 높지만, 비중의 분모가 되는 전체의 수치는 2018년 대비 2배 이상이다. 이와 유사한 원리로 2021년의 기타 비중 역시 2018년보다 낮을 것이라는 것을 알 수 있다. Y(정답)

⑤ 2022년 2,422의 8%는 약 200이다. 이를 더하면 2,622로 2023년 2,578보다 높다. 즉, 8% 증가시킨 값이 실제 2023년보다 높기 때문에 2023년의 전년 대비 증가율은 8% 미만임을 알 수 있다. N

04 ③

틀린 것 'N' 찾아야 한다.

① 매년 국내의 수치가 국외의 수치보다 높았다. Y

② 2020년과 2021년에 전체 수치가 전년 대비 감소하였다. 또한, 해당 시점의 국내여행과 국외여행 수치 역시 전년 대비 감소하였다. Y

③ 2018년 국내여행의 비중이 75% 이상인지를 묻는 지문이다. 이는, 국외여행의 비중이 25% 미만임을 검증하는 것과 같다. 2018년 국외여행 16,390에 4를 곱한 수치가 전체 60,800보다 크기 때문에 국외가 25% 이상이므로 국내는 75% 미만이다. 또는, 60,800 ÷ 4는 2로 두 번 나누면 60,800 → 30,400 → 15,200으로 계산할 수 있다. 이는 국외여행 16,390보다 낮으므로 국외여행 비중은 25% 이상이며, 국내여행의 비중은 4명 중 3명인 75% 미만임을 알 수 있다. N(정답)

④ 2020년의 국외여행 수치는 3,800으로 10을 곱하면 전체 수치인 35,340보다 높다. 따라서, 차지하는 비중이 10% 이상이다. Y

⑤ 2022년 [전체 vs 국내] ≒ $[\frac{408}{283}$ vs $\frac{394}{275}]$이다. 분모를 동일하게 만들기 위해 국내의 분모 275에 8을 더하면, 분자 394에는 약 11이나 12를 더하면 될 것 같다. 즉, $[\frac{408}{283}$ vs $\frac{394}{275}] ≒ [\frac{408}{283} > \frac{406}{283}]$으로 전체의 전년 대비 증가율이 더 높음을 알 수 있다. Y

05 ②

가. (참) F부터 C^+까지의 수치를 비교하면, 2020년의 수치가 2019년과 2021년 대비 낮음을 알 수 있다. 즉, B_0 이상의 비중이 가장 높다.

나. (참) 3개년 동안 매년 평균을 기준으로 F 학점의 비중 수치가 D_0와 D^+ 비중의 합계보다 높았다.

다. (거짓) 2020년 1학기 3.63 → 2020년 2학기 3.58 → 2021년 1학기 3.47로 감소하였다.

06 ①

a. (참) 공공도서관 전체 직원 수는 [도서관 수 × 1관당 직원 수]로 산출된다. 공공도서관 수는 지속 증가하고 있기 때문에 1관당 직원 수가 전년 대비 감소했던 2015년만 검증해 보자. 2014년 930 × 151 < 2015년 978 × 148이기 때문에 전체 직원 수는 지속 증가하였다.

b. (거짓) 2012년 828의 5%는 41.40이다. 5% 증가한 869.4는 2013년 865보다 높으므로 실제 증가율은 5% 미만이다.

c. (거짓) 2011년 786의 20%는 157이며, 더하면 943으로 실제 2015년 978보다 낮다. 즉, 실제 증가율은 20% 이상이다. 2015년 978의 20%는 196이며, 더하면 1,174로 실제 2019년 1,134보다 높다. 따라서, 실제 증가율은 20% 이하이다.

07 ②

Case 1) 2011년과 2019년 전체 직원 수를 구한다. 2011년 786 × 14.8 = 11,633 → 2019년 1,134 × 15.5 = 17,577이므로 5,944명 증가하였다. 따라서 증가율은 $\frac{5,944}{11,633}$ = 51.1%이다.

Case 2) 도서관과 1관당 직원 수 각각의 증가비율을 곱하여 최종 증가비율을 산출한다. $\frac{1,134}{786} × \frac{15.5}{14.8}$ = 1.44 × 1.05 = 1.51이므로 증가율은 51%이다.

08 ⑤

옳은 것 'Y' 찾아야 한다.

① 교통 만족도 3점 이하는 x축 3점을 잇는 세로선의 좌측에 위치한 국가이며, 순서대로 D, F, E, B의 4개 국가이다. N

② 만족도 합계가 가장 높은 국가는 우상단 꼭짓점과의 거리가 가장 가까운 G로 합계 8.2점이다. 만족도 합계가 가장 낮은 국가는 좌하단 꼭짓점과의 거리가 가장 가까운 F로 합계 2.80이므로 차이는 5.4점이다. N

③ 합계 점수 4점 이하는 (0,4)와 (4,0)을 잇는 직전의 아래에 위치한 F와 B 2개 국가이다. N

④ 7개 국가의 y 좌표값을 모두 더하면 0.9 + 1.3 + 1.5 + 3.2 + 3.8 + 3.8 + 4.4 = 18.9로 평균값은 18.9 ÷ 7 = 2.70이다. N (가평균을 활용하여 2.5 기준의 편차 합이 0이 아님을 확인해도 된다.)

⑤ 평균 3점은 합계 6점이므로 (1,5)와 (5,1)을 잇는 직선
의 윗 영역에 위치해야 한다. A와 G 2개 국가가 이에
해당한다. Y(정답)

09 ⑤

옳은 것 'Y' 찾아야 한다.

① 매년 '있다'의 사례수에 10을 곱하여 '전체응답'의 사
례수보다 높은 학년이 있는지를 검토하자. 중1의 경
우 '있다' 354의 10배인 3,540이 '전체응답' 2,812보
다 많으므로 차지하는 비중이 10% 이상이다. N

② 중학교 3학년 대비 고등학교 1학년의 사례 수가 더
높다. N

③ 고2와 고3의 일주일에 1~2회 응답 비율은 0.3%로
동일하다. 따라서, 전체 응답 사례 수를 비교하면 고2
2,840명, 고3 2,727명으로 1.5배 이하이다. N (경험
률 %는 학교폭력 경험자 사례수가 아닌 전체 응답 사
례수를 기준으로 산출된 수치임에 주의하자.)

④ 학년별 응답 사례 수가 2,750명 내외로 유사하다. 따
라서, 주 3회 이상의 비중을 산술평균하여 판단할 수
있겠다. 각 학년별 주 3회 이상의 비중 평균은 약
0.8% 정도이기 때문에 1% 이하이다. N

⑤ 각 학년의 '일 년에 1~2회' 비중에 2를 곱하면 총 경
험률보다 높은 수치이므로 50% 이상의 비중을 차지
하고 있다. Y(정답)

10 ①

ㄱ. 아직 해당 정보만으로는 30대나 50대 취업자 수를
알 수 없다. ㄴ의 정보를 확인 후 다시 보도록 하자.

ㄴ. 30대 관리직 1.7%와 기계조작직 4.7%의 차이인
3.0%p에 해당하는 인원이 360명이므로 30대 인원
의 1%는 120명(= 360 ÷ 3)이다. 즉, 30대 전체 취
업자 수는 12,000명임을 알 수 있다.

ㄱ. 30대 기계조작직 인원은 12,000 × 4.7% = 564명
이므로 50대 기계조작직 인원은 1,152명(= 564 +
588)이다. 1,152명이 50대 전체의 16%이므로 1%는
72명(= 1,152 ÷ 16)이다. 따라서 구하고자 하는 50대
서비스직 5.5%의 인원수는 396명(= 72 × 5.5)이다.

11 ①

ㄱ. (참) 경쟁률은 [원서접수 ÷ 선발 합계]이다. 2014년부
터 순서대로 [약 1.2~1.3배, 거의 1, 약 1.2, 거의 1, 약
1.6배] 정도임을 알 수 있다. 따라서 2018년이 가장
높다.

ㄴ. (참) 전년에 비해 선발 인원이 증가한 해는 2017년이
유일하다. 이 해에는 원서접수 인원도 증가했다.

ㄷ. (거짓) 선발인원 합계에서 10%와 5%를 각각 산출하
여 더한 값이 수습직보다 낮은지 확인하는 시도가 일
반적일 것이다. 2014년을 예로 들면, 2,147의 10%
는 약 2150이고 5%는 약 107이므로 15%는 3220이다.
수습직 172보다 높은 숫자이므로 수습직은 15% 이
하라고 판단하는 방식이다. 하지만, 15% ≒ 1 ÷ 6.7
이라는 것을 알고 있었다면, 분자와 분모의 비율이
1:6.7보다 높을 때 15% 이하라고 판단할 수 있다.
즉, 수습직에 약 6.7을 곱한 값이 선발인원 합계보다
높은 해가 없었는지 살펴보자. 2014년은, 172 ×
6.7 < 2,147이다. 2015년은, 109 × 6.7 < 1,807
이다. 이런 식으로 검토한다면 암산을 통해 2018년
은, 223 × 6.7 > 1,286임을 알 수 있다. 당장은 다
소 생소할 수 있겠지만, 나눗셈보다는 곱셈이 더 수
월하기 때문에 두 번째 방법을 추천한다.

ㄹ. (거짓) 기술직과 법원직 선발 인원의 합이 전체 선발
인원의 50% 이상인 해는 2015년과 2017년 두 번
이다.

12 ⑤

틀린 것 'N'을 찾아야 한다.

① 2020년을 기준으로 [−++]의 트렌드로 이용 횟수와
이용자 수의 증감 트렌드는 같았다. Y

② 2021년 정부 지원 금액의 수준은 본인 부담금 대비
약 7배로 다른 연도 대비 가장 높은 수준이다. Y

③ 이용자 1인당 평균 이용 시간의 분모는 이용자 수,
분자는 이용 시간이다. 분모는 38,223에서 42,162로
약 10% 증가하였으나 분자는 1,163,979에서 1,166,577
로 유사한 수준이다. 즉, 해당 값은 감소하였을 것이
다. Y

④ 이용 시간당 본인 부담 금액의 분모는 이용 시간. 분
자는 본인 부담금이다. 분모는 470,984에서 408,635
로 감소하였으며 분자는 488에서 633으로 증가하였
으므로 2021년 이용 시간당 본인 부담 금액은 2020
년 대비 증가하였을 것이다. Y

⑤ 증가율 300%는 4배로 증가되었다는 뜻이다. 3배가
아니다. 헷갈리지 않도록 하자. 2020년 2,165의 4배
는 2023년 7,654보다 크기 때문에 증가율은 300%
이하이다. N(정답)

13 ①

a. (참) 1시간 미만의 수치 중 PC방의 수치가 161,313으로 가장 높기 때문에 비중 역시 가장 높을 것이다.

b. (거짓) 10시간 이상 방문자 수치 중 오락실의 수치가 188,504로 가장 높다. 따라서, 타 장소 대비 오락실에서 10시간 이상 머물렀을 확률이 가장 높다. 당구장은 오히려 가장 낮았다.

c. (거짓) 각 장소를 기준으로 시간대별 수치 중 가장 높은 수치가 5~10시간 미만인지 확인하자. 노래방의 경우 1~5시간 미만의 수치가 311,364로 5~10시간 미만 109,062보다 높다.

14 ②

8주 차와 9주 차의 방문 비중이 동일하였기 때문에 8주 차의 노래방 10시간 이상 인원이었던 30,808명이 찜질방 인원 62,288명으로 증가하는 비율을 노래방 전체 인원에 적용하면 되겠다.

즉, 천 명 단위로 어림산하면 $495 \times \dfrac{62.3}{30.8} = 1,001.25$

로 ②번 1,002천 명을 정답으로 선택할 수 있다. (정확한

연산은. $495,412 \times \dfrac{62,288}{30,808} = 1,001,630$명이다.)

15 ③

ㄱ. (거짓) 허가면적과 착공면적은 매년 감소하였다.

ㄴ. (거짓) 연면적이 분모, 동수가 분자이다. 〈표2〉에서

전국의 수치는 약 $\dfrac{231}{144}$이며, 수도권은 약 $\dfrac{73}{66}$으로

전국의 수치가 더 높다. (ㄱ과 ㄴ이 거짓이므로 이 시점에서 ㄷ과 ㄹ을 확인하지 않아도 ③ ㄷ, ㄹ이 정답임을 알 수 있다.)

ㄷ. (참) 동수가 분모, 연면적이 분자이다. 〈표1〉과 〈표2〉 모두 수도권의 2023년 동수는 전년 대비 증가, 연면적은 감소하였으므로 1개 동당 평균 건축 허가 면적과 착공 면적은 전년 대비 모두 감소하였음을 알 수 있다.

ㄹ. (참) 〈표1〉에서 지방의 건축 허가 동수는 주어진 기간 동안 [+ − +]였으며, 수도권의 건축 허가 동수 역시 주어진 기간 동안 [+ − +]로 동일한 증감 변화를 보였다.

16 ⑤

틀린 것 'N'을 찾아야 한다.

① 재고율(막대그래프)은 매 분기 100% 이상이었다. Y

② 출하증가율이 재고증가율보다 높다는 것은 재고순환지수가 양수라는 말이다. 2018년 1사분기의 재고순환지수만이 양수이며, 다른 분기는 모두 음수이다. Y

③ 상반기는 1사분기와 2사분기의 합계이다. 막대그래프에서 1사분기의 재고율은 2018년 → 2019년 → 2020년 지속 증가하였고, 2사분기 역시 막대그래프의 높이가 계속 높아지고 있다. 즉, 상반기의 재고율은 전년 대비 지속 증가하였다. Y

④ 막대그래프의 재고율이 가장 높은 시점은 2020년 2사분기이며, 해당 시점의 재고순환지수는 −60이었다. Y

⑤ 2019년 4분기의 경우 재고율은 전 분기 대비 감소하였지만 재고순환지수는 증가하였다. N(정답)

17 ④

옳은 것 'Y' 찾아야 한다.

① 베이징, 뉴욕, 런던의 경우 인구수는 증가했지만, 면적은 감소하였다. N

② 도시 면적은 런던이 가장 넓지만, 인구는 베이징이 가장 많다. N

③ 2000년과 2010년 모두 파리의 인구밀도가 가장 높지만, 인구수는 가장 적다. N

④ 인구 증가율이 가장 낮았던 도시를 찾기위해 우선 증가량이 가장 적은 도시를 훑어보자. 뉴욕이 약 17만 증가, 파리가 약 12만 증가이다. 2000년 뉴욕의 인구가 파리의 약 4배이므로 뉴욕의 인구 증가율이 가장 낮음을 알 수 있다. 인구밀도는 뉴욕이 10,194 → 10,430으로 약 2% 정도 증가했다고 감을 잡은 상태에서 다른 도시를 보면 모두 2% 이상은 증가했음을 알 수 있다. 따라서, 뉴욕의 인구와 인구밀도 증가율이 가장 낮다. Y(정답)

⑤ 2000년은 서울의 인구수가 1위로 가장 많았으나 2010년에는 베이징의 인구수가 가장 많다. N

18 ③

[정석 풀이]

(x, y)가 (5,30), (10,70)로 주어진 상황이다.

(5,30): $30 = 25 - 5A + 2.5B$ … ⓐ

(10,70): $70 = 50 - 5A + 5B$ … ⓑ 이므로 ⓑ - ⓐ하면,

$$
\begin{array}{rcccccc}
 & 70 & = & 50 & - & 5A & + & 5B \\
- & 30 & = & 25 & - & 5A & + & 2.5B \\
\hline
 & 40 & = & 25 & & & + & 2.5B
\end{array}
$$

$2.5B = 15$, $B = 6$이다. 이를 ⓐ나 ⓑ에 대입하면 $A = 2$임을 알 수 있다. 정답은 ③번이다.

[치트키] 대입

A와 B를 주어진 수식에 대입하여 수치를 만족하는지 판단하자.

$x = 5$일 때, $y = 30$을 기준으로 가장 연산이 쉬워 보이는 ①부터 암산하면 $15 + 5 = 20$으로 30을 만족하지 못한다. ②을 대입하면 $15 + 10 = 25$로 땡!이다. ③을 대입하면 $15 + 15$로 30을 만족한다.

$x = 10$일 때, $y = 70$도 검토하자. $40 + 30 = 70$으로 만족하니, ③번을 정답으로 선택한다.

19 ④

'15년을 기준으로 매년 강수량의 변화 트렌드를 파악하면, [+ + + + + −]이다. 주어진 그래프는 0.0%의 기준선을 갖는 변화율 그래프이다. 따라서, 0.0%를 기준으로 '16년부터 data의 위치가 [위 위 위 위 위 아래 위]에 표기된 ①번과 ④번 중 하나가 정답일 것이다. 두 그래프에서 수치의 차이가 가장 큰 '19년을 보면 68.5 → 139.8로 2배 이상 증가하였으므로 ①번 26%가 아닌 ④번 104%가 올바른 그래프임을 알 수 있다.

20 ②

이번 문제는 B가 A를 역전하는 시점을 찾는 문제이다. 따라서, 끝자리를 통한 5지 선다형 보기 선별의 방법이 적용되지 않는다. 실제 GSAT에서는 '1분~1분 30초 정도 걸리면 풀 수는 있겠네.. 지금 풀까? 마지막에 풀까?'를 결정하는 것이 좋다.

채널 A는 400씩 증가하는 등차수열, 채널 B는 [300, 400, 500 …]으로 증가하는 계차수열이다.

6월부터 매월 채널 A와 B의 구독자 수를 하나씩 더하며 비교하는 것보다는 A와 B의 차이를 기준으로 새로운 수열 형태로 인식하는 것이 좋다.

A − B는 1월 1,900에서 매월 [+100, 0, −100, −200, −300 …]의 계차수열이 된다. 이를 연산하며 A − B가 음수가 되는 시점을 구하는 것이 더욱 효과적일 것이다.

9월에 A는 9,600명, B는 9,700명이며 A − B는 − 100으로 첫 역전 시점이 된다. 정답은 ②번 9월이다.

시점	채널 A	계차	채널 B	계차
1월	6,400		4,500	
2월	6,800	400	4,800	300
3월	7,200	400	5,200	400
4월	7,600	400	5,700	500
5월	8,000	400	6,300	600
6월	8,400	400	7,000	700
7월	8,800	400	7,800	800
8월	9,200	400	8,700	900
9월	9,600	400	9,700	1,000
10월	10,000	400	10,800	1,100
11월	10,400	400	12,000	1,200
12월	10,800	400	13,300	1,300

Chapter 02 추리

01	02	03	04	05	06	07	08	09	10
①	④	②	④	④	⑤	③	②	③	①

11	12	13	14	15	16	17	18	19	20
④	②	⑤	①	⑤	③	②	①	②	⑤

21	22	23	24	25	26	27	28	29	30
⑤	①	⑤	③	⑤	④	⑤	⑤	③	④

01~03은 다음의 유형을 따른다.

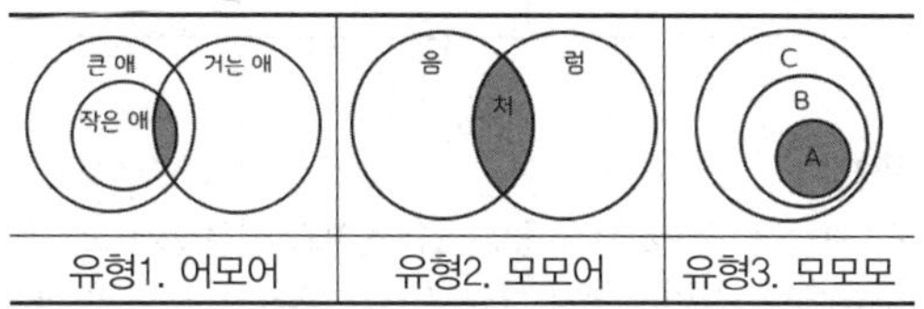

01 ①

[치트키]

두 전제가 모든으로 주어졌다. 유형2. 모모어도 가능하고 유형3. 모모모도 가능하다고 보인다. 두 명제를 이을 수 있으면 모모모, 이을 수 없으면 모모어로 판단하고 접근하자. 해당 문제는 유형3. 모모모이다. 풀이 과정은 [일반 풀이]에 정리했다.

[일반 풀이]

전제2와 전제1을 무선 이어폰을 사용하는 사람을 매개념으로 이어주자. [무선 마우스를 사용하는 사람 → 무선 이어폰을 사용하는 사람 → 무선 키보드를 사용하는 사람]이 된다. 결론은 무선 이어폰을 사용하는 사람을 생략한 [무선 마우스를 사용하는 사람 → 무선 키보드를 사용하는 사람]이다.

02 ④

[치트키]

전제의 모든, 결론의 어떤을 보고 세 유형 모두 가능하다고 알 수 있다. 출제 빈도 및 트렌드를 고려하여 유형1. 어모어, 유형2. 모모어, 유형3. 모모모 순서로 접근하자. 어모어로 먼저 접근해 보자. 일반적으로 전제의 모든을 보고 작은 애, 큰 애를 찾으며 접근하지만 사람마다 접근법이 다를 수 있으니 다르게 풀이하겠다. 전제의 모든과 결론의 어떤에서 사용한 개념이 큰 애다. 전제의 모든에

서 큰 애가 아닌 개념이 작은 애, 결론의 어떤에서 큰 애가 아닌 개념이 거는 애다.

작: 빨강

큰: 파랑

거: 노랑

전제의 어떤에서 작은 애와 거는 애가 어떤으로 만난다. 즉 '빨강/어떤/노랑' 또는 '노랑/어떤/빨강'이 정답이다. 운 좋게 정답을 찾았다. 풀이를 마치자.

[일반 풀이]

진제에 모든의 명제, 결론에 어떤의 명제로 제시한 문제의 대표적인 정답은 다음과 같다.

1. **빨강을 좋아하는 사람과 노랑을 좋아하는 사람이 교집합**

   빨강을 좋아하는 사람은 파랑을 좋아하는 사람의 부분집합이다. 빨강을 좋아하는 사람과 노랑을 좋아하는 사람이 교집합을 이룬다면 빨강을 좋아하는 사람을 부분집합으로 삼는 파랑을 좋아하는 사람과 노랑을 좋아하는 사람도 교집합을 이룬다고 알 수 있다. (유형 1. 어모어)

2. **빨강을 좋아하는 사람이 노랑을 좋아하는 사람의 부분집합**

   노랑을 좋아하는 사람의 부분집합이 빨강을 좋아하는 사람이다. 파랑을 좋아하는 사람의 부분집합도 빨강을 좋아하는 사람이다. 노랑을 좋아하는 사람, 파랑을 좋아하는 사람 모두 빨강을 좋아하는 사람을 부분집합으로 삼는다. 즉 노랑을 좋아하는 사람과 파랑을 좋아하는 사람은 빨강을 좋아하는 사람만큼 교집합을 이룬다. (유형2. 모모어)

3. **노랑을 좋아하는 사람이 빨강을 좋아하는 사람의 부분집합**

   [노랑을 좋아하는 사람 → 빨강을 좋아하는 사람 → 파랑을 좋아하는 사람]으로 두 전제를 이을 수 있다. 이를 토대로 [노랑을 좋아하는 사람 → 파랑을 좋아하는 사람]의 결론을 낼 수 있다. 노랑을 좋아하는 사람과 파랑을 좋아하는 사람은 노랑을 좋아하는 사람만큼 교집합을 이룬다. 즉 [노랑을 좋아하는 사람 → 파랑을 좋아하는 사람]의 명제 하나만 가지고 서로 교집합을 이룬다고 알 수 있다. (유형3. 모모모)

03 ②

결론의 모든을 보고 유형3. 모모모로 접근하자. 결론은 [육회를 판매하는 매장 → ◇ → 삼겹살을 판매하는 매장]의 형태다. 결론을 이루는 두 전제는 [육회를 판매하는 매장 → ◇]와 [◇ → 삼겹살을 판매하는 매장]이다. 이를 전제1과 비교해 보자.

전제1은 [닭갈비를 판매하는 매장 → 삼겹살을 판매하는 매장]이다. 이는 [◇ → 삼겹살을 판매하는 매장]의 형태다. ◇가 닭갈비를 판매하는 매장이라고 알 수 있다.

전제2는 [육회를 판매하는 매장 → 닭갈비를 판매하는 매장]이다.

04 ④

줄 세우기 유형은 기준을 순서로 잡고 정리하는 방법이 가장 직관적이다. 순서를 기준으로 둔 후 D가 5번째로 줄을 선다는 고정조건을 반영하자.

이후 경우가 덜 나뉘는 조건을 토대로 경우를 나눠보자. C 바로 뒤에 A가 줄을 선다. C를 기준으로 C가 1번째로 줄을 서는 경우와 2번째로 줄을 서는 경우로 나눌 수 있다. C가 3번째로 줄을 서는 경우 A가 4번째로 줄을 서게 되는데 A는 E보다 앞에 줄을 선다는 조건을 벗어나기에 C가 3번째로 줄을 서는 경우는 고려하지 않았다.

Case	1	2	3	4	5
1	C	A			D
2		C	A		D

B는 D와 이웃하게 줄을 서지 않는다. B는 Case 1에서는 3번째로 줄을 서고 Case 2에서는 1번째로 줄을 선다. 남은 한 자리는 E의 자리다. 두 Case 모두 E는 4번째로 줄을 서며 A는 E보다 앞에 줄을 선다는 조건도 만족한다.

Case	1	2	3	4	5
1	C	A	B	E	D
2	B	C	A	E	D

05 ④

각 강당에 수용된 인원이 A > D > B > C 순서로 많으니 기준을 정리할 때에도 A, D, B, C 순서로 적어보자. B에 수용된 인원은 2명이다. 소강당인 D에 수용된 인원은 B에 수용된 인원보다 많다. 소강당의 최대 수용인원이 3명인 점을 고려할 때 D에 수용된 인원이 3명이라고 알 수 있다.

강당	A	D	B	C
인원		3	2	

아무도 수용하지 않은 강당은 없다. C 강당에 수용된 인원은 1명 이상이다. C 강당에 수용된 인원은 B 강당에 수용된 인원보다 적다. C 강당에 수용된 인원은 2명 미만이다. 두 정보를 종합해 보면 C 강당에 수용된 인원이 1명이라고 알 수 있다.

강의실에 수용될 전체 인원이 10명이기에 A 강당에 수용된 인원은 4명이라고 알 수 있다. (10 − 3 − 2 − 1 = 4)

강당	A	D	B	C
인원	4	3	2	1

06 ⑤

각 모듈을 담당하는 인원은 2명씩이고 인당 2개 모듈을 맡는다. A가 맡는 2개 모듈과 D가 맡는 2개 모듈은 FI, CO, LE, SD라는 조건을 토대로 A와 D가 서로 겹치지 않게 모듈을 2개, 2개씩 담당하는 것으로 알 수 있다. 각 모듈을 담당하는 인원이 2명이고 2명 중 1명은 A이거나 D이다. 나머지 1명은 B이거나 C이다. 예를 들어 FI를 담당하는 2명 중 1명은 A이거나 D이다. 그러면 FI를 담당하는 또 다른 1명은 B이거나 C이다. 이런 원리로 B와 C가 담당하는 모듈도 서로 겹치지 않는다고 알 수 있다.

07 ③

[치트키]

D와 E의 진술을 보자. E는 D의 진술이 진실이라고 한다. E의 진술이 진실이면 D의 진술도 진실이고 E의 진술이 거짓이면 D의 진술도 거짓이다. D와 E는 모든 경우에서 동시에 참, 동시에 거짓을 말하는 동일 관계다. 문제에서 1명만 거짓을 말하기에 D와 E의 진술은 정답인 경우에서 진실이다.

D의 진술이 진실이다. D의 진술에 의해 B는 사비를 쓰지 않았다고 알 수 있다. B는 사비를 쓰지 않았기에 진실을 말한다고 알 수 있다.

A의 진술을 보면 D와 E가 사비를 쓰지 않았다고 한다. D와 E의 진술은 진실이다. 즉 사비를 쓰지 않았다. 이에 따라 A의 진술도 진실이고 A는 사비를 쓰지 않았다고 알 수 있다. 남은 인물은 C가 사비를 쓴 1명이다. 즉 거짓을 말하는 1명이다.

A가 사비를 쓴 경우부터 E가 사비를 쓴 경우까지 5가지의 경우를 상정한 후 각 경우에서 A, B, C, D, E의 참/거짓을 판별하면 다음과 같다.

진술 사비	A	B	C	D	E
A	T	T	T	T	T
B	T	T	F	F	F
C	T	T	F	T	T
D	F	F	F	F	F
E	F	T	T	T	T

C가 사비를 쓴 경우와 E가 사비를 쓴 경우에서 거짓을 말하는 사람이 1명이다. 그런데 E가 사비를 쓴 경우는 E가 아닌 A가 거짓을 말한다. 문제의 상황을 만족하지 않는다. C가 사비를 쓴 경우에서는 C가 거짓을 말한다.

08 ②

B를 2행 2열의 의자에 고정하자. 이후 경우가 덜 나뉘는 A와 D가 같은 열에 놓인 의자에 앉는다는 정보를 토대로 경우를 나눠보자.

A		
D	B	

Case 1

D		
	A	B

Case 2

	A	
	B	D

Case 3

		D
	B	A

Case 4

C와 D는 같은 행에 놓인 의자에 앉으며 E가 앉는 의자와 같은 행에 놓인 의자 중 하나는 빈 의자다. Case 2에서 C가 1행 2열의 의자에 앉든 1행 3열의 의자에 앉든 E가 앉는 의자와 같은 행에 놓인 의자 중 하나는 빈 의자라는 조건을 만족하지 않는다. Case 4에서도 C가 1행 1열의 의자에 앉든 1행 2열의 의자에 앉든 E가 앉는 의자와 같은 행에 놓인 의자 중 하나는 빈 의자라는 조건을 만족하지 않는다. Case 2, 4를 소거하자.
C와 D는 같은 행에 놓인 의자에 앉으니 Case 1에서 C는 2행 3열, Case 3에서 C는 2행 1열의 의자에 앉는다.

A		
D	B	C

Case 1

		A
C	B	D

Case 3

C가 앉는 의자와 같은 열에 놓인 의자는 빈 의자가 아니다. Case 1, 3에서 빈 의자는 1행 2열에 놓인 의자다.

A	X	E
D	B	C

Case 1

E	X	A
C	B	D

Case 3

09 ③

변수가 성별, 업무, 사람으로 3가지다. 한 축에 성별의 값을 두고 다른 한 축에 업무의 값을 둔 후 표 안을 사람으로 채워보자.
F는 여직원이며 병 업무를 본다. B는 여직원이지만 업무를 모르기에 성별은 알지만 업무가 미정인 칸에 두어 표 안에서 정보를 바로 확인할 수 있도록 만들자. A와 D는 성별이 같다. 여직원이 3명이고 F, B가 여직원이기에 A와 D는 남직원이다. A와 D도 성별은 알지만 업무를 모르는 미정인 칸에 정리하자.

	갑	을	병	미정
남				A, D
여			F	B

A와 E는 같은 업무를 본다. 문제에서 묻는 것은 F와 같은 업무를 담당하는 직원이다. A와 E를 소거하자. 또한 남직원 1명, 여직원 1명으로 쌍을 이뤄 업무를 보기 때문에 B도 소거하자.
F와 같은 업무를 할 가능성이 있는 직원은 C와 D이다. 성별로 소거하고 싶지만 남직원인 A와 같은 업무를 보는 E가 여직원이기에 이미 여직원 3명은 E, B, F이다. C와 D는 남직원이기에 성별로 소거할 수 없다. B는 C와 다른 업무를 본다. B가 갑 업무를 보든 을 업무를 보든 C는 병 업무를 볼 수밖에 없다. B가 갑 업무를 보면 A와 E는 을 업무를 보고 B와 같은 업무를 보지 않는 C는 병 업무를 본다. B가 을 업무를 보면 A와 E는 갑 업무를 본다. B와 같은 업무를 보지 않는 C는 병 업무를 본다. 이해를 돕기 위해 두 경우로 나눠 정리하면 다음과 같다.

	갑	을	병
남	A	D	C
여	E	B	F

Case 1

	갑	을	병
남	D	A	C
여	B	E	F

Case 2

10 ①

전체에 대한 제약을 먼저 확인하자. 여자 4명, 남자 4명이다. 여자끼리는 앞, 뒤, 옆자리에 이웃하여 앉지 않는다. D가 운전석(1행 1열)에 앉으며 여자라는 점을 고려했을 때 여자인 4명이 앉는 자리는 다음과 같다. 이어지는 풀이에서는 인지하기 편하도록 여자가 앉는 자리에 색을 칠하겠다. 실제 풀이에서는 O 등으로 표기하여 실수를 줄였으면 한다.

여	
	여
여	
	여

D는 1행 1열, C는 2행 1열, G는 3행 2열의 자리에 앉는다. E와 A는 같은 행의 자리에 앉는다. 이미 1행의 자리에 D, 2행의 자리에 C, 3행의 자리에 G가 앉으니 E와 A는 4행의 자리에 앉는다. 다만 둘 중 누가 1열인지 모르기에 편의상 E/A 또는 A/E로 표기하겠다.

D	
C	
	G
E/A	A/E

B와 F는 성별이 같다. 현재 채우지 못한 세 자리 중 1개는 남자의 자리이고 2개는 여자의 자리다. B와 F는 여자다. 그러면서 둘 중 1명이 2행 2열의 자리에 앉고 나머지 1명이 3행 1열의 자리에 앉는다. 이를 편의상 B/F 또는 F/B로 표기하겠다. 자연스럽게 아직 언급하지 않은 H는 1행 2열의 자리에 앉는다.

D	H
C	B/F
F/B	G
E/A	A/E

11 ④

순차를 보이는 요일을 기준으로 두고 〈보기〉의 조건을 확인하자. 수요일에는 중식을 먹지 않고, 금요일에는 한식을 먹지 않는다. 한식을 먹은 다음 날에는 중식을 먹으며 먹지 않는 음식이 없다는 조건을 토대로 한식 – 중식으로 이어지는 2일의 값을 토대로 경우를 나누면 다음과 같다. 참고로 한식 – 중식으로 이어지는 2일의 값을 하나의 경우에 2번 적용하게 되면 양식을 5일 중 2번 먹는다는 조건을 만족하지 않는다.

Case	월	화	수 ~중	목	금 ~한
1	한	중			
2			한	중	
3				한	중

Case 1, 2, 3에서 양식을 2번 먹으며 양식을 연속하여 먹지 않는다는 조건을 적용하자. Case 2는 양식을 월요일과 금요일에 먹는 경우와 화요일과 금요일에 먹는 경우로 나뉜다.

Case	월	화	수 ~중	목	금 ~한
1	한	중	양		양
2.1	양		한	중	양
2.2		양	한	중	양
3	양		양	한	중

한식을 먹은 다음 날에는 중식을 먹는다. Case 1, 2.1, 2.2, 3에서 아직 값을 채우지 않은 요일에는 중식을 먹는다. 한식을 먹게 되면 값을 채우지 않은 다음 날에 중식을 먹어야 하는데 아직 값을 채우지 않은 요일의 다음 날에 중식을 먹는 경우는 없다.

Case	월	화	수	목	금
1	한	중	양	중	양
2.1	양	중	한	중	양
2.2	중	양	한	중	양
3	양	중	양	한	중

12 ②

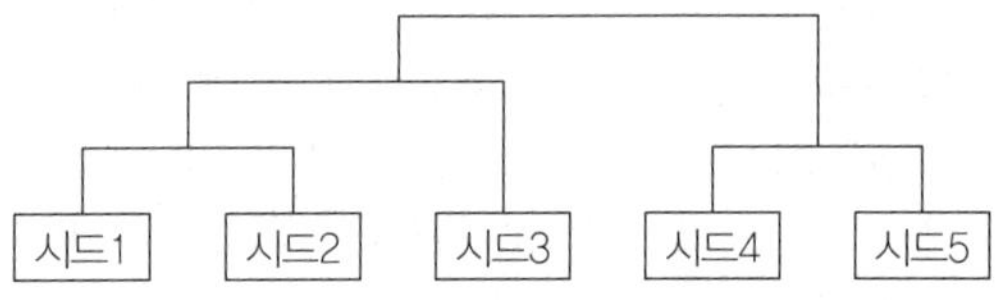

위 대진표와 같이 설명을 위해 좌측부터 시드1, 시드2, 시드3, 시드4, 시드5라고 명명하겠다. C는 대회에서 준우승을 했으며 전적은 2승 1패다. 결승전을 포함하여 3번 경기를 치르는 시드는 시드1, 2이다. C를 시드1이나 시드2에 배치하자. 두 시드 중 어디에 두어도 상관없다. 임의로 시드1에 C를 두겠다.

B와 D가 경기를 치렀다. B와 D 중 1개 팀을 시드2에 배치하면 결승전까지 오르는 C팀에게 패배하여 B와 D가 경기를 치를 수 없다. 같은 원리로 B와 D 중 1개 팀이 시드3에 배치하여도 B와 D는 경기를 치를 수 없다. B와 D를 시드4, 시드5에 배치하자. 둘 중 어느 팀이 시드4인지는 상관없다. 임의로 B를 시드4에 두겠다.

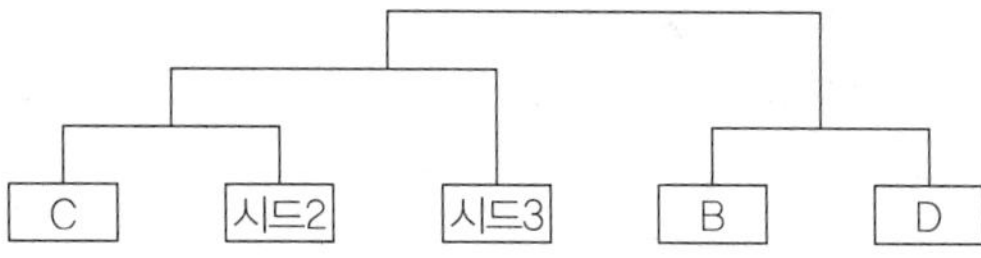

C는 결승전에 오르고 B는 D와의 경기에서 이겨 결승전에 오른다. B와 C는 경기를 치른다. A는 위 대진표에서 시드2를 배정받거나 시드3을 배정받는데 두 경우 모두 반드시 C와 경기를 치른다.

13 ⑤

5명 중 1명만 거짓을 말한다. C의 진술을 보면 C의 진술이 참이면 E의 진술은 거짓이고 C의 진술이 거짓이면 E의 진술은 참이다. C와 E의 진술은 모순관계이고 둘 중 1명은 참, 둘 중 1명은 거짓을 말한다.

정답이 되는 경우에서 C와 E 중 1명이 거짓을 말하고 나머지 인원인 A, B, D는 참을 말한다. 이를 토대로 등수를 정리해 보자. B의 진술을 토대로 C의 등수는 5등이라고 알 수 있고 D의 진술을 토대로 E의 등수는 4등이라고 알 수 있다. A는 D 또는 E의 등수가 3등이라고 하는데 이미 E가 4등이라고 알고 있으니 D의 등수가 3등이라고 정리할 수 있다.

1등	2등	3등	4등	5등
		D	E	C

A와 B의 등수를 정리해 보자. A가 1등이고 B가 2등인 경우와 A가 2등이고 B가 1등인 경우로 나눌 수 있다.

1등	2등	3등	4등	5등
A	B	D	E	C
B	A	D	E	C

두 경우 모두 A의 등수는 C의 등수보다 높다는 E의 진술을 참으로 만든다. 따라서 거짓을 말하는 사람은 C이고 C의 등수는 위의 두 경우 모두 5등이다.

14 ①

평택, 화성, 수원 순서로 출장을 가는 인원이 많다. 전체 인원이 4명이고 인당 2곳으로 출장을 간다. 각 지역으로 출장을 가는 인원을 더하면 8이어야 한다. 평택부터 숫자를 대입하며 가능한 경우를 찾아보자. 평택으로 출장을 가는 인원이 4명인 경우 화성으로 출장을 가는 인원이 3명 수원으로 출장을 가는 인원이 1명이다. 평택으로 출장을 가는 인원이 3명인 경우 화성으로 출장을 가는 인원이 2명이라 가정하면 수원으로 출장을 가는 인원은 1명이다. 각 지역으로 출장을 가는 인원의 합이 6이다. 8이 아니기에 평택으로 4명, 화성으로 3명, 수원으로 1명이 출장을 간다고 알 수 있다.

변수가 2가지이고 다대다의 구조이기에 한 축에는 지역, 한 축에는 사람을 두고 표 안을 ○, ×로 채워보자. 평택으로 출장을 가는 인원이 4명이기에 A, B, C, D는 평택으로 출장을 간다.

	A	B	C	D
수원(1)				
화성(3)				
평택(4)	○	○	○	○

B가 출장을 가는 2곳 중 1곳은 화성이다. B가 출장을 가는 2곳은 평택과 화성이다. B는 수원으로 출장을 가지 않는다. C가 출장을 가는 2곳은 D가 출장을 가는 2곳과 같다. C가 평택과 수원으로 출장을 가는 경우 D도 평택과 수원으로 출장을 가는데 수원으로 출장을 가는 인원이 1명이라는 앞서 도출한 조건을 만족하지 않는다. C와 D는 평택과 화성으로 출장을 간다.

	A	B	C	D
수원(1)		×	×	×
화성(3)		○	○	○
평택(4)	○	○	○	○

문제에서 수원으로 출장을 갈 가능성이 있는 사람을 묻는다. B, C, D는 수원으로 출장을 갈 가능성이 없다. 다음과 같이 자연스럽게 A가 평택과 수원으로 출장을 간다고 알 수 있다.

	A	B	C	D
수원(1)	○	×	×	×
화성(3)	×	○	○	○
평택(4)	○	○	○	○

15 ⑤

[가로규칙] 회전
반시계 방향(↶)으로 90도씩 회전

16 ③

[세로규칙] 이동
좌(←)로 1칸씩 이동

17 ②

[세로규칙] 2in1
전체 그림을 시계 방향(↷)으로 90도 회전 후 1열에 위치
한 도형의 색을 반전(흑↔백)

[18~21]

하나의 규칙을 적용한 [019H ⇨ ♧ ⇨ 8G1J]의 흐름을
토대로 ♧의 규칙을 찾아보자.
♧: −2 −2 +2 +2

♧의 규칙을 [8L1G ⇨ ♧ ⇨ ■ ⇨ 36IJ]의 흐름에 적용
하여 ■의 규칙을 확인하자.
[8L1G ⇨ ♧ ⇨ ■ ⇨ 36IJ]
[6J3I ⇨ ■ ⇨ 36IJ]
■: 3142

[L27G ⇨ ♧ ⇨ ■ ⇨ ○ ⇨ 5MG1]의 흐름에 ♧, ■의
규칙을 적용하여 ○의 규칙을 찾아보자.
[L27G ⇨ ♧ ⇨ ■ ⇨ ○ ⇨ 5MG1]
[J09I ⇨ ■ ⇨ ○ ⇨ 5MG1]
[9JI0 ⇨ ○ ⇨ 5MG1]
○: −4 +3 −2 +1

마지막으로 ○의 규칙을 [PV54 ⇨ ▲ ⇨ ○ ⇨ 17NW]
의 흐름에 역으로 적용하며 ▲의 규칙을 확인하자.
[PV54 ⇨ ▲ ⇨ ○ ⇨ 17NW]
[PV54 ⇨ ▲ ⇨ 54PV]
▲: 3412

♧: −2 −2 +2 +2
■: 3142
○: −4 +3 −2 +1
▲: 3412

18 ①

[? ⇨ ○ ⇨ ■ ⇨ B0D8]
[? ⇨ ○ ⇨ 08BD]
[45DC]

19 ②

[YL52 ⇨ ♧ ⇨ ▲ ⇨ ?]
[WJ74 ⇨ ▲ ⇨ ?]
[74WJ]

20 ⑤

[1AM0 ⇨ ○ ⇨ ▲ ⇨ ?]
[7DK1 ⇨ ▲ ⇨ ?]
[K17D]

21 ⑤

[? ⇨ ■ ⇨ ▲ ⇨ ○ ⇨ F9E4]
[? ⇨ ■ ⇨ ▲ ⇨ J6G3]
[? ⇨ ■ ⇨ G3J6]
[36GJ]

22 ①

딥러닝이 무엇인지 간단하게 소개하고 현황에 대해 설명
하고 있는 (B)가 가장 먼저 위치해야 한다. 그다음으로는
앞에서 간단하게 소개한 딥러닝 기술이 어떻게 구성되어
있는지 좀 더 상세하게 설명하는 (A)가 위치하는 것이 적절
하다. (C) 문단은 아직 딥러닝이 해결해야 할 과제가 많다
는 것을 말하고 있는데 '하지만'이라는 접속사로 시작하고
있다. 따라서 (C) 문단에 앞서서 딥러닝이 이미 적용되고
있는 분야를 설명한 후 해결할 과제를 말하는 것이 자연스
러우므로 (D) − (C) 순서로 위치하는 것이 자연스럽다.

23 ⑤

DDI가 무엇인지 설명하고, 주요 기능 중 첫 번째에 대해
말하고 있는 (C)가 가장 먼저 위치해야 한다. (B)와 (D)는
(C)에서 언급한 DDI의 주요 기능들을 설명하고 있는데,
문단 도입부를 보면 (B) − (D) 순서로 위치해야 하는 것을
알 수 있다. 마지막으로는 DDI가 어디에 사용되고 있는지,
그리고 앞으로 어떻게 발전할 것인지를 말하는 (A)가 위
치하는 것이 적절하다.

24 ③

HBM은 최대 8개의 DRAM 다이를 수직으로 적층하여 제작한다고 하였으므로 메모리 칩을 수평적으로 배열한다는 말은 옳지 않다.

[오답 점검]
① 최초의 HBM 메모리 칩은 2013년 SK하이닉스에서 생산되었다고 하였으므로 옳은 설명이다.
② HBM은 기존의 메모리인 DDR4 또는 GDDR5보다 높은 대역폭을 제공한다고 하였으므로 옳은 설명이다.
④ 스택이 실리콘 인터포저를 통해 GPU 또는 CPU의 메모리 컨트롤러에 연결된다고 하였으므로 옳은 설명이다.
⑤ 마지막 문장에서 4개의 HBM 스택이 있는 그래픽 카드는 4096비트 너비의 메모리 버스를 갖는다고 하였으므로 옳은 설명이다.

25 ⑤

양자 효율이 60%라는 것은 입사된 100개의 광자 중 60개의 광자가 전자 − 정공 쌍으로 변환되었음을 의미하기 때문에, 양자 효율이 20%라는 것은 입사된 100개의 광자 중 20개의 광자가 전자 − 정공 쌍으로 변환되었다고 할 수 있다.

[오답 점검]
① 양자 효율은 광전자 소자에서 입사된 광자가 전자 − 정공 쌍으로 변환되는 효율을 나타내는 지표로 광전자 소자의 핵심적인 성능 지표 중 하나라고 하였으므로 옳은 설명이다.
② 양자 효율은 0~100% 사이의 값을 가지며, 100%에 가까울수록 양자 효율이 높다고 하였으므로 옳은 설명이다.
③ 양자 효율에 영향을 미치는 주요 요인으로는 광 흡수 계수, 전하 분리 효율, 전하 수집 효율, 재결합 손실 등이 있다고 하였으므로 옳은 설명이다.
④ 양자 효율에 영향을 미치는 주요 요인들을 최적화하여 양자 효율을 높이는 것이 광전자 소자 개발의 핵심 목표 중 하나라고 하였으므로 옳은 설명이다.

26 ④

능동 장치는 데이터를 송신하는 역할을 하고, 수동 장치가 데이터를 수신 후 처리하여 특정 기능을 수행한다.

[오답 점검]
① NFC는 근거리 무선 통신 기술로, 두 개의 장치를 근접시켜 데이터를 교환하는 기술이라고 하였으므로 옳은 설명이다.
② NFC 기술은 근거리에서만 작동하고 보안성이 높아 스마트폰, 태블릿 PC, 스마트카드 등 다양한 기기에 적용되었다고 하였으므로 옳은 설명이다.
③ NFC 통신에서는 한 장치가 능동 장치가 되고, 다른 장치는 수동 장치가 된다고 하였으므로 옳은 설명이다.
⑤ NFC 기술은 두 NFC 지원 장치가 약 10cm 이내로 가까워지면 자기장이 형성되어 데이터 전송하는 방식으로 작동한다. 따라서 옳은 설명이다.

27 ⑤

저전력 모드를 지원하여 에너지 효율성을 높인 인터페이스는 SATA이다. 또한 SATA 인터페이스는 IDE에 비해 데이터 전송 속도, 확장성, 전력 효율성 등의 측면에서 개선된 기술이다.

[오답 점검]
① SATA 인터페이스는 케이블과 커넥터 크기가 IDE보다 작아서 시스템 내부 공간 활용도가 높은 장점이 있다. 따라서 케이블과 커넥터 크기가 작을수록 공간 활용도가 높을 것이라고 추론할 수 있다.
② 핫 플러깅이란 시스템 전원을 끄지 않고도 디스크 드라이브를 연결하거나 분리할 수 있는 기능이다. IDE 인터페이스는 핫 플러깅을 지원하지 않으므로 디스크 드라이브를 분리하기 위해서는 시스템의 전원을 꺼야 할 것이다.
③ 직렬 전송 방식을 사용한 SATA 인터페이스가 병렬 전송 방식을 사용한 IDE보다 데이터 전송 속도가 빠른 것을 통해 추론할 수 있다.
④ 컴퓨터 시스템에서 대용량 저장 장치를 연결하는 데 사용되는 인터페이스로는 SATA와 IDE가 있다고 하였으므로 옳은 설명이다.

28 ⑤

원자력 발전소 건설 가능 지역이 제한적이라는 것은 원자력 발전의 단점은 맞을 수 있지만, 주어진 글에서는 원자력 발전소의 입지와 관련한 내용을 찾을 수 없기 때문에 글쓴이의 주장에 대한 반박으로는 적절하지 않다.

[오답 점검]
① 주어진 글에서는 원자력 발전이 온실가스를 거의 배출하지 않는다고 주장하였다. 하지만 건설과 유지 과정에서 탄소가 많이 배출된다고 말하는 것은 글의 주장을 반박하는 것이다.
② 주어진 글에서는 원자력 발전을 통해 안정적으로 대규모 전력 공급이 가능하다고 주장하였다. 하지만 사고가 많이 발생하여 오히려 전력 공급이 안정적이지 않다고 말하는 것은 글의 주장을 반박하는 것이다.
③ 주어진 글에서는 원자력 발전이 대규모 전력 공급을 안정적으로 하여 에너지 안보를 강화한다고 주장하였다. 하지만 국제 정세에 따라 에너지 안보가 불안정해질 수 있다고 말하는 것은 글의 주장을 반박하는 것이다.
④ 주어진 글에서는 원자력 발전이 장기적으로는 경제적 이익을 제공한다고 주장하였다. 하지만 방사성 폐기물 처리와 폐로 비용을 고려하면 장기적으로 경제적이지 않다고 말하는 것은 글의 주장을 반박하는 것이다.

29 ③

생산 관리자의 경험과 직관에 기반하였기 때문에 휴리스틱 기법을 사용하였다는 것을 알 수 있다. 휴리스틱 기법은 유사한 문제를 해결했던 경험을 활용하여 효과적인 해결책을 찾기 때문에, 과거 숙련도가 높은 작업자부터 배치하였을 때 만족할 만한 결과가 나왔음을 예상할 수 있다.

[오답 점검]
① 생산 관리자의 경험과 직관에 기반하여 생산 계획을 수립하였기 때문에 휴리스틱 기법을 사용한 것이다.
② 생산 계획을 가장 이상적으로 만들기 위해서는 최적화 기법을 활용해야 하지만, 〈보기〉에서는 휴리스틱 기법을 활용하였다. 따라서 재고가 가장 많이 남아있는 부품부터 사용하여 생산 계획을 수립하는 것은 가장 이상적이라고 할 수 없다.
④ 수학적인 알고리즘을 사용하여 해결책을 도출하는 것은 최적화 기법이기 때문에 옳지 않다.

⑤ 생산 관리자는 이상적인 계획을 수립한 것이 아니라 자신의 경험과 직관에 따라서 계획을 수립하였기 때문에 현실적으로 실행 가능한 스케줄을 만들 수 있었다.

30 ④

확률론적 접근법은 사건의 불확실성이 존재한다고 주장한다. 자동차 사고의 경우도 발생 확률을 계산할 뿐 사고가 반드시 확률에 맞게 발생한다고 확신할 수 없기 때문에, 자동차 보험료 계산은 확률론적 접근법을 활용한다고 볼 수 있다.

[오답 점검]
① 자동차 보험의 보험료 책정은 과거 사고 데이터를 분석하고 사고 확률에 기반하여 책정되기 때문에 확률론적 접근법과 일치한다. 즉, 하이젠베르크의 주장과 일치한다.
② 특정 직업군에 대한 과거 사고 데이터를 분석하여 사고 발생 확률을 추정하는 것은, 결정론이 아니라 확률론적 접근 방법이다.
③ 현재의 상태가 주어지면 미래의 상태를 완벽하게 결정할 수 있다고 주장한 것은 '결정론'에 의한 주장이다. 보험료 책정은 확률론에 따라 이루어지기 때문에 옳지 않다.
⑤ 2023년 1,000억 원의 보험금이 지급되었기에 2024년에도 동일한 수준의 보험금이 발생할 것이라고 판단하는 것은 결정론적 관점이다. 확률론적 관점으로 보험료를 산출하기 위해서는 사고 발생 확률에 기반하여 계산해야 한다.

제 04회 기출변형 모의고사 SELF 분석표

시간 체크	시간 남음	시간 적절	조금 부족	매우 부족
체감 난이도	쉬움	보통	어려움	매우 어려움

영역별 실력 점검표

영역	맞은 개수	틀린 문제 번호	풀지 못한 문제 번호
수리	/20		
추리	/30		
합계	/50		

시험 전체 총평

내가 가장 잘한 3가지		내가 가장 부족한 3가지	
1		1	
2		2	
3		3	

렛유인 도서 구매 혜택 쿠폰 번호

쿠폰은 봉투에 동봉되어 있습니다.

본 쿠폰은 도서 구매자 본인만 사용하도록 발급된 것으로
이를 무단으로 배포하거나 공유할 경우 저작권법 제 136조 및
관련 법령에 따라 민형사상 책임을 물을 수 있습니다.

- 도서 구매 혜택 쿠폰 패키지 등록 방법
  - 렛유인 홈페이지(www.letuin.com) 접속 → 로그인 → 메인 페이지 상단 [닉네임 → 할인쿠폰] 클릭
    → 쿠폰번호 입력
    ※ 쿠폰번호는 대소문자를 구별하고, 하이픈(−)을 포함하여 입력
    ※ 쿠폰 사용은 등록 후 6개월까지 가능

- 온라인 모의고사 응시 방법
  - 쿠폰 등록 → 메인 페이지 상단 [내 강의실] → [온라인 시험관] → 시험 응시
    ※ 모의고사 응시와 관련하여 문의사항이 있으신 경우, 렛유인 사이트 1:1문의 게시판으로 문의
    부탁드립니다.

- 도서 정오표 확인 방법
  - 렛유인 홈페이지 접속(www.letuin.com) → [렛−Book] → [도서 정오표 확인] 클릭
    → 카페에서 정오표 파일 다운로드

- 도서 오류 제보 방법
  - 아래 QR코드를 통해 구글폼 접속 → 제보할 오류 위치 및 상세내용 기재 후 전달 → 담당자 확인 후
    개별 안내 진행

2026 최신판

렛유인 | GSAT Final 봉투모의고사

14판 1쇄 발행

발 행 일	2026년 3월 6일
지 은 이	정지성, 주영훈, 렛유인연구소
펴 낸 곳	렛유인에듀
총 괄	김근동
편 집	김혜림
표지디자인	정해림
홈 페 이 지	https://letuin.com
이공계 커뮤니티	이공모야
인스타그램	@letuin_official
유 튜 브	취업사이다
이 메 일	letuin@naver.com
대 표 전 화	1668-1362
I S B N	979-11-92388-78-6

⑥

정답

⑦

정답

⑧

정답

⑨

정답

⑩

정답

⑪

정답

⑫

정답

⑬

정답

⑭

정답

⑮

정답

⑯

정답

⑰

정답

⑱

정답

⑲

정답

⑳

정답

① 　　　　　　　　　　　②

정답　　　　　　　　　　정답

③ 　　　　　　　　　　　④

정답　　　　　　　　　　정답

⑤ 　　　　　　　　　　　⑥

정답　　　　　　　　　　정답

⑦ 　　　　　　　　　　　⑧

정답　　　　　　　　　　정답

⑨

정답

⑩

정답

⑪

정답

⑫

정답

⑬

정답

⑭

정답

⑮

정답

⑯

정답

⑰

정답

⑱

정답

⑲

정답

⑳

정답

㉑

정답

㉒

정답

㉓

정답

㉔

정답

성명 : 수험번호 : **1회**

추리

㉕ 정답	㉖ 정답
㉗ 정답	㉘ 정답
㉙ 정답	㉚ 정답

① 　　　　　　　　　　　②

정답　　　　　　　　　　정답

③ 　　　　　　　　　　　④

정답　　　　　　　　　　정답

⑤

정답

⑥

정답

⑦

정답

⑧

정답

⑨

정답

⑩

정답

11

12

정답

정답

13

14

정답

정답

15

성명 :　　　　　　수험번호 :

정답

⑯

정답

⑰

정답

⑱

정답

⑲

정답

⑳

정답

① 　　　　　　　　　　　　②

정답　　　　　　　　　　　　정답

③ 　　　　　　　　　　　　④

정답　　　　　　　　　　　　정답

⑤ 　　　　　　　　　　　　⑥

정답　　　　　　　　　　　　정답

⑦ 　　　　　　　　　　　　⑧

정답　　　　　　　　　　　　정답

⑨

⑩

정답

정답

⑪

⑫

정답

정답

⑬

⑭

정답

정답

⑮

⑯

정답

정답

⑰	⑱
정답	정답
⑲	⑳
정답	정답
㉑	㉒
정답	정답
㉓	㉔
정답	정답

성명 : 수험번호 : 2회

25

정답

26

정답

27

정답

28

정답

29

정답

30

정답

① 　　　　　　　　　　　　　　②

정답　　　　　　　　　　　　　　정답

③ 　　　　　　　　　　　　　　④

정답　　　　　　　　　　　　　　정답

⑤

정답

⑥

정답

⑦

정답

⑧

정답

⑨

정답

⑩

정답

⑪

정답

⑫

정답

⑬

정답

⑭

정답

⑮

정답

⑯

정답

⑰

정답

⑱

정답

⑲

정답

⑳

정답

① 　　　　　　　　　　②

정답　　　　　　　　　정답

③ 　　　　　　　　　　④

정답　　　　　　　　　정답

⑤ 　　　　　　　　　　⑥

정답　　　　　　　　　정답

⑦ 　　　　　　　　　　⑧

정답　　　　　　　　　정답

⑨

정답

⑩

정답

⑪

정답

⑫

정답

⑬

정답

⑭

정답

⑮

⑯

정답

정답

⑰

정답

⑱

정답

⑲

정답

⑳

정답

㉑

정답

㉒

정답

㉓

정답

㉔

정답

㉕

정답

㉖

정답

㉗

정답

㉘

정답

㉙

정답

㉚

정답

① 정답

② 정답

③ 정답

④ 정답

⑤ 정답

성명 :　　　　　　　　　수험번호 :　　　　　　　　4회

⑥

정답

⑦

정답

⑧

정답

⑨

정답

⑩

정답

⑪

정답

⑫

정답

⑬

정답

⑭

정답

⑮

정답

⑯

⑰

정답

정답

⑱

⑲

정답

정답

⑳

정답

①
②
③
④
⑤
⑥
⑦
⑧
정답
추리
LEtuin

⑨

정답

⑩

정답

⑪

정답

⑫

정답

⑬

정답

⑭

정답

⑮

정답

⑯

정답

⑰

정답

⑱

정답

⑲

정답

⑳

정답

㉑

정답

㉒

정답

㉓

정답

㉔

정답

25

정답

26

정답

27

정답

28

정답

29

정답

30

정답